Inhaltsverzeichnis

Vorwort

Dieser Band stellt zwei zentrale Kompetenzen historischen Lernens in den Mittelpunkt seiner Darstellung, die narrative Kompetenz und die Interpretationskompetenz. Erzähl- und Interpretationsfähigkeit verschränken sich in der konkreten Auseinandersetzung mit Bildern. In der gegenwärtigen Kompetenzdebatte sucht der Geschichtsunterricht neue Aufgabenformate. Da es der Sinn von Kompetenzen ist, zwischen dem allgemeinen Ziel „Geschichtsbewusstsein" und den konkreten Aufgaben im Unterricht zu vermitteln, benötigt der Geschichtsunterricht neue Aufgabenformate.

Nicht alles, was zum gegenwärtigen Methodenrepertoire des Geschichtsunterrichts gehört, fördert Kompetenzen. Manche Methoden sind kompetenzfördernd, andere dagegen kompetenzwidrig. Zwei kompetenzorientierte Aufgabenformate, nämlich das Konstruieren von Bildgeschichten und die Verfilmung von Bildern, werden in diesem Band vorgestellt, erörtert und zur Erprobung angeboten. Diese beiden Verfahren sind sicher nicht die einzigen kompetenzorientierten Aufgabenformate. Aber dieser Band soll den Anfang machen und Anstoß zur Entwicklung weiterer Formen geben. Ohne auf jeder Seite in den modischen Kompetenzjargon zu verfallen, sind die beiden Bände zur „Bildinterpretation" ein Beitrag zur Förderung von Interpretationskompetenz in der Auseinandersetzung mit Bildquellen.

Außer den beiden zentralen Kompetenzen steht das Verhältnis von Sprache und Bild in diesem Band zur Debatte. Um mit Bildern eine Geschichte zu erzählen, muss man sie vorher interpretieren. Interpretieren erfordert, dass man die Vor- und die Nachgeschichte des Bildes erschließt, wodurch narrative Strukturen freigelegt werden. Ein Bild ist ein sprachfremdes Medium, das aber zur seiner Interpretation Sprache erfordert. Nicht jede Bildinterpretation ist narrativ, aber wenn das Bild als geschichtliche Quelle angesehen wird, muss es doch in einen narrativen Sinnzusammenhang gestellt werden. Das gegenläufige Verfahren zur Bildgeschichte ist das Zerlegen von Einzelbildern in ihre verschiedenen Motive, die das Bild konstituieren. Das zweite Verfahren ist von der Sache her zwar schwieriger, aber durch die vorgeschlagenen Techniken der Bildverfilmung in der unterrichtlichen Umsetzung vielleicht sogar leichter. Beide Verfahren, das visuelle Erzählen mit mehreren Bildern wie das Zerlegen in einzelne Motive, setzen allerdings die Interpretation der Bilder voraus.

Die grundlegenden Schritte einer Bildinterpretation im Sinne der Methodenorientierung sind im ersten Band* bereits vorgestellt. Der vorliegende Band greift zwei Verfahren des interpretatorischen Umganges mit Bildern aus dem ersten Band auf: den Umgang mit der Bildergeschichte am Beispiel der Zeichnungen Alfred Kantors („Das Buch des Alfred Kantor", Frankfurt/M. 1971) und das Verfilmen von Bildern am Beispiel des Gemäldes „Das Frühstück" von François Boucher. In diesem Band werden die beiden Verfahren „Bildergeschichten" und „Verfilmte Bilder" zum direkten Einsatz für den Unterricht angeboten. Die Bildgeschichten und Bildverfilmungen können ebenso wie die Texte von der CD heruntergeladen und direkt als Unterrichtsmaterialien verwendet werden.

Kristin Land (Halle)
Hans-Jürgen Pandel (Halle)
September 2008

Mein besonderer Dank gilt den Teilnehmerinnen und Teilnehmern an meinem Seminar im Wintersemester 1993/94 an der Universität Osnabrück, die einen Teil der hier abgedruckten Bildgeschichten entworfen, Brieftexte verfasst und die Passagen aus Roman und Jugendbuch ausgewählt haben. Der Kontakt zu ihnen ist zwar abgerissen, in ihren Bildgeschichten sind sie mir aber in Erinnerung geblieben.

Hans-Jürgen Pandel
September 2008

* Hans-Jürgen Pandel: Bildinterpretation. Die Bildquelle im Geschichtsunterricht. Schwalbach/Ts. 2008

1. Einleitung

1.1 Bild und Erzählung

Seit Gotthold Ephraim Lessing (1729–1781) werden die Begriffe Sukzessivität und Simultaneität zugrunde gelegt, um den Unterschied zwischen Malerei und Dichtung zu kennzeichnen. Die Zeitfolge, so Lessing, sei das Gebiet der Dichter und der Raum das des Malers. In der Erzählung werden die Ereignisse zeitlich nacheinander, im Bild gleichzeitig dargestellt. Neuere Ansätzen gehen darüber hinaus und vermeiden die darin angelegte Dichotomie und sprechen von *Interaktion* (Schnackertz 1980). Diese Erweiterung macht dann Sinn, wenn Bild und Erzählung aufeinander bezogen werden. Lessing hatte nur die Unterschiede herausarbeiten wollen. Jetzt gilt es, die Mechanismen herauszufinden, wie Sprache und Bild miteinander interagieren. Dieser Ansatz ist für die Geschichtsdidaktik und die folgenden Überlegungen hilfreich, wenn sie das Verhältnis von Bild und Sprache behandeln. Im geschichtsdidaktischen Zusammenhang muss die Simultaneität des Bildes in die Sukzessivität einer Geschichte übergeführt werden.

1.2 Verfahren der Bildinterpretation

Die von der Pädagogik seit Jan Amos Comenius (1592–1670) vertretene Anschauungsideologie („Orbis pictus" 1658) stand der Entwicklung von Interpretationskompetenz hemmend im Wege. Sie vertrat die Meinung, man müsse ein Bild nur zeigen, und schon sei ein Sachverhalt ohne viele Worte klar. Ein schnelles Hinschauen genüge, und man wisse Bescheid. Treffender ist dagegen Lessings Aussage, die als Motto über der folgenden Erörterung stehen könnte: „Je mehr wir sehen, desto mehr müssen wir hinzu denken können. Je mehr wir dazu denken, desto mehr müssen wir zu sehen glauben."[1] Um Sinn aus Bildern zu entnehmen, muss man Gedanken an das Bild herantragen. Bildinterpretation ist deshalb ein aktiv-gebendes, nicht nur ein passiv-nehmendes Verfahren. Sie verlangt *Betrachteraktivität.* Deshalb werden Verfahren gesucht, die eine intensivere, aber sachgerechte Arbeit mit Bildern ermöglichen. Es gibt eine Reihe von Techniken im Umgang mit Bildern, die nicht sinnvoll sind – z.B. den Bildinhalt von den Schülern mit ihren Körpern nachstellen lassen, Posen einnehmen, aus einem Bild ein Rollenspiel konstruieren. Diese Verfahren führen vom Bild weg. Die Kritik an solchen Unterrichtsmethoden verwirft nicht die Handlungsorientierung selbst, sondern nur ihren von der Interpretation wegführendem Charakter. Auch die beiden hier vorgestellten Verfahren sind handlungsorientiert.

Unter dem Gesichtspunkt der Kompetenzorientierung sollte der Geschichtsunterricht zu einer intensiveren und das heißt auch zeitaufwändigeren Bildarbeit übergehen. Der Grundgedanke ist, eine „Entschleunigung" der Bildinterpretation vorzunehmen. Ein didaktisches Ziel der Beschäftigung mit Bildgeschichten besteht darin, eine intensivere Auseinandersetzung mit Bildquellen zu erreichen. Bisher nehmen Bildinterpretation und Bildarbeit nur einen Bruchteil der Unterrichtszeit ein. Man ist ziemlich schnell mit ihnen fertig; es sei denn, man geht sachfremd mit ihnen um. Hier ist nicht der kunstwissenschaftliche oder kunstgeschichtliche Vorgang der Bildinterpretation gemeint, dazu liegen vorzügliche Vorschläge vor.[2] Es geht um den historischen Zugang zu Bildquellen. Entgegen dem weitverbreiteten Topos, dass ein Bild mehr „sagt" als tausend Worte, ist das Bild nicht besonders kommunikativ. Es ist stumm. Dennoch ist jede Bildinterpretation eine sprachliche Arbeit. Bilder müssen nicht nur in Sprache übersetzt werden um in Kommunikation und Geschichte überführt zu werden, sondern sie müssen auch in eine sprachlich verfasste Umgebung eingepasst werden. Diesen sprachlichen Kontext kann der Betrachter selbst erzeugen, indem er das Bild in den Rahmen einer von ihm verfassten bzw. ausgedachten Geschichte stellt. Er kann aber auch die literarischen Kontexte von Jugendbuch und Roman heranziehen. Das wäre dann Einübung von Intertextualität zwischen den verschiedenen Gattungen, die Geschichte zu ihrem Thema haben.

1.3 Einzelbilder

Bilder sind statische Medien. Auf ihnen bewegt sich nichts, und es lassen sich auch keine Handlungen auf ihnen ausmachen. Bewegungen von Personen und ihre Aktionen werden nur aufgrund unseres Alltagswissens erschlossen und somit erst in das Bild hineingelegt. Einzelbilder sind nicht-narrativ. Ihr Charakter beruht auf der nicht-linearen Anordnung der Zeichen im Gegensatz zur linearen von Schrift und Sprache. Die Sichtweise von Geschichte verlangt aber Wandel und Veränderung. Hier liegt das grundlegende didaktisch-methodische Dilemma des Geschichtsunterrichts: Die Statik des Bildes ist unter dem Gesichtspunkt der Veränderung zu betrachten. Aufgrund der Differenz von Simultaneität und Sukzessivität macht auch die Transformation von Bild in Sprache Schwierigkeiten. Bilder lassen keine eindeutigen Korrelationen von Bild und Aussage zu. Ein Bild erlaubt mehrere koextensive Beschreibungen. Über diese Uneindeutigkeit hinaus bleibt zwischen Sprache und Bild bei einer Übersetzung ineinander stets eine Differenz, die auf dem Unterschied der figurativen Ordnung des Bildes und der diskursiven Ordnung der Sprache besteht.

1.4 Bildergeschichten

Bildzyklen sind bisher in der Geschichtsdidaktik überhaupt nicht beachtet worden. Auch in der Kunstgeschichte stehen sie nicht im Zentrum der Aufmerksamkeit, obwohl hervorragende Künstler eindrucksvolle Zyklen geschaffen haben. William Hogart (1697–1764) und der Schweizer Rudolphe Toeppfer (1799–1846) sind hier exemplarisch zu nennen. Seit den 1920er Jahren ist die Fotoreportage hinzugekommen. Für das Fehlen von Bildzyklen in der Geschichtsdidaktik gibt es zwei Gründe. Der Geschichtsunterricht vernachlässigt die Narrativität zugunsten einer ausgedehnten und intensiven Ereigniserörterung und verfehlt damit das eigentliche Ziel historischen Lernens. Bildzyklen besitzen narrative Strukturen, die der Zielvorstellung des Geschichtsunterrichts in besonderer Weise entgegenkommen. Der zweite Grund ist der vermeintliche Zeitdruck, unter den sich der Geschichtsunterricht aber immer selbst stellt. Hier handelt es sich tatsächlich um einen Sachverhalt, der einer intensiveren Erforschung bedarf und der hier nicht in ein paar Sätzen gelöst werden kann. Obwohl objektiv weder Lehrplan noch Schulbuch einen solchen Zeitdruck erzeugen, wird er subjektiv von Lehrern empfunden.[3]

Bildgeschichten sind narrative Bildfolgen, die aus einer Sequenz von Einzelbildern bestehen. Die Geschichte, die man mit ihnen erzählt, stützt sich auf die Aussagen der Einzelbilder. Der narrative Sinn entspringt dagegen der Sinnbildungsfähigkeit des Betrachters. Erzählungen sind sprachlicher Art, auch wenn die Ereignisse sich selbst visuell darbieten. Diese Bildgeschichten haben einen Anfang und ein Ende; bei Einzelbildern müssen Anfang und Ende hinzugedacht werden (Bildvergangenheit und Bildzukunft). Ein Einzelbild stellt nur die Mitte eines Vorganges dar, dagegen besteht eine Bildgeschichte aus einer Summe von Einzelbildern. Bildgeschichten beinhalten zwei Ebenen: das Erzählte (die Geschichte) und den Vorgang des Erzählens (Diskurs) (Jäger 1998). Die erste Ebene bezeichnet den Geschehenszusammenhang, den

Prozess gegen Jan Hus bis zu seinem Tod auf dem Scheiterhaufen. Der Vorgang des Erzählens untersucht, wie dieser Geschehenszusammenhang mit Bildern (aber auch mit Texten) erzählt wird. Hier sind die typischen Techniken Relief, Buchminiatur, Grafik bis Fotografie.

1.5 Bildgeschichten und Bildverfilmung

Ausgangspunkt für die beiden vorzustellenden Verfahren der Bildinterpretation ist der Grundsatz, dass das Einzelbild *zeigen*, die Bildsequenz dagegen *erzählen* kann. Das Verfahren der *Bildgeschichte* vervielfältigt das Einzelbild, indem es das Bild in eine Sequenz von anderen Bildern einordnet, d.h. eine Bildreihe herstellt. Aus Einzelbildern eine begründete Sequenz herzustellen, ist bereits ein erster Schritt der Interpretation. Der zweite Schritt besteht dann darin, sie in sprachliche Kontexte einzufügen. Dazu eignen sich die verschiedenen Textgattungen. Gattungskompetente Schüler können Tagebücher und Briefwechsel benutzen, die selbst nicht narrativ, sondern chronikalisch vorgehen. Narrative Gattungen wie Jugendbuch und Roman können ebenfalls verwendet werden. Und schließlich besteht die Möglichkeit, die Sprache in das Bild zu integrieren, das wäre dann die Eigentümlichkeit des Comic.

Das interpretative Verfahren der *Bildverfilmung* zerlegt ein Einzelbild in Einzelmotive. Es identifiziert und benennt sie sprachlich. In den weiteren Schritten erstellt dieses Verfahren aus den einzelnen Bildmotiven ebenfalls eine Bildsequenz, die sich verfilmen lässt. Bilder verfilmen enthält eine Fülle von Möglichkeiten, von denen Erzählen nur eine ist.

2. Bildergeschichten

Die visuelle Welt der Bilder lässt sich in drei Gruppen einteilen, deren Interpretation unterschiedliche Ansätze erfordert: in Einzelbilder, Chronologien und Geschichten.

2.1 Einzelbilder – Chronologien – Geschichten

Die häufigste Bildform sind die *Einzelbilder*. Sie zeigen nur einen einzigen Ausschnitt aus dem raum-zeitlichen Kontinuum, der keine zeitliche Ausdehnung besitzt. Im Interpretationsprozess lässt sich das Einzelbild aber in Bildvergangenheit, Bildgegenwart und Bildzukunft zerlegen und somit auch mit ihm eine Geschichte erzählen.[4] Allerdings erzählt nicht das Bild die Geschichte, sondern sie ist ein Produkt der Interpretationsleistung des Betrachters. Maler wählen den günstigen, den „fruchtbaren" Augenblick für ihre Darstellung. Dieser Gedanke beruht darauf, dem Leser einen solchen Moment zu zeigen, der es ihm ermöglicht, sich vorher und nachher selbst „auszumalen". „Dasjenige aber nur allein ist fruchtbar, was der Einbildungskraft freies Spiel läßt."[5] Dass ein solcher Augenblick in harter Arbeit gesucht werden muss, beweisen die professionellen Fotografen, die Dutzende Aufnahmen machen, von denen dann meist nur eine einzige gedruckt wird.

Die zweite Gruppe stellen die *visuellen Chronologien dar*. Hierbei handelt es sich um solche Bildfolgen, die es noch nicht geschafft haben, einen narrativen Zusammenhang herzustellen. Manchmal werden sie in der Literatur auch Miniatur-Bilderzyklus genannt. Sie bestehen in der Regel aus zwei zeitdifferenten Bildern. Eine Untergruppe stellen die Vorher-Nachher-Bilder dar. Sie sind Dokumentationen der Erinnerungsfähigkeit. Man erinnert sich, dass bestimmte Gebäude, Stadtansichten vor einem kürzeren oder längeren Zeitraum anders aussahen. Solche Architekturbilder sollen hier allerdings nicht einbezogen werden.

Visuelle Chronologien besitzen die Minimalbedingung einer Erzählung (zwei differente Ereignisse), sie sind aber noch nicht elaboriert genug, um einen narrativen Zusammenhang herzustellen. Ihnen fehlt der Plot. Ein Plot ist mehr als eine einfache Veränderung. In den Worten Hayden Whites ist unter Plot „eine Beziehungsstruktur zu verstehen, die den in der Darstellung enthaltenen Ereignissen einen Sinn verleiht, in dem sie nun als Teile eines integrierten Ganzen identifizierbar werden".[6] White nennt das „narrative Strukturierung".

Für den Geschichtsunterricht nützliche Bildquellen für Sozial- und Alltagsgeschichte sind die „Sozialreportagen". Sie zeigen keine „großen" Ereignisse, sondern nur deren Spiegelung im Alltag. Die Einübung in den unterrichtlichen Umgang mit Bildgeschichten erfolgt am besten mit Bildpaaren. Der *Vergleich* erleichtert die Interpretation, und die festgestellten *Veränderungen* sind der erste Schritt zur Erzählung. Dieser Ansatz lässt sich an den folgenden vier Bildpaaren erläutern (S. 16-23; in einem Fall handelt es sich allerdings um drei Bilder).

Der Portraitfotograf Gaspard-Félix Nadar (1820–1910) interviewte 1886 mit seinem Bruder Paul den 100jährigen Chemiker Michel Eugène Chevreuil (1786–1889), den Begründer der wissenschaftlichen Fettforschung. Dabei machte Nadar zwei Fotos, an ihnen lässt sich das Prinzip des visuellen Erzählens in der Sozialreportage erläutern. Zwischen beiden Bildern ist Zeit vergangen, zwischen ihnen scheinen nur Sekunden zu liegen; aber bei der damaligen Fototechnik werden es wohl 15 Minuten gewesen sein, ehe die Glasplatten ausgetauscht waren. Aber in diesen Minuten ist nicht viel passiert. Es gibt kein Kontinuum wie beim Film.

2.1.1 Die Bildsequenzen

Bildsequenz 1: Der Chemiker Michel Eugène Chevreuil im Gespräch mit Paul Nadar. Fotografien von Gaspard-Félix Nadar aus dem Jahr 1886

Dass Chevreuil den Kopf dreht und die Hand bewegt, ergibt noch keine Handlung. Eine unwillkürliche Haltungsänderung, ein Posenwechsel bildet noch keine Handlung, die einen Sinn besitzt. Die unwillkürlichen Bewegungen unterliegen keinem bewussten Sinn, sie haben allerdings Gründe. Eine unbequem schmerzende Haltung, ein eingeschlafenes Bein bewirken Veränderungen. Posen sind im Habitus verankert; wenn jemand „mit Händen und Füßen" redet, unterliegt diesen Gesten noch kein Handlungssinn. Man kann als Betrachter nur spekulieren, was der Inhalt des Interviews gewesen war, das hohe Alter Chevreuils oder die Fettsäuren.

Bildsequenz 2 ist schon elaborierter. Die Fotos stammen vom Illustrierten-Fotograf Wolf Schöne, der als Lokalreporter der Essener „Neuen Ruhr-Zeitung" die Kohlekrise und das Zechensterben in den 1960er Jahren in seinen Bildern festhielt.[7] Schöner besuchte die gleichen Kumpelfamilien im Abstand von vier Jahren (1966, 1970 und 1974). Er nahm sie in den Jahren stets von dem gleichen Aufnahmestandpunkt aus auf und vervollständigte dabei den Sachverhalt mit eigenen Texten.[8] Hier ist der Text dominant, der diesen drei Fotos beigegeben ist. Er nennt Hintergrundinformationen, die nicht aus dem Bildern abzulesen sind, sondern auf seinen zusätzlichen Recherchen beruhen.

Bildsequenz 2: Familie Zöllner, Essen

Bild 1: 1966

„Seit zwei Jahren fährt er nicht mehr in die Grube. Nach 14 Jahren in der Kohle machte seine Lunge nicht mehr mit. Hermann Zöllner, 62, hat jetzt einen Hausmeisterposten auf der Zeche ‚Zollverein'. Den Feierabend genießt er auf der Bank vor seiner Zechenwohnung – nur 200 Meter von Schacht 4 (im Hintergrund) entfernt. Dort sitzt er dann mit seiner gleichaltrigen Ehefrau Elisabeth und dem Pudel ‚Elke'. ‚Bei Westwind weht's den Kohlenstaub bis hierher, dann gehen wir einfach rein und machen die Fenster zu', sagt Kumpel Zöllner. Vierzig Jahre lang haben sie mit diesem Umweltproblem gelebt, die Zöllners. Die Backsteinhäuser ringsum sind alle schwarz. Renovierung? ‚Quatsch, das nützt alles nichts, wäre herausgeschmissenes Geld, ist doch gleich wieder alles schwarz.'"

Bild 2: 1970

„Die Mülltonne an der Ecke ist dieselbe wie vor vier Jahren, das Haus ist noch genauso schwarz, und die alte Bank steht auch noch. Nur Hermann Zöllner fehlt. Vor drei Jahren starb er – an Lungenkrebs. Auch die Zeche (im Hintergrund), der Schacht 4 ist zu – der Förderturm links oben ist verschwunden. Frau Zöllner hat den schwarzen Pudel verschenkt und sich die Katze ‚Purzel' angeschafft. Mit ihr sitzt sie nun auf der alten Bank. ‚Über Tote redet man nicht', sagt die Witwe Zöllner, ‚die Zeche und mein Mann, die gehörten irgendwie zusammen.'"

Bild 3: 1974

„Es hat sich nicht viel verändert – nur ein bisschen weniger Kohlenstaub an den Wänden, und die Bank ist weg. Frau Zöllner ist jetzt siebzig Jahre. Wenn sie vor ihrer Zechenwohnung sitzen will, nimmt sie einen Stuhl mit raus. Der schwarz-weiß gefleckte Kater war eines Tages nicht wieder gekommen. So hat sich Frau Zöllner wieder einen Hund angeschafft. Ganz allein wollte sie doch nicht sein. Und dann fällt auf diesem Foto noch etwas auf – die Seitenstraße ist freundlicher geworden, ein bisschen mehr Grün, frisch gepflanzte Bäume vor rußgrauem Backstein."

Visuelle Chronologien lassen sich – wie jede Bildgeschichte – nach dem Zeitraum unterscheiden, der zwischen den Bildern liegt. Beim Nadarinterview scheinen zwischen den beiden Bildern nur wenige Sekunden zu liegen. Wenn man allerdings die damalige Fototechnik berücksichtigt, werden es mindestens 15 Minuten gewesen sein. Bei den Zechenbildern von Schöne liegen jeweils 4 Jahre zwischen den einzelnen Aufnahmen. Bei der folgenden Bildsequenz beträgt der Abstand zwischen den Familienportraits 10 Jahre, in denen sich allerdings ein Systemwechsel ereignet hat.

Bildsequenz 3: Familie Zelm, Neubrandenburg

Bild 1: 1987
Jürgen Zelm, 34 Jahre, 1. Sekretär der FDJ-Bezirksleitung
Ilona Zelm, 31 Jahre, Lehrerin
Ariane, 11 Jahre und Reno, 5 Jahre

Bild 2: 1997
Jürgen Zelm, 44 Jahre, Fußballtrainer
Ilona Zelm, 41, Jahre, Grundschullehrerin
Ariane Zelm, 21 Jahre, Studentin und Reno Zelm, 15 Jahre, Schüler

Der Fotograf Bernd Lasdin (Jahrgang 1951) fotografierte 1987 und 1997 Familien oder Paare in der DDR im Raum von Neubrandenburg und Umgebung.[9] Er arrangierte die Fotos nicht, sondern überließ es den Fotografierten, sich in ihrer Wohnung so zu präsentieren, wie sie es wollten. Diese Fotos wiederholte er im Jahre 1997. Zwischen den Fotos liegt die Wende. Gibt es Indizien für den gesellschaftlichen Wandlungsprozess? In diesen Bildern wird deutlich, dass sich nicht nur gesellschaftliche Verhältnisse und Umstände ändern, sondern auch Menschen. Nicht nur Interieur und Mobiliar, Frisuren und Kleidung verändern sich, sondern auch der abstrakte Begriff Lebensgeschichte bekommt einen Inhalt. Kinder werden größer, Erwachsene älter. Zur Interpretation dieser Bilder im Einsatz im Unterricht geht es nicht ohne Recherche ab. Schülerinnen und Schüler müssen herausfinden, welche großen Ereignisse zwischen 1987 und 1997 das Leben der kleinen Leute veränderten. Bei Bildpaaren, aus denen Schülerinnen und Schüler eine Geschichte der Familie Zelm herstellen sollen, müssen Schülerinnen und Schüler recherchieren.

Tabelle 1: Ereignisse zwischen den beiden Familienbildern

9.2.1984	2 Millionen Wohnungen in Plattenbauweise fertiggestellt
27.11.1986	Fünf-Jahresplan 1986-90; Arbeitsproduktivität in der DDR nur 50%. Seit 1985 Importüberschüsse dadurch Belastung der Zahlungsbilanz; Kaufkraftüberhang in der DDR
28.1.1987	Das „Neue Deutschland“ veröffentlicht Gorbatschows Rede über die „Umgestaltung und die Kaderpolitik“
7.-11.9.1987	Besuch Honeckers in der BRD
18.12.1987	Volkswirtschaftsplan und Staatshaushalt der DDR für 1988; Investitionen stagnieren; Importüberschüsse wachsen; realer privater Konsum sinkt; innerdeutscher Handel rückläufig; Preissteigerungen; Versorgungs- und Lieferengpässe
20.11.1988	Die deutschsprachige sowjetische Zeitschrift „Sputnik“ wird in der DDR verboten
19.1.1989	Honecker versichert, die Mauer werde noch lange stehen
27.6.1989	DDR-Bürger verlassen über Ungarn die DDR; Loch im eisernen Vorhang
19.8.1989	Größte Massenflucht seit dem Mauerbau; in den Urlaubsmonaten reisen DDR-Bürger nach Ungarn, Polen und in die ČSSR
1.10.1989	Erste Ausreisewelle aus Prag mit ca. 6000 Flüchtlingen
4.10.1989	Erste Montagsdemonstrationen
17.10.1989	Sturz Honeckers
9.11.1989	Öffnung der Mauer
3.10.1989	ab 1.1. Reisefreiheit
20./21.1.1990	Die SED wird zur PDS
3.9.1990	Die Treuhandanstalt in Berlin nimmt ihre Arbeit auf. Sie soll die

	volkseigenen Betriebe privatisieren, sanieren oder stilllegen sowie Grund und Boden für wirtschaftliche Zwecke bereitstellen
18.5.1990	Schaffung einer Währungs-, Wirtschafts- und Sozialunion; Einführung der DM in der DDR. Löhne und Gehälter, Renten, Mieten und Pachten werden im Verhältnis 1:1 umgestellt. Einführung der sozialen Marktwirtschaft mit Privateigentum, freiem Wettbewerb, freier Preisbildung und voller Freizügigkeit
1.7 1990	Währungsumtausch
8.3.1991	Gemeinschaftswerk Aufschwung Ost. Ein Hilfsprogramm, das Arbeitslosigkeit und Zahlungsschwierigkeiten in den neuen Bundesländern beheben soll.
1.19.1991	Die „eingefrorenen" Mieten der DDR steigen ebenso wie Heiz- und sonstige Betriebskosten
31.12.1991	LPGs werden aufgelöst
13.3.1993	Solidarpakt zur Finanzierung der deutschen Einheit
31.12.1994	Treuhandanstalt wird aufgelöst
31.6.1994	Abzug der restlichen russischen Truppen aus Deutschland

Der Wandel der gesellschaftlichen Verhältnisse wirkt sich aber nicht auf alle Menschen in gleicher Weise aus. Im Vergleich zur Familie Zelm (S. 18) hat sich (bis auf den bemerkenswerten Topflappen) bei Familie Bauer (Bildsequenz 4, Bilder 1 und 2) weniger verändert. Deshalb empfiehlt sich im Unterricht die Verwendung beider Bildpaare, um ein differenziertes „Bild" der „Wende" zu erhalten.

Bildsequenz 4: Familie Bauer, Ost-Berlin

Bild 1: 1984

Bildergeschichten sind – im Gegensatz zu den vorgestellten visuellen Chronologien – zeitliche Längsschnitte. Hier entscheidet sich der Maler nicht für einen einzigen „fruchtbaren" Augenblick wie beim Einzelbild, sondern nimmt dem Betrachter die Last des Narrativierens ab. Bildergeschichten (Picture Story, Narrative Strip) sind für ein Massenpublikum produziert. Die Bilder stehen im Vordergrund und werden nicht durch das beigegebene Wort dominiert. In der Alltagssprache zeigen sie eine einfache Moral und hängen nicht von Vorwissen ab.

Im Folgenden (S. 27 ff.) werden neun Bildsequenzen vorgestellt. Einige sind als Sequenz entstanden, anderer aus Bildern unterschiedlicher Provenienz zusammengestellt. Bildgeschichten fordern einen *besonderen Vergleich*. Es wird nicht nur festgestellt, dass etwas anders ist (etwa wenn man das Bild eines Apfels und das einer Birne vergleicht), sondern dass sich etwas verändert hat und einen *Verlauf* darstellt. Die Geschichte umfasst einen mehr oder minder langen Zeitraum, mehrere Minuten, Stunden, Jahre und Jahrzehnte. Voraussetzung für die Erkenntnis solcher Wandlungsprozesse ist, dass auf den einzelnen Bildern etwas Identisches zu sehen ist, dieselbe Person, dasselbe Zimmer, derselbe Baum. Zwischen den einzelnen Bildern ist immer ein mehr oder minder langer Zeitraum vergangen.

Bild 2: 1994

2.1.2 Methodischer Einsatz

Die in den folgenden Kapiteln vorgestellten Bildgeschichten entstammen verschiedenen Epochen der Geschichte. Dabei wurden gleichzeitig auch die verschiedenen Techniken des Darstellens (z.B. Steinrelief, Sticken, Buchmalerei, Kupferstiche) berücksichtigt. Es wurden solche Bildgeschichten ausgewählt, die typisch bzw. exemplarisch für bestimmte Epochen sind. Auch alltags- und sozialgeschichtliche Prozesse, die in ihrer Zeit ein wichtiger Aspekt des alltäglichen Lebens darstellten (Wandel des Familienbildes und Alkoholismus) sind aufgenommen worden. Ein wichtiger Aspekt der römischen Antike sind die Kriege, die die Entwicklung vom Stadtstaat zum Weltreich zeigen. Der Ketzerprozess gegen Hus ist typisch für das ausgehende Mittelalter (Kaiser, Papst und Ketzer). Bei dem Thema Hus geht es weniger um den theologischen Gehalt als um das Problem der Meinungsfreiheit. Darf man denken, was man will, muss man sagen, was man soll? Darf der Glauben mit Gewalt durchgesetzt werden? Ist *political correctness* eine Grenze der Meinungsfreiheit? Vom Medium Bild ist vorgegeben, dass handelnde Menschen, soziale Gruppen im Vordergrund stehen: Soldaten, Ketzer, Juden, Migranten, Heimkehrer.

Die Bildsequenzen wurden mit Text verbunden. Bei der Trajansäule werden ein fiktives Tagebuch, beim Teppich von Bayeux ein Jugendbuch und bei der Verurteilung von Jan Hus authentische Quellen zugrundegelegt. Beim Hostienfrevel wurde der Text als Comic gestaltet.

Unter didaktischem Gesichtspunkt ist es erforderlich, dass sich die Lernenden die Bildgeschichte selbst aneignen. Diese Selbsttätigkeit wird dann verfehlt, wenn die Erzählung vollständig mit allen Elementen präsentiert wird. Es müssen vielmehr Informations- und Interpretationslücken offenbleiben, die die Lernenden durch eigene Recherche- und Interpretationsarbeit füllen müssen. Die folgenden Hinweise zeigen den methodischen Einsatz in mehreren Schwierigkeitsststufen.

(1) Die Einübung in das Aufgabenformat „Bildgeschichte" sollte zuerst mit *Bildpaaren* erfolgen, entweder mit den visuellen Chronologien, wie auf den Seiten 16-23 gezeigt wurde, oder mit einem Bildpaar aus den mehrgliedrigen Bildgeschichten. Die ausgewählten Bilder sollten zeitlich nicht zu nahe aneinander liegen, damit deutlichere Geschehenssprünge erkennbar sind. Der interpretatorische Zugang erfolgt hier zunächst durch einen einfachen Vergleich.

(2) Eine Erweiterung ist dann die Arbeit mit *kompletten Bildgeschichten*. Dabei erhalten die Schüler die einzelnen Bilder ausgeschnitten in einer

ungeordneten Folge. Die chronologische Anordnung ist dann bereits ein erster Schritt der Interpretation. Hierbei müssen die Schülerinnen und Schüler den Handlungsverlauf, den Plot der Handlung, selbst finden. Eine erste Annäherung kann mit „Blindmaterial", d.h. mit einer Bildgeschichte aus dem Alltagsleben geschehen.

(3) In einem weiteren Schritt können *Bildtexte* von den Schülern selbst hergestellt werden. Zum Einstieg reicht es, wenn sie den Bildern kurze denotative Legenden (vgl. Bildinterpretation I, 150 ff.) zuordnen. Eine weitere Möglichkeit ist es, die Bilder im Comic-Stil mit Sprechblasen oder nach Art gegenwärtiger Fotoromane mit Blocktexten zu versehen, ehe die Schülerinnen und Schüler dann fiktive Geschichten verfassen und zum kreativen Schreiben übergehen.[10] „Ist das einzelne Bild als Wahrnehmungsgegenstand vorgegeben, so ist die Bildgeschichte selbst ein Vorstellungsobjekt."[11]

(4) Eine Aufgabe mit höherem Schwierigkeitsgrad ist ist es, mit *vorgegebenen Texten* zu arbeiten, sei es mit Quellen (Beispiel Amerikaauswanderung, S. 97 ff.) oder literarischen Texten (Beispiel Sklavenhandel, S. 66 ff., und Teppich von Bayeux, S. 38 ff.). Hier wird die Bildgeschichte, die die Schüler im Selbsterzählen hergestellt haben, mit vorgegebenen Texten synchronisiert. Quellen, Jugendbücher etc. müssen den Bildern zugeordnet werden (Intertextualität). Man muss nicht mit vollständigen Chroniken, Jugendbüchern und Romanen arbeiten, aber die Auszügen sollten doch umfangreicher sein als die endgültigen Bildtexte. In manchen Fällen ist es sinnvoll, Quellen zu den Bildern suchen zu lassen. Das führt bei guter Quellenlage zu akzeptablen Ergebnissen. Beispielsweise liegen zum Thema Migration umfangreiche Quellensammlungen vor, die auch von den Schülern benützt werden können.

(5) Eine Möglichkeit besteht auch darin, ein Bild aus einer Sequenz als *leeren Rahmen* zu präsentieren und von den Schülerinnen und Schüler den fehlenden Bildinhalt erfinden zu lassen. Im Grund ist das eine Aufgabe, die stets bei Bildgeschichten zu lösen ist, denn zwischen den einzelnen Bildern der Sequenz befindet sich ja stets ein Zeitsprung („Hiatus"), in dem Teile von unerzählter Geschichte stecken. So gesehen muss man bei Bildgeschichten immer mit „leeren" Bildern arbeiten. Das Verfahren des „leeren Bildes" eignet sich aber, um auf den Plot-Point aufmerksam zu machen. Unter Plot-Point wird ein mehr oder minder dramatischer Wendepunkt, Vorfall, Episode, Ereignis verstanden, das in die Handlung eingreift.

(6) Die oberste Schwierigkeitsstufe besteht schließlich darin, von Schülerinnen und Schülern *Bildgeschichten selbst zusammenstellen* zu lassen. Diese Aufgabe können die Lernenden auf der Grundlage von bestimmten Bildbänden leisten (vgl. Literatur).

2.1.3 Weiterführende Literatur

Altrichter, Helmut (Hrsg.): Bilder erzählen Geschichte, Freiburg i.Br. 1995

Baldajew, Dancik Sergejewitsch: Gulag. Zeichnungen, herausgegeben von Böffgen, Hans-Peter, Frankfurt/M. 1993 [Ein Band mit Zeichnungen des Zeit- und Augenzeugen Baldajew. Mögliche Bilder: Verhaftung 33; Verhör 39; Transport 73; Arbeit (Frauen) 217; Arbeit (Männer) 223]

Dupeux, Cécilie u.a. (Hrsg.): Bildersturm. Wahnsinn oder Gottes Wille? München 2000 [dort weitere Bildergeschichten: Antonio schändet ein Marienbild und wird gehängt, S. 113 (9 Bilder; 1501); Klaus Hattinger stürzt ein Wegkreuz und wird hingerichtet, S. 313 (6 Bilder, 1605); Die Verhaftung eines bilderfeindlichen Pfarrers löst eine bäuerliche Revolution aus, S. 316 (6 Bilder, 1605)]

Grünewald, Dietrich: Thema: Bildgeschichte, in: Kunst + Unterricht (1989), H. 177, S. 11-17

Hochhuth, Rolf; Koch, Hans-Heinrich: Kaisers Zeiten, Gütersloh 1977 [ermöglicht die Zusammenstellung zeitypischer Lebensgeschichten]

Jäger, Thomas: Die Bilderzählung. Narrative Strukturen in Zyklen des 18. und 19. Jahrhunderts von Tiepolo und Goya bis Rethel, Petersburg 1998

Jäger, Wolfgang; Tenfelde, Klaus (Hrsg.): Bildgeschichte der deutschen Bergarbeiterbewegung, München 1989 [Der gesamte Band stellt sich als „Bildergeschichte“ dar]

Karpf, Jutta: Strukturanalyse der mittelalterlichen Bilderzählung. Ein Beitrag zur kunsthistorischen Erzählforschung, Marburg 1994

Kluckert, Ehrenfried: Die Erzählform des spätmittelaltlichen Simultanbildes, Diss. Tübingen 1994

Maas, Ellen: Das Photoalbum 1858–1918, München 1975

Pandel, Hans-Jürgen: Visuelles Erzählen. Zur Didaktik von Bildgeschichten, in: ders.; Schneider, Gerhard (Hrsg.): Handbuch Medien im Geschichtsunterricht, Schwalbach/Ts. 1999, S. 387-404 [Dort die Fotoreportage „Familienzusammenführung nach dem Zweiten Weltkrieg]

Schnackertz, Hermann Josef: Form und Funktion medialen Erzählens, München 1980

Schüddekopf, Otto-Ernst: Herrliche Kaiserzeit. Deutschland 1871–1914. Mit 500 Bilddokumenten, Berlin 1973 [Ermöglicht die Zusammenstellung einer Bildgeschichte eines Kleinbürgers: Lehre, Geselle, Militärdienst, Heirat, Meister, eigenes Geschäft etc.]

Schüddekopf, Otto-Ernst: Der erste Weltkrieg, Gütersloh 1977 [Ermöglicht die Zusammenstellung eines „Tagebuchs eines Landsers an der Westfront“]

2.2 Die Trajanssäule

Die Trajanssäule befindet sich in Rom auf dem Trajan-Forum, das Kaiser Trajan (53–117 n.Chr.) zwischen 107 und 113 n.Chr. aus dem Erlös der in den Dakerkriegen erbeuteten Schätze auf dem Marsfeld in Rom zwischen dem Kapitol und dem Quirinal errichten ließ (Abb. S. 28). Der beauftragte Architekt Apollodor von Damaskus musste das Atrium Libertatis und ein nutzlos gewordenes Stück der servianischen Stadtmauer zerstören, um einen Durchbruch zum Marsfeld zu öffnen. Das Forum ist insgesamt 300 Meter lang und 185 Meter breit und wurde 112 n.Chr. geweiht. Kernstück des Trajan-Forums ist das sehr große Reiterstandbild des Kaisers in der Mitte des Platzes. Seine Rückseite wird riegelartig durch die Basilica Ulpia verschlossen, die nach dem Schema der so genannten Principia, den zentralen Plätzen in militärischen Lagern, erbaut wurde. Auch die beiden Bibliotheken, die hinter der Basilica Ulpia die Trajanssäule einfassten und die Säule selbst, die die Stelle einnahm, an der im allgemeinen das Heiligtum mit den Feldzeichen der Legionen lag, wurde nach dem Vorbild der Principia auf dem Forum angeordnet. Trajan, der über die militärische Laufbahn an die Macht gekommen war, wollte durch die Art dieser Anlage seine militärische Politik betonen und ließ daher mitten in einem bürgerlichen Geschäftsviertel ein Militärlager erbauen.

Die Trajanssäule befand sich noch im Bau, als das Forum geweiht wurde; erst im Mai 113, gleichzeitig mit dem wiederaufgebauten Cäsar-Forum, konnte sie geweiht werden. Sie wurde aus großen Marmorblöcken aus Luni zwischen der griechischen und der lateinischen Bibliothek erbaut und ist bis heute das einzige so gut wie unbeschädigte Monument des Trajan-Forums geblieben. Ihr würfelförmiger Sockel ist auf allen vier Seiten mit Reliefs dakischer Waffen überzogen. Auf seinen oberen Ecken sitzen vier Adler, die Girlanden halten. In ihrem Innenraum führt eine in die Marmorblöcke gehauene Wendeltreppe bis zur obersten Spitze der Säule. Über der Eingangstür zum Innenraum befindet sich eine von zwei Viktorien gehaltene Tafel mit folgender Inschrift: „Der Senat und das römische Volk dem Imperator Cäsar Nerva Traianus, dem Sohn des göttlichen Nerva, dem Germanicus, dem Dacicus, dem höchsten Priester, der zum siebzehnten Mal das Amt eines Tribuns bekleidete, zum sechsten Mal Imperator und zum sechsten Mal Konsul geworden ist, dem Vater des Vaterlandes, um zu zeigen, welche Höhe der Berg hatte, der unter so vielen Mühen abgetragen wurde.“[12] Die Säule sollte die ursprüngliche Höhe des Hügels anzeigen, der abgetragen werden musste, um Platz für das neue Forum zu schaffen. Ihr wichtigster

Die Trajanssäule in Rom, um 114 n. Chr.

Zweck war es jedoch, Grabmonument des Kaisers zu sein. Trajans Asche wurde in einer goldenen Urne auf einer Marmorbank im Sockel der Säule, der als Altar diente, aufbewahrt. Auf diese Weise hatte Trajan den uralten Brauch, dass derjenige in der Stadt begraben werden durfte, der einen Triumph gefeiert hatte, wieder aufgenommen.

Auf dem 200 Meter langen spiralförmigen Reliefband der Trajanssäule sind die beiden Dakerkriege des Kaisers Trajan dargestellt. Das Reliefband besteht aus 114 marmornen Metopen, die ursprünglich farbig bemalt waren. 184 Szenen mit 2500 Figuren erzählen die Taten Trajans. Der erste und der zweite Krieg sind durch ein Feld mit einer Siegesgöttin getrennt, die auf einem Schild schreibt. Das Erzähldekor der Säule enthält eine Gesamtschilderung der beiden Kriegsverläufe, die fortschreitend erzählend konzipiert sind. Das besondere dieses Bildfrieses liegt in seinem dokumentarischen Charakter. Zum ersten Mal war die Gesamtschilderung eines Krieges in all seinen Phasen und stereotypen Handlungen wie Flussüberquerung, Truppenansprache, Lagerbauten, Opferzeremonien etc. in einem einheitlichen Bildfries dargestellt. Der Bildhauer, der dieses Marmorrelief hergestellt hat, ist unbekannt. Er wird als „Meister der Feldzüge Trajans" in der Literatur geführt.

2.2.1 Der historische Hintergrund

Das unter Burebista geeinte dakische Reich befand sich auf dem Gebiet des heutigen Rumänien. Es zerfiel nach dem Tod Burebistas 44 v. Chr. wieder. Die dakische Staatsbildung reduzierte sich auf den innerkarpatischen Raum. Die kleinen dakisch-getischen Ländchen aus der wallachischen Ebene und der Dobrutscha verfolgten eine „Politik des Moments", die einerseits von Einfällen in die römischen Besitzungen südlich der Donau, andererseits von Kooperation mit den Römern in lokalen Rivalitätskämpfen geprägt war. Die kleinen dako-getischen Regenten wurden von Rom durch Strafexpeditionen wiederholt in ihre Schranken gewiesen. Obwohl zuerst keine entscheidende Militärexpedition zur Okkupation Dakiens organisiert wurde, erhöhte sich stets der militärische Druck Roms auf Dakien. Unter Ausnutzung der inneren Uneinigkeit zweier getischer Lokalregenten eroberte Rom 28 v. Chr. die Dobrutscha, die 46 n. Chr. Moesien (auf dem Gebiet des heutigen Serbien und Bulgarien) zugeschlagen wurde. Das 6 n. Chr. eingerichtete moesische Militärkommando wurde im Jahr 15 in die Provincia Moesia und das odrysische Klientelkönigreich wurde im Jahr 46 in die Provincia Thracia umgewandelt. Große Umsiedlungsaktionen an der Donaumündung suchten den barbarischen Druck auf die Donaugrenze zu mindern. Nach einer groß angelegten Innovation der innerkarpatischen Daker in Moesien (49 n.Chr.) wurde eine spezielle Donauflotte (classis flavia moesica) geschaffen.

2.2.2 Das Textmaterial

Die Säulenreliefs stellen vermutlich eine illustrierte Ausgabe der verlorenen commentarii traiani dar. Für die Darstellung des detailreichen Bildfrieses wird der „Meister der Feldzüge Trajans" unbedingt auf eine ausführliche Quelle zurückgegriffen haben. Die Bildlegende soll deshalb das fiktive Tagebuch des Kaisers darstellen, ein Prosabericht, den Werken Cäsars vergleichbar. Die fiktiven „commentarii" sind jedoch aufs engste an das 68. Buch der Historiographie des römischen Historiographen Cassius Dio (etwa 150–225 n. Chr.) angelehnt. Basierend auf dieser vermittelten Quelle des Cassius Dio erzählt das fiktiv konstruierte Tagebuch die Ereignisgeschichte des zweiten Dakerkrieges (105–106 v. Chr.). Dabei wurde versucht, den spezifischen sprachlichen Duktus der commentarii Cäsars nachzuempfinden.

Tabelle 2: Der zweite Dakerkrieg des Kaisers Trajan 105–106

NR.	BILDTHEMA	QUELLE	BILDLEGENDE
		Cassius Dio „Römische Geschichte", 68. Buch	**Commentarii belli dacii imperatori Traiani**
01	Abfahrt der Schiffe von Ancona	Decebalus ließ sich, wie man dem Kaiser berichtete, viele Vertragswidrigkeiten zuschulden kommen; so beschaffte er sich Waffen, nahm die Überläufer bei sich auf, setzte die Verteidigungsanlagen instand, schickte Gesandte zu den Nachbarvölkern und fügte seinen früheren Gegnern Schaden zu. Ja, er nahm auch den Jazygen ein Stück Land ab, das ihnen Trajan, als sie es später zurückverlangten, nicht mehr gab (104). Deshalb erklärte ihn der Senat erneut zum Landesfeind, und Trajan führte wieder, persönlich und nicht mit Hilfe anderer Feldherren, den Krieg gegen ihn.	Der dakische Herrscher Decebal hatte im Jahre 102 Frieden mit den Römern geschlossen. Er beging aber danach sehr viele Vertragswidrigkeiten, sodass Trajan im Juni 105 gegen ihn erneut zu Felde zog. Der Kaiser begab sich an die Donau. Er schiffte sich mit seinen Soldaten im Hafen von Ancona ein.
02	Unterwerfung einer Stadt	Die Daker traten in großer Zahl auf Trajans Seite über.	Die Daker traten in großer Zahl auf seine Seite und begrüßten ihn.

03	Daker sammeln Truppen – Daker flüchten		Aus diesem Grund erbat Decebal Friedensverhandlungen. Nachdem er sich jedoch geweigert hatte, seine Waffen abzulegen und sich selbst dem Kaiser auszuliefern, begann er in aller Offenheit, Truppen zu sammeln.
04	Einfall in Moesien. Daker greifen eine Festung an		Decebal war in die Provinz Moesien eingefallen und griff eine römische Festung an. Dabei fielen viele Daker.
05	Der Kaiser opfert vor der neuen Donaubrücke	Trajan baute über den Ister eine steinerne Brücke, eine Leistung, für die ich ihn nicht genug bewundern kann; denn auch seine anderen Werke sind gar glänzend, diese Großtat aber übertrifft sie alle. Hat doch die Brücke 20 Pfeiler aus Quadersteinen, 150 Fuß hoch – die Fundamente dabei nicht gerechnet – und 60 breit. Die Pfeiler aber, 170 Fuß voneinander entfernt, sind durch Bögen miteinander verbunden. Müßte da nicht einer über den Aufwand staunen, der dafür nötig war, oder über die Art und Weise, auf die jeder Teil davon seinen Platz in einem so tiefen Fluß, so wirbelreichem Wasser und auf so schlammigem Untergrund fand?	Trajan ließ über den Ister eine steinerne Brücke bauen. Bevor er mit seinen Truppen über die Brücke marschierte, brachte er ein Opfer dar.
06	Vormarsch auf die Königstadt Sarmizetegusa		Dann rückte er mit seinen Truppen auf die Königsstadt Sarmizetegusa.
07	Sturm auf Sarmizetegusa		Schließlich begann der Sturm auf die Stadt.
08	Daker zünden Sarmizetegusa an		Die Stadt konnte den römischen Ansturm nicht aushalten. Als die Daker die Niederlage kommen sahen, zündeten sie ihre Stadt an.

09	Dakerführer vergiften sich		Angesichts der Niederlage töteten sich viele Dakerführer durch Gift.
10	Dakerführer unterwerfen sich		Die übrigen Dakerführer unterwarfen sich dem Kaiser.
11	Decebal begeht Selbstmod	Decebalus aber legte, als er seine Königsstadt und sein ganzes Land besetzt sah und er selbst Gefangennahme befürchten mußte, Hand an sich, und sein Haupt wurde nach Rom gebracht.	Abermals schien Decebal zu entkommen. Er wurde von den Römern verfolgt. Als er die Gefangennahme befürchten mußte, tötete er sich.
12	Schätze werden weggebracht	Man fand auch die Schätze des Dakerkönigs, obwohl sie unter dem Fluß Sargetia verborgen lagen, der nahe seiner Residenz vorbeiströmte. Mit Hilfe einiger Gefangener hatte Decebalus das Flußbett verlegen, eine Grube ausheben und viel Silber und Gold und andere sehr kostbare Gegenstände hineinbringen lassen, die einen gewissen Grad von Feuchtigkeit aushalten konnten. Sodann wurden Decksteine darüber gelegt, Erde aufgeschüttet und dem Fluß sein alter Lauf wiedergegeben.	Die Römer fanden die Schätze des Dakerkönigs und transportierten sie ab. Als Trajan im Jahre 107 nach Rom zurückgekehrt war, befahl er den Bau einer Riesensäule auf dem Forum, die zugleich sein Grabmal sein sollte.

2.2.3 Die Bildsequenz

Bild 1

Der dakische Herrscher Decebal hatte im Jahre 102 Frieden mit den Römern geschlossen. Er beging aber danach sehr viele Vertragswidrigkeiten, sodass Kaiser Trajan im Juni 105 gegen ihn erneut zu Felde zog. Er begab sich an die Donau und schiffte sich mit seinen Soldaten im Hafen von Ancona ein.

Bild 2

Die Daker traten in großer Zahl auf seine Seite und begrüßten ihn und brachten ihm Opfer dar.

Bild 3

Aus diesem Grund erbat Decebal Friedensverhandlungen. Nachdem er sich jedoch geweigert hatte, seine Waffen abzulegen, und sich selbst dem Kaiser auszuliefern, begann er in aller Offenheit, Truppen zu sammeln.

Bild 4

Decebal war in die Provinz Moesien eingefallen und griff eine römische Festung an. Dabei fielen viele Daker.

Bild 5

Trajan ließ über den Ister eine steinerne Brücke bauen. Bevor er mit seinen Truppen über die Brücke marschierte, brachte er ein Opfer dar.

Bild 6

Dann rückte er über die neu errichtete Brücke der dakischen Königsstadt Sarmizetegusa entgegen

Bild 7

Schließlich begann der Sturm auf die Stadt.

Bild 8

Die Stadt konnte den römischen Ansturm nicht aushalten. Als die Daker die Niederlage kommen sahen, zündeten sie ihre Stadt an.

Bild 9

Angesichts der Niederlage töteten sich viele Dakerführer durch Gift.

Bild 10

Die übrigen Dakerführer unterwarfen sich dem Kaiser

Bild 11

Abermals schien Decebal zu entkommen. Er wurde von den Römern verfolgt. Als er selbst die Gefangennahme befürchten mußte, tötete er sich selbst.

Bild 12

Die Römer fanden die Schätze des Dakerkönigs und transportierten sie ab. Als Trajan im Jahre 107 nach Rom zurückgekehrt war, befahl er den Bau einer Riesensäule auf dem Forum, die zugleich sein Grabmal sein sollte.

2.2.4 Didaktische Relevanz

Der Bildfries der Trajanssäule muss für Unterrichtszwecke wegen seiner unübersehbaren Fülle der Bilder drastisch gekürzt werden. Die didaktisch notwendige Sequenzkürzung wirft die gleichen Selektionsprobleme auf, die auch der Bildhauer hatte. Er musste aus Einzelbildern einen Sinnzusammenhang herstellen. Die aus dem Bildfries zusammengestellte Bildsequenz bedarf eines Textes, um die Zeitsprünge zwischen den einzelnen Bildern sinnbildend auszufüllen. Diesen Zweck erfüllen die fingierten, die Zeitsprünge überbrückenden, eng an das 68. Buch des Cassius Dio angelehnten Commentarii Traiani, die sich mit ausgewählten Bildern der Reliefsäule zu einer Bildgeschichte über den zweiten Dakerkrieg und seine Episoden verdichten (Bild-Text-Konnex). Desweiteren wird die Bildergeschichte auf der Personenebene via Personenidentität (römische und/oder dakische Soldaten als Personengruppen, die jedem Bild eigen sind, oder bisweilen die Person Trajans) verknüpft. Auch auf der Handlungs- und Ortsebene wird ein Zusammenhang durch stets wiederkehrende stereotype Handlungsakte und -orte hergestellt.

Didaktisch sind folgende Punkte von Bedeutung:

- Politische Bedeutung von Denkmälern
- Verknüpfung von Kunst und Politik
- Von der Einzelschlacht zur generellen Darstellung römischen Militärwesens
- Herausarbeitung typischer Schlachtenfolgen aufgrund der Motive des Bildfrieses

Aufgrund der chronologischen Anordnung des gegenwärtigen Geschichtsunterrichts fällt die Behandlung der römischen Geschichte in die jüngeren Schuljahrgänge. In der Regel kommt die Spätantike nicht vor. Trajan und die Dakerkriege sind kein Thema des üblichen Geschichtsunterrichts. Cäsar, Augustus, Varus und die Germanen stehen im Vordergrund. Da sich in der Behandlung der Antike die Kulturgeschichte immer mehr in den Vordergrund schiebt, besteht kein Grund mehr, die Spätantike nicht zu behandeln. An dem Dakerfries lässt sich (fast) die ganze römische Geschichte für die Klassen 5 bis 7 (je nach Schulorganisation) erarbeiten.

Aufgrund einer genügend großen Differenziertheit erlaubt die hier ausgewählte Sequenz ein praxisorientiertes Arbeiten. Es wird an authentischem (wenn auch umgezeichnetem) Material gearbeitet. Streng genommen handelt es sich bei dem Fries nicht um ein „Bild“ in dem eingangs definierten Sinne. Hier werden allerdings weniger das „Bild“ als vielmehr die kulturgeschichlichen Details behandelt. An den einzelnen Methopen lassen sich typisierte Situationen des römischen Lebens dar-stellen: Schiffbau, Lagerbau, Ausrüstung der Soldaten etc. Die Bilder lassen sich auf DIN A3 vergrößern, ausmalen und als Fries gestalten. Dazu lassen sich zwei Tagebücher verfassen: Trajan und Decebal bzw. ein römischer Legionär und ein dakischer Krieger. Der selbstgefertigte Fries erlaubt eine narrative Organisation des Wissens. Auch Perspektivenwahrnehmung und Perspektivenerweiterung (Römer–Daker) sind möglich.

2.2.5 Weiterführende Literatur

Bengtson, Hermann: Grundriß der römischen Geschichte. Republik und Kaiserzeit bis 284 n. Chr. Mit Quellenkunde (Handbuch der Altertumswissenschaft, Abt. 3, Teil 5), München 1982
Cassius Dio: Römische Geschichte V. Epitome der Bücher 61-80, übers. v. Veh, Otto (Die Bibliothek der Alten Welt. Griechische Reihe). Zürich/München 1987
Coarelli, Filippo: Rom. Ein archäologischer Führer, Freiburg/Basel/Wien 1975
Daicoviciu, Constantin: Dakien und Rom in der Prinzipatszeit, in: Temporini, Hildegard u. Haase, Wolfgang (Hrsg.): Aufstieg und Niedergang der römischen Welt. Geschichte und Kultur Roms im Spiegel der neueren Forschung II, 6, Berlin/New York 1977
Fitz, Jenö: Art. Dacia, in: Der Kleine Pauly. Lexikon der Antike 1, Sp. 1355-1357
Florescu, Florea Bobu: Die Trajanssäule. Grundfragen und Tafeln, aus dem rumän. Manuskript übertr. v. Arnold Pancratz, Bukarest/Bonn 1969
Gauer, Werner: Untersuchungen zur Trajanssäule, Berlin 1977
Lehmann-Hartleben, Karl: Die Trajanssäule. Ein römisches Kunstwerk zu Beginn der Spätantike, Bd. I Text, Bd. II Tafeln, Berlin/Leipzig 1926
Lepper, F. u. Frere, S.: Trajan's Column, a New Edition of the Cichorius Plates, Gloucester 1988
Veyne, Paul: Darstellung, Ausdruck, Werk und Idol, in: Hart Nibbrig, Christiaan L. (Hrsg.): Was heißt „Darstellen"?, 1994, S. 229-244

2.3 Der Teppich von Bayeux

Der Teppich von Bayeux ist ein farbig bestickter Bildfries auf Leinen. Er besteht aus acht aneinander genähten Leinenstücken und ist insgesamt 68,38 m lang. Seine Höhe schwankt zwischen 45,7 und 53,6 cm. Da das letzte Teilstück fehlt, ist das Ende der Bildgeschichte offen.[13] In sieben verschiedenen Farben sind auf dem Teppich 762 Tiere, 623 Personen, 37 Gebäude und 41 Schiffe und Boote gestickt. Der mittlere Bildfries wird oben und unten fast durchgehend von schmalen Randstreifen gesäumt, die Zusatzinformationen zum Hauptgeschehen des mittleren Frieses liefern wie Nebenhandlungen oder Hinweise auf künftige Ereignisse. Zuweilen werden auch Fabeltiere dargestellt. Die einzelnen Szenen werden durch Schriftzusätze in lateinischer Sprache erklärt.

Der Teppich liefert eine umfangreiche Darstellung des Lebens der Normannen und Engländer aus dem frühen Mittelalter. Ein Großteil der Darstellungen nehmen die Schilderungen über Kriege ein. Darüber hinaus ist er eine reichhaltige kulturhistorische Quelle für Architektur, Jagdbräuche, Schiffbau und -fahrt, Ackerbau, handwerkliche Traditionen, Küche, Kleidung, Königszeremoniell und Insignien im Mittelalter.

Vermutlich wurde der Teppich um 1066 n. Chr. im südenglischen Canterbury angefertigt. Der Auftraggeber war entweder Bischof Odo von Bayeux, der Halbbruder von Wilhelm dem Eroberer, oder Mathilde, Wilhelms Frau. Erwähnt wird der Fries erstmals im 15. Jahrhundert in der Inventarliste der Kathedrale von Notre-Dame in Bayeux. Da er nur am Reliquienfest acht Tage ringsum im Kirchenschiff aufgehängt wurde, und den Rest des Jahres zusammengerollt aufbewahrt wurde, konnte er beinahe 500 Jahre lang sämtliche Katastrophen, Feuersbrünste und Kriege überstehen. 1803 wurde er auf Geheiß Napoleons nach Paris geschafft, wo seine Ausstellung im Hinblick auf die Vorbereitungen zur Invasion Englands propagandistisch mit großem Erfolg aufgezogen wurde. Erst als Napoleon seine Invasionspläne aufgab, wurde der Teppich wieder nach Bayeux zurückgebracht. Bis in die Mitte des 18. Jh. wurde seine Bedeutung als historisches Dokument nicht erkannt. Seit 1983 hängt er in einem eigens für ihn gebauten Museum in Bayeux.

2.3.1 Der historische Hintergrund

Die Eroberung Englands vollzog sich in der relativ kurzen Zeit vom Januar 1066 bis März 1067. Dieses Schlüsselereignis der englischen Geschichte ist schnell erzählt. Am 5. Januar 1066 starb König Edward („Der Bekenner"), ohne einen Nachkommen zu hinterlassen. Vier Personen erhoben Ansprüche auf den Thron: Graf Harold von Wessex, König Harald Hadraada von Norwegen, Graf Tosti von Nordhumbria, der Bruder Harolds von Wessex, und Herzog Wilhelm von der Normandie. Am Tag der Beerdigung des verstorbenen Königs ließ sich Harold von Wessex in London vom Erzbischof krönen, ohne von königlicher Abkunft zu sein. Anfang Mai versuchte Graf Tosti mit Waffengewalt nach England zurückzukehren: Mit einer Flotte von 60 Schiffen unternahm er von Flandern aus an der englischen Ostküste Raubzüge, wurde dann aber vernichtet. Mit zwölf Schiffen suchte er in Schottland Zuflucht. Wilhelm rüstete zum Krieg, stellte eine mächtige Flotte zusammen und segelte am 28. September 1066 nach Pevensy an der Südküste Englands. König Harald Hadraada von Norwegen sah sich in der Nachfolge der Dänenkönige und nutzte die unsichere politische Situation zwischen Harold von Wessex und Wilhelm und zog mit 300 Schiffen gegen England. Harold sah sich somit gezwungen, seinen Thron nach beiden Seiten zu verteidigen. Er musst einen Großteil seines Heeres nach York abziehen, wo er am 25. September 1066 bei Stamfordbridge Hadraada von Norwegen schlug und tötete. Durch den Kampf verlor er allerdings nicht nur einen Teil seines Heeres, sondern auch wichtige Zeit, da er sich mit seinen Truppen in sehr kurzer Zeit wieder nach Süden bewegen musste. Am 28. September landete Wilhelm vor der Küste Englands und rückte mit einer Armee von etwa 7000 Mann, darunter 2000 Reiter, auf Hastings vor. Das ermüdete Fußheer von König Harold konnte mit Leichtigkeit von Wilhelms ausgeruhter Armee geschlagen werden. Am 14. Oktober wurde Harold in der „Schlacht von Hastings" getötet. Damit war der Kampf entschieden. Ein paar Monate später wurde Wilhelm „der Eroberer" zum König von England gekrönt.

Die normannische Eroberung Englands war „vielleicht das entscheidendste Ereignis in der englischen Geschichte zwischen Bekehrung und der Reformation".[14] England erhielt nicht nur eine neue Monarchie, sondern es klärte sich auch die Stellung Englands hinsichtlich Skandinaviens und Lateineuropas. England löste sich aus der politischen Welt Skandinaviens. Das neue anglo-normannische Königreich veränderte damit das politische Gleichgewicht Europas, indem es die weitere Geschichte Frankreichs bestimmte.

2.3.2 Das Textmaterial

Lars-Hendrik Olsen[15] hat den Teppich von Bayeux zur Vorlage für einen historischen Jugendroman genommen. Seine fiktive Geschichte spielt sich in einer südenglischen Klosterstickstube ab, einige Jahre nach der Eroberung Englands durch die Normannen. Hier soll für die Königin Mathilde, der Frau Wilhelms, im Auftrage des Bischofs Odo ein Teppich gestickt werden. Er soll die Ereignisse dokumentieren, die zur Schlacht führten. In der Stube befinden sich vier junge Stickerinnen, die jüngste ist gerade zehn Jahre. Angeleitet werden sie von dem Zwerg Turold und dem Kriegsgefangenen Ligulf, die beide Zeugen der Geschehnisse waren und darüber zu wachen haben, dass die Geschichte wahrheitsgemäß „verstickt" wird. Turold erzählt die Geschichte aus der Perspektive Wilhelms, Ligulf vertritt die Interessen Harolds. Beide Personen sind im Bildfries zu sehen. Ein Zwerg, über dessen Kopf der Name „Turold" gestickt ist, kommt im gesamten Bildteppich nur einmal vor, und zwar bei der Gefangennahme von Harold. Er ist deshalb als Gefolgsmann dem Herzog Wilhelm zuzuordnen. Augenscheinlich hatte er keine besondere Aufgabe zu erfüllen, deshalb eignete er sich für Olsen besonders gut, in die Rolle des Erzählers zu schlüpfen. Mühelos lässt er sich in jedes Bild hineindenken. Ligulf ist als Gefolgsmann

Harolds auf jedem Bild sichtbar, denn Harold wird nie allein dargestellt, er ist immer in Begleitung. Beide üben Einfluss auf die Darstellung des historischen Ereignisses aus und verhindern aufgrund ihrer unterschiedlichen Perspektiven einen eindeutigen „Siegerteppich".

2.3.3 Zur didaktischen Relevanz

Der Teppich eignet sich in besonderer Weise als kulturhistorische Quelle des frühen Mittelalters. Er zeigt Ackerbau, Schiffbau, Küche, Militärwesen, höfische Szenen, Kleidung etc. Der Arbeitsauftrag für Schülerinnen und Schüler besteht darin, die vorgegebenen Bilder in die entsprechenden Passagen aus Olsens Jugendbuch zuzuordnen. Auf diese Weise lassen sich Bildinterpretation und Umgang mit einem Jugendbuch verbinden. Die den Bildern zugeordneten Texte stammen aus dem Jugendbuch.

Da die Texte aus Olsens Buch bewusst fragmentarisch die Bilder beschreiben, entstehen Interpretationslücken zwischen Bild- und Textaussage. Hier können Schülerinnen und Schüler ihre Phantasie walten lassen und selbst die Bildgeschichte unter Zuhilfenahme des historischen Hintergrundes vervollständigen.

Möglicherweise kann ein Stück Leinenstoff bestickt werden, um so ein besseres Verständnis von mittelalterlicher handwerklicher Tradition zu bekommen. Außerdem könnte die beschriebene Situation in der Stickereistube im Rollenspiel nachgestellt werden, um die Aufgaben der beteiligten Personen sowie ihre unterschiedlichen Intentionen deutlich zu machen.

2.3.4 Die Bildsequenz

Bild 1

Zu Bild 1: Turold erzählt:

König Harold war damals etwa 40 Jahre alt, zwei Jahre später war er schon tot. Wir bereiten die Leute, die den gestickten Wandteppich sehen werden, darauf schon einmal vor, indem wir den König etwas älter machen, als er in Wirklichkeit war. Wir geben ihm ein altes Gesicht und einen langen, grauen Bart. Rechts neben dem König stehen zwei Männer. Einer der beiden war damals Englands mächtigster Adeliger. Er hieß Harold Godwinson, und er wurde nach Edwards Tod König von England. Harold mußte nun eine längere Reise zum Grafen von Flandern antreten.

Bild 2 a und b

Zu Bild 2 a und b: Ligulf erzählt:

Als wir von England lossegelten, hatten wir guten Wind und brauchten nicht zu den Rudern zu greifen. Aber das Wetter im Ärmelkanal ist launisch und plötzlich kam Sturm auf. Und schließlich wußten wir nicht mehr, wohin wir getrieben wurden. Aber dann klärte es sich auf. Aber wo wir waren, wußten wir nicht. Wir freuten uns, festen Boden unter den Füßen zu haben. Wir waren noch nicht alle aufs Trockene gekommen, da hallte der Wald von Pferdegetrappel und Kommandorufen wider. Harold hatte noch nicht einmal seine Hose wieder angezogen, ehe wir gefangen genommen wurde. Graf Guy wußte allerdings nicht, was er mit Harold anfangen sollte. Graf Guy war ein Untertan des Herzogs, und der Herzog mußte entscheiden, was mit Harold geschehen sollte.

Bild 3

Zu Bild 3: Ligulf erzählt:

Der Herzog bat Harold, ihn auf der Heerfahrt zu begleiten, und Harold blieb nichts anderes übrig, als ihm zu folgen. Er war schließlich Wilhelms Gefangener. Wilhelm war über Harolds Hilfe sehr erfreut. Und als wir nach Beaurain zurückgekehrt waren, ließ er Harold zum Dank für seinen Einsatz eine vollständige Rüstung überreichen, ein kostbares Kettenhemd und einen goldenen Helm. Darin lag etwas Symbolisches. Einerseits war es eine große Ehrerweisung, die Harold da zuteil wurde. Und andererseits wurde Herzog Harold zum Ritter geschlagen, wodurch er zu Wilhelms Untertan wurde.

Bild 4 a und b

Zu Bild 4 a und b: Ligulf erzählt:

Der König wusste, dass er nicht mehr lange zu leben hatte, und deshalb hatte er den mächtigsten Herzog des Reiches, Harold Godwinson, zu sich gerufen. Auf dem Totenbett übertrug König Edward Harold Obhut und Regierung des Reiches. Im April reiste ich mit König Harold von York nach Westminster, um Pfingsten zu feiern. Es war eine angenehme Reise, ohne Schwierigkeiten, aber wir waren noch nicht lange in London, als etwas Entsetzliches geschah. Eine große Feuerkugel zeigte sich am Himmel. Es war ein grausiges Vorzeichen auf böse Zeiten.

Bild 5

Zu Bild 5: Turold erzählt:

Jedes Land mit Selbstachtung hat seine Spione im Nachbarland, damit man immer weiß, was dort geschieht. So hatte Herzog Wilhelm erfahren, dass Harold zum König von England gekrönt worden war, und der Herzog war wütend. Harold hatte seinen Eid gebrochen, und dafür wollte der Herzog sich rächen. Er ließ eine große Flotte bauen. Schließlich hatte der Herzog 7000 Mann und 2000-3000 Pferde versammelt.

Bild 6

Zu Bild 6: Turold und Ligulf erzählen:

Der englische König hatte nicht weit von den Truppen des Herzogs sein Lager aufgeschlagen. Und bei Sonnenuntergang am nächsten Tag brach Herzog Wilhelms großes Heer auf.

König Harold und wir anderen waren sehr überrascht, als wir hörten, dass der Herzog so viele Pferde mit über den Kanal gebracht hatte und dass sein Heer schon so nah war. Wir beschlossen, die Normannen angreifen zu lassen. Es war unbeschreiblich grauenhaft! Es war eine Hölle, eine wahre

Hölle. Die Erde war rot und schlammig vor Blut. Die verletzten Engländer, die sich bewegen konnten und versuchten, sich in Sicherheit zu bringen, wurden von den Soldaten des Herzogs schonungslos niedergemetzelt. König Harold war tot.

2.3.5 Weiterführende Literatur

Bernstein, David J.: The Blinding of Harold and the Meaning of the Bayeux Tapestry. In: Anglo-Norman Studies V. Proceedings of the Battle Conference 1982, 40-64

Bernstein, David J.: The Mystery of the Bayeux Tapestry, London 1986

Brown, R. Allen: The Battle of Hastings. In: Proceedings of the Battle Conference on Anglo-Norman Studies III, 1980 (first published 1981), 1-21, 197-210

Brown, S. A.: The Bayeux Tapestry: History or Propaganda? in: J. Douglas Woods und D. A. E. Pelteret (Hrsg.), The Anglo-Saxons: Synthesis and Achievement, Waterloo 1985, S. 11-14

Cetto, Anna Maria: Der Wandteppich von Bayeux (Orbis pictus), Stuttgart o.J. (1969)

Digby, George Wingfield: Technik und Herstellung, in: Der Wandteppich von Bayeux. Ein Hauptwerk mittelalterlicher Kunst. Mit einführenden Essays von Sir Frank Stenton u.a., Köln 1957, S. 35-55

Duglas, David C.: Wilhelm der Eroberer. Herzog der Normandie, 2. Aufl., München 1995, S. 371.

Fitzpatrick, Kylie: Der geheime Faden. Roman, 2. Aufl., München 2003

Gibbs-Smith, Charles H.: The Bayeux Tapestry, London 1973

Grape, Wolfgang: Der Teppich von Bayeux. Triumphdenkmal der Normannen, München 1994

Jäschke, K.-U.: Wilhelm der Eroberer – Sein doppelter Herrschaftsantritt im Jahre 1066, Sigmaringen 1977

Körner, Sten: The Battle of Hastings, England and Europe 1035-1066 (Bibliotheca Historica Lundensis, XIV), Lund 1964

Kretschmer, F.: Neue Erkenntnisse aus dem Teppich von Bayeux, in: Archivium heraldicum, 1-2, 1980

Kuder, Ulrich: Der Teppich von Bayeux. Oder: Wer hatte die Fäden in der Hand? Frankfurt/M. 1994

McNulty, John Bard: The narrative art of the Bayeux tapestry master, New York 1989

Parisse, M.: The Bayeux Tapestry, Paris 1983

Schnith, Karl, Artikel „Bayeux, Teppich von [1] Allgemein“, in: Lexikon des Mittelalters, Bd. I, München 1980, S. 1712

Stenton, F. (Hrsg.): Der Wandteppich von Bayeux – Ein Hauptwerk mittelalterlicher Kunst, Köln 1957

Wilson, David Marc: Der Teppich von Bayeux, Frankfurt/M./Berlin 1985

Wissolik, Richard David: The Bayeux Tapestry: A Critical, Annotated

Bibliography With Cross-References and Summary Outlines of Scholarship 1728–1990 (Scholars Bibliography Series 3), 2nd Edition Revised and Expanded, Greensburg (USA) 1990
Wormald, Francis: Stil und Gestaltung, in: Der Wandteppich von Bayeux. Ein Hauptwerk mittelalterlicher Kunst. Mit einführenden Essays von Sir Frank Stenton u.a., Köln 1957, S. 21-34

2.4 Die Legende vom Hostienfrevel

Die Legende vom Hostienfrevel hat sich bis in unsere Zeit auf Flugblättern und Holzschnitten erhalten. Aber nicht allein wegen dieses Aspektes ist Hostienfrevel ein lernwürdiger Gegenstand. Es ist ein Stück antijüdischer Publizistik, die es vermocht hatte, massenhaft antijüdische Stereotype zu verbreiten. Eines dieser Flugblätter aus dem Jahre 1497 thematisiert den sog. Passauer Hostienfrevel aus dem Jahre 1477. Im Flugblatt erfolgt, wie in diesem Medium typisch, die durchgängige Verschränkung von Text und Bild, da um 1500 lediglich 3,4 Prozent der Bevölkerung lesen konnten.

Bei diesem Bildmaterial handelt sich um einen Holzschnitt.[16] Die verkleinerte Kopie ist bei Boockmann abgedruckt.[17] Vom originalen Holzschnitt wurden mit Hilfe eines schwarzen Pressdrucks unbemalte Kopien auf Papier gezogen. Diese hatten die Maße von 37,7 cm Höhe und 26,2 cm Breite.[18] Abgebildet wurden insgesamt 12 Bilder, je vier in drei Reihen. Umrahmt werden die Bilder von erläuterndem Text. Die Herstellung des Holzschnittes erfolgte 1495 in Nürnberg von Caspar Hochfeder.[19] Der Holzschnitt berichtet von der angeblichen Hostienschändung durch den Juden Pfeyl in Passau im Jahre 1477. Im Einzelnen stellt das Blatt die Geschichte des Hostienraubens in 12 Szenen dar:

(1) Diebstahl der acht Hostien. (2) Verkauf an die Juden für einen Gulden. (3) Die Juden bringen den Raub in die Synagoge. (4) Ein Jude durchsticht eine Hostie mit einem Messer. (5) Je zwei Hostien werden an die Judengemeinden in Prag, Salzburg und Neustadt geschickt. (6) Verbrennung einer Hostie. (7) Gefangennahme der schuldigen Juden. (8) Vier Juden werden geköpft. (9) Zwei Juden werden mit Zangen getötet. (10) Die übrigen werden verbrannt. (11) Der Hostiendieb wird zum Richtplatz gefahren. (12) Die Synagoge wird niedergerissen und an ihrer Stelle eine Kirche aus Stein gebaut (S. 48-52).

Die Bilderfolge dieses Flugblattes wurde auf Tafelbildern des 16. Jahrhunderts, auf Ölbildern des 18. sowie auf Flugblättern des 19. Jahrhunderts wiedergegeben.[20]

2.4.1 Der historische Hintergrund

Hostienschändung als Vorwurf hört mit Beginn der Reformation auf, da dann der Streit der drei christlichen Konfessionen die Auseinandersetzung mit den Juden in den Hintergrund drängte. Vorwürfe waren:

- Hostienfrevel
- Ritualmord
- Brunnenvergiftung
- Wucher
- Teufelspakt

Den Verfolgungswellen des Spätmittelalters gingen oft Berichte von sogenannten Hostienschändungen voraus. Der Hostienfrevel wird „als eine Nachvollziehung des von den Vätern begangenen Gottesmordes“[21] angesehen. Das vierte Laterankonzil (1215) hatte die Transsubstantion zur herrschenden Lehre gemacht, d.h. man nahm an, dass sich in der Messe die Hostie in den wahren Leib und das Blut Christi verwandele. Hostien nahmen den Charakter eines lebendigen Leibes an, und auf diese Weise hatten die Juden die Möglichkeit, die Hostie genauso zu martern wie einst Jesus Christus. Dass in dieser Annahme ein logischer Fehler lag, kümmerte wenig. Die Juden hätten überzeugte Anhänger der Transsubstantionslehre sein müssen, um dem Hostienfrevel überhaupt einen Sinn zu geben. Dennoch verbreiteten sich schnell überall Geschichten, nach denen Juden Hostien mit Messern durchbohrt, in Aborte geworfen, zerstoßen oder verbrannt hätten. Die Hostien hätten dabei geblutet, gerufen oder einen himmlischen Schein verbreitet, dadurch wurden die Christen auf diese „Verbrechen“ der Ungläubigen aufmerksam und zur Rache aufgefordert. Die besondere Schwere dieses Verbrechens wurde darin gesehen, dass es nicht an einem Menschen verübt wurde, sondern an Gott selbst. Die ganze Menschheit wurde deshalb als gefährdet angesehen, schwere Katastrophen als Folge göttlichen Zorns wurden ausgemalt. Als einzige mögliche Sühne galt die Ausrottung der Übeltäter, wobei wiederum alle Juden als schuldig angesehen wurden.[22]

Der erste Fall dieser Beschuldigungen ereignete sich 1290 in Paris. Schon bald darauf fand die Geschichte zahlreiche Nachahmungen vor allem im deutschsprachigen Raum. 1298 kam es in den Orten Röttingen, Iphofen, Lauda, Weikersheim; Möckmühl sowie in Würzburg zu solchen Beschuldigungen. Die Jahre 1336–1338 in Franken und im Elsass, in Hessen, an der Mosel, in Böhmen und Niederösterreich waren Ausgangspunkt einer weiteren Welle von Judenverfolgungen. Auch in Mecklenburg und Brandenburg tauchten diese Beschuldigungen auf (Sternberg 1492, Knoblauch 1410, Berlin 1510). Die ganz überwiegende Mehrzahl von Hostienfreveln wurde Juden angelastet. Ein herausragendes Beispiel ist der sogenannte Hostienfrevel 1338 in Deggendorf, das Ausgangspunkt blutiger Judenpogrome war. Zum Gedenken an diese angeblichen Freveltaten wurden Kirchen gebaut, die Wallfahrtsziele wurden, die wiederum zum wirtschaftlichen Aufschwung und zu zusätzlichen Einnahmequellen führten. Auch in Bühnenspielen kam das Thema zur Aufführung (z.B. 1800 in Regen im Bayerischen Wald). Anlässlich dieser Ereignisse erschienen zahlreiche Flugblätter und Druckschriften, die diese neuerlichen „Schandtaten" der Juden verbreiteten.[23] Im Humanismus und in der Reformation hörten diese Vorwürfe auf. Dennoch blieb das Wissen um den Hostienfrevel „stets verfügbar" und setzte sich vom 17. bis zum 20. Jahrhundert fort. Selbst gegen Ende des 20. Jahrhunderts blieb der Vorwurf der Hostienschändung präsent, auch wenn er zugegebenermaßen nur von einer „innerkirchlichen fundamentalistischen Opposition" vertreten wurde.[24]

2.4.2 Die Bildsequenz

Der Kaufmann Ullrich, der den süddeutschen Raum bereist, kommt nach München. Hier gewährt ihm sein Freund Bernhard Unterkunft. Eines Abends erzählt Ullrich von den Vorkommnissen um den Passauer Hostienfrevel, die er teilweise selbst miterlebt hat:

> „Hast du eigentlich schon gehört, was sich im letzten Jahr in Passau zugetragen hat? Nein? Also, als ich in Passau weilte, um Geschäfte mit ungarischen Donauschiffern zu machen, schilderten mir Passauer Bürger einen jüdischen Hostienfrevel in ihrer Stadt. Es soll folgendes geschehen sein:

1 Am hellichten Tag schlich ein junger Christ in die Kirche zu Freyung und stahl aus dem Tabernakel 8 Hostien.

2 Diese brachte er zu einem ihm bekannten jüdischen Händler.

3 Der Jude eilte zu seinen Glaubensgenossen in die Synagoge.

4 Dort legten sie die Hostien auf einen Tisch. Ein Jude stach mit einem Messer in eine Hostie.

5 Die anderen Hostien wurden an jüdische Gemeinden in der Umgebung geschickt.

6 Eine Hostie aber blieb übrig. Die Juden verbrannten sie.

Soviel zum Geschehen, wie es mir die Passauer bei meiner Ankunft erzählt haben. Ob alles davon jedoch der Wahrheit entspricht, möchte ich bezweifeln. Aber mit eigenen Augen habe ich gesehen, was bald darauf in Passau geschehen ist:

7 Alle Juden der Stadt wurden gefasst und gefangen genommen.

8 Juden, die geständig waren und sich taufen ließen, wurden als Gnadenerweis geköpft.

9 Andere mussten qualvolle Schmerzen und Pein durch glühende Zangen erleiden.

10 Unbekehrbare Juden wurden auf dem Scheiterhaufen öffentlich verbrannt.

11 Der abtrünnige Christ wurde vor seiner Hinrichtung öffentlich gefoltert.

12 Als wieder Ruhe eingekehrt war, wurde an der Stelle der Synagoge eine Wallfahrtskirche eingeweiht.

Ja, so war das, Bernhard. Die Kirche wird bereits von vielen Pilgern besucht, wie ich gehört habe. Ich selbst bin nicht mehr lange in Passau geblieben, sondern kurze Zeit später weitergezogen.“

2.4.3 Weiterführende Literatur

Battenberg, Friedrich: Das europäische Zeitalter der Juden. Zur Entwicklung einer Minderheit in der nichtjüdischen Umwelt Europas, Band 1: Von den Anfängen bis 1650, Darmstadt 1990

Ben-Sasson, Haim Hillel (Hrsg.): Geschichte des jüdischen Volkes. Von den Anfängen bis zur Gegenwart, München 1992

Benz, Wolfgang; Bergmann, Werner: Vorurteil und Völkermord. Entwicklungslinien des Antisemitismus, Freiburg 1997

Berg, Dieter; Steur, Horst (Hrsg.): Juden im Mittelalter. Eingeleitet und zusammengestellt von Dieter Berg und Horst Steur (= Historische Texte/Mittelalter 17), Göttingen 1976

Birkhan, Helmut (Hrsg.): Die Juden in ihrer mittelalterlichen Umwelt, Frankfurt/M. 1992

Boockmann, Hartmut (Hrsg.): Das Mittelalter. Ein Lesebuch aus Texten und Zeugnissen vom 6. bis 16. Jahrhundert, München 1988

Boockmann, Hartmut: Die Stadt im späten Mittelalter, München 1986

De Lange, Nicholas (Hrsg.): Illustrierte Geschichte des Judentums, Frankfurt/M. 2000
Elbogen, Ismar; Sterling, Eleonore: Die Geschichte der Juden in Deutschland. Eine Einführung, Frankfurt/M. 1966
Fischer, Herbert: Die verfassungsrechtliche Stellung der Juden in den Deutschen Städten während des 13. Jahrhunderts, Breslau 1931 (ND Aalen 1969)
Gamm, Hans-Jochen: Das Judentum, München 1990
Gay, Ruth: Geschichte der Juden in Deutschland. Von der Römerzeit bis zum Zweiten Weltkrieg, München 1993
Graus, Frantisek: Pest, Geißler und Judenmord, Göttingen 1987
Gunneweg, Antonius H.J.: Geschichte Israels. Von den Anfängen bis Bar Kochba und von Theodor Herzl bis zur Gegenwart, 6. Aufl. Stuttgart 1972
Hergemöller, Bernd-Ulrich (Hrsg.): Randgruppen der spätmittelalterlichen Gesellschaft. Ein Hand- und Studienbuch, Warendorf 1990
Kampmann, Wanda: Deutsche und Juden. Die Geschichte der Juden in Deutschland vom Mittelalter bis zum Beginn des Ersten Weltkrieges, Frankfurt/M. 1989
Maier, Johann: Das Judentum. Von der Biblischen Zeit bis zur Moderne, 3. Aufl., Bindlach 1988
Meyer, Michael A.; Brenner, Michael (Hrsg.): Deutsch-jüdische Geschichte in der Neuzeit, 4 Bde., München 1996 f.
Mittelmeier, Christine, Publizistik im Dienste antijüdischer Polemik, Frankfurt a.M. 2000
Neubauer, Hans-Joachim: Judenfiguren. Drama und Theater im frühen 19. Jahrhundert, Frankfurt a.M. 1994
Poliakov, Leon: Geschichte des Antisemitismus, 8 Bde., Frankfurt/M. 1989
Rohrbacher, Stefan; Schmidt, Michael: Judenbilder. Kulturgeschichte antijüdischer Mythen und antisemitischer Vorurteile, Reinbek 1991
Schoeps, Julius H. (Hrsg.): Neues Lexikon des Judentums, Gütersloh. 1992
Schoeps, Julius H.; Schlör, Joachim (Hrsg.): Antisemitismus. Vorurteile und Mythen, München 1995, S. 80 ff.
Sievers, Leo: Juden in Deutschland, Hamburg 1977

2.5 Der Ketzerprozess gegen Jan Hus und das Konzil von Konstanz

Der hier wiedergegebene Bildzyklus entstammt einer Chronik aus dem 15. Jahrhundert, die den Verlauf des Konstanzer Konzils (1414–1418) nachzeichnet. Der wohlhabende Konstanzer Bürger Ulrich von Richental (ca. 1365–1432) war unmittelbarer Zeit- und Augenzeuge der Ereignisse in seiner Stadt. Obwohl Richental unmittelbarer Zeuge war, hat er vieles nur vom Hörensagen erfahren. Die internen Intrigen der

Kardinäle und Fürsten blieben ihm verborgen. Seine Handschrift der Chronik entstand zwischen 1420 und 1430 und enthält Illustrationen eines namentlich nicht bekannten Künstlers. Manche vermuten, dass er aus Flandern stammt. Gisela Wacker will ihn als Konrad Witz (1400–1446) identifiziert haben. Das Original dieser Chronik ist im 17. Jahrhundert verloren gegangen. Es existieren allerdings mehrere Abschriften. Die Bilder sind mehrfach von anderer Hand nachgezeichnet bzw. als Holzschnitte kopiert worden. Überliefert sind vom Ketzerprozess gegen Jan Hus vier Bilder. Es ist eine seltene Bilderfolge, denn „narrative Darstellungen von Ketzerprozessen kommen insgesamt selten vor".[25] Dieser Abbildungszyklus bestand ursprünglich aus acht Zeichnungen und bildete einen zusammenhängenden Komplex, der an die Chronik Richentals angehängt worden war:[26]

1 Die Verhaftung des Hus
2 Seine Degradierung
3 Seine Ausführung zum Richtplatz
4 Sein Gebet auf dem Scheiterhaufen
5 Seine Verbrennung
6 Die Verladung der Asche
7 Die Verhaftung des Hieronymus von Prag[27]
8 Dessen Ankunft am Richtplatz.

Im Folgenden wird mit den Bildern 2, 3, 5 und 6 gearbeitet.

2.5.1 Der historische Hintergrund

Am 9. Dezember 1413 erließ der Papst auf Drängen des Kaisers eine Bulle (Ad pacem et exaltationem), mit der zum Konzilbesuch nach Konstanz aufgerufen wurde. König Sigismund erließ eine allgemeine Einladung und sicherten allen freies Geleit zu. Das Konzil sollte drei Probleme lösen:

- Beseitigung der Großen Kirchenspaltung, des Schismas (causa unionis)
- Das Problem der böhmischen Revolution (causa fidei)
- Reform der Kirche (causa reformationis)

(1) Mehrere Jahrzehnte (1378–1417) hindurch gab es zwei Päpste, schließlich sogar drei. Päpste und Gegenpäpste verdammten sich gegenseitig als Ketzer. Deshalb existierten in vielen Diözesen auch zwei Bischöfe.

Auf dem Konzil waren drei Päpste anwesend:

- Johannes XXIII.: Er musste auf dem Konzil 1415 in seine Absetzung einwilligen und starb 1419.

- Gregor XII. handelte auf dem Konzil seinen Rücktritt aus. Er starb 1417.
- Benedikt XIII.: Er wurde vom Konzil 1417 abgesetzt, weigerte sich aber bis zu seinem Tod (1423) abzudanken.

Schließlich wurde Oddo Colonna am 11. November 1417 einstimmig zum neuen Papst gewählt und nannte sich Martin V. Diese Wahl beendete das Große (abendländische) Kirchenschisma.

(2) Anders verhielt es sich mit der causa fidei. In Böhmen waren religiöse und kirchliche und weltliche Unruhen ausgebrochen. Die Diskrepanz zwischen den Lehren Christi und denen der weltlichen Praktiken wurde als gravierend empfunden. Auf der einen Seite gab es die reichen Fernhändler, auf der anderen Seite das Armutsgebot der Bibel. Reichtum und Macht der Kirchenfürsten ließen sich nicht mit dem Vorbild von Christus und den Aposteln vereinbaren. Die kritischen Theologen – besonders die der Prager Universität – wandten sich den Problemen zu, die sie nicht in Einklang mit der Bibel sahen. Seit der Mitte des 14. Jahrhunderts gab es in Prag Bemühungen um eine Kirchenreform, die zu Auseinandersetzungen um Dogmen und Macht führten. Den Angriffen auf die hohe Geistlichkeit folgten die auf die weltlichen Herrscher. Theologischer Kopf war Jan Hus (~1370–1415). Er bekämpfte die verweltlichte Kirche und wurde zum Begründer einer böhmischen nationalkirchlichen Bewegung. 1402 wurde er zum Prediger an der Bethlehem-Kapelle in Prag berufen, an der ausschließlich in tschechisch gepredigt wurde. Gleichzeitig war Hus Mitglied an der Universität Prag, zeitweilig sogar deren Rektor. Hus las die Schriften Wyclifs. Er predigte gegen die Pfründe der Geistlichkeit, den Luxus, gegen Reliquienkultus und Wunder. Er wurde 1410 vom Papst exkommuniziert und trat gegen die Ablass- und Kreuzzugsbulle Papst Johannes XXIII. auf. König Sigismund sicherte ihm freies Geleit zum Konzil zu Konstanz und auch zur Rückreise zu, damit er dort seine Lehren verteidigen könne. Die Kanzlei Sigismunds stellte Hus „in Unsern und des Heiligen Römischen Reiches Schutz". In dem Dekret hieß es: „Er ist freundlich zu empfangen, und jede Hilfe für seine Reise ist ihm zu gewähren zu Lande wie zu Wasser, mitsamt seiner Begleitung, er ist auch von jeder Art Zoll oder Abgaben beim Passieren von Brücken oder sonstigen Gelegenheiten zu befreien. Er und seine Begleiter sollen frei sein zu gehen, zu verweilen, sich aufzuhalten und zurückzukehren, und falls es nötig sein sollte, ist ihm billig und pflichtgemäß sicheres Geleit zu gewähren."[28] Am 3. November 1414 kam Hus in Konstanz an. Er wurde verhaftet und in den Kerker des Dominikanerklosters verbacht. Das erste Verhör fand

am 5. Juni 1415 nach sechsmonatiger strenger Gefangenschaft statt. Es konfrontierte ihn mit den Artikeln von Wyclif, der zwar tot war, aber dessen Thesen trotz mehrfacher Verdammung sehr lebendig waren. Wyclif bestritt den politischen Machtanspruch des *Papstes*. Er unterstützte die Säkularisierungsbestrebungen der weltlichen Herrscher, da er für Kirchenmitarbeiter ein Leben in urchristlicher Bescheidenheit propagierte. Er wandte sich gegen den politischen Einfluss des *Klerus* überhaupt und bekämpfte das päpstliche „Antichristentum". Er missbilligte Bilder-, Heiligen-, Reliquiendienst und den Priesterzölibat, verwarf die Transsubstantiationslehre und die Ohrenbeichte. Seine Lehren fanden in großen Teilen der Bevölkerung Zustimmung und beeinflussten maßgeblich den Aufstand der englischen Bauern von 1381.

Der Prozess hätte wohl kaum zu so einem verhängnisvollen Ende geführt, wenn nicht immer wieder Nachrichten aus Böhmen und Mähren eingetroffen wären, die die Kardinäle des Konzils befürchten ließen, „das Königsreich Böhmen scheint ja doch ein Ketzerherd zu sein".[29] Beim zweiten Verhör war Sigismund selbst zugegen. Die Kardinäle verlangten einen Widerruf, um die „Ketzerei" in Böhmen zu vernichten. Eine besondere Rolle spielte Hus' These, wonach ein Papst, Bischof, Prälat oder sogar der König, der in Todsünde lebte, kein Papst, Bischof oder Prälat sei. Da er nicht widerrief, wurde er 1415 als Ketzer verurteilt und verbrannt. Sein Tod führte in Böhmen zur Empörung und ließ ihn zum Märtyrer der Reformer werden. Die böhmische Revolution ging weiter. König Sigismund führte vier Kreuzzüge (1420–1431) in Böhmen gegen die Hussiten. Alle waren erfolglos.

Zum Verständnis der theologischen Differenzen seien hier einige Thesen von Hus angeführt:

- Zu einem Glied der heiligen katholischen Kirche wird man dadurch, das man [von Gott] auserwählt ist, [...] nicht aber durch eine Ehrenstellung [d.h. ein Amt], eine Erwählung durch Menschen oder durch sonst ein wahrnehmbares Zeichen. [...]
- Wenn der Papst auf dem Weg der Tugend wandelt, dann glauben wir, dass er wirklich der Stellvertreter Petri und der oberste Bischof der Kirche ist. [...] Wenn der Papst aber böse und verworfen ist, dann ist er wie der Apostel Judas ein Teufel, ein Dieb und ein Sohn des Verderbens. [...] Wenn ein Papst, Bischof oder Prälat in Sünde lebt, dann ist er nicht mehr Papst, Bischof oder Geistlicher. [...]
- Die Kardinäle sind nicht die sichtbaren und wahren Nachfolger des Kollegiums der anderen Apostel Christi, falls sie nicht nach der Weise der Apostel leben und die Gebote [...] des Herrn Jesus Christus befolgen. [...]

- Missbrauch ihrer Macht treiben auch diejenigen, die die heiligen Weihen verkaufen und kaufen, die Bischofsämter, Domherren- und Pfarrstellen [gegen Geld] erhalten und vergeben, die für die Sakramente [...] Geld sammeln, die in Geiz und Verschwendung [...] leben und das Priesteramt beflecken.

Frei zusammengestellt nach Bujnoch, J.: Hus in Konstanz. Der Bericht des Peter von Mladoniowitz, Graz 1963, S. 185 ff.

Die Ankläger hatten aus den Schriften von Hus 39 Thesen in der oben gezeigten Weise exzerpiert. Das Konzil verlangte von ihm, dass er (1.) die Irrtümer in den Artikeln bekennen und ihnen dann (2.) abschwören soll, sie in Zukunft nicht mehr predigen und (3.) widerrufen und (4.) dann das Gegenteil halten und predigen soll.[30] Im Laufe des Prozesses wurden die Vorhaltungen dann neu gefasst und auf insgesamt 30 reduziert.

Das Schicksal von Hus war für Martin Luther und seine Ladung vor den Wormser Reichstag keine Warnung, denn er sprach noch 1518 von der „böhmischen Ketzerei". Er hatte bis dahin allerdings noch nichts von Hus gelesen. Erst 1519 nahm er von dessen Schriften Kenntnis und schrieb im Februar 1520: „Ich Ahnungsloser habe bisher alles von Johannes Hus gelehrt und vertreten. [...] Kurz: Wir sind alle Hussiten, ohne es gewusst zu haben, schließlich auch Paulus und Augustinus. [...] Ich weiß vor Staunen nicht, was ich denken soll, wenn ich das schreckliche Urteil Gottes über die Menschen sehe, nämlich dass die völlig offenbare evangelische Wahrheit, vor länger als hundert Jahren verbannt, für verdammt gilt und man dies nicht bekennen darf".[31]

2.5.2 Die Chroniken

Zwei Chroniken liefern eine Schilderung des Ketzerprozesses gegen Jan Hus. Die erste ist die bereits erwähnte Chronik des Ulrich Richental (ca. 1365–1432), die zweite stammt von Peter von Mladoniowitz. Beide Autoren waren Augenzeugen des Vorganges.

Peter von *Mladoniowitz* (um 1390 –1451) studierte an der Universität Prag, wurde Bakkalar und war seit 1411 Mitglied des Hedwigkollegs. 1416 wurde er Magister und 1420 zum Priester geweiht, schließlich 1440 Rektor der Universität. 1414 reiste er mit den Vertretern der Universität Prag als Schreiber mit zum Konstanzer Konzil. Er unterstützte Hus während seiner Haft und vermittelte seine Briefe. In den Konzilsverhandlungen hat er eine Art von Gedächtnisprotokoll niedergeschrieben.

2.5.3 Die Bildsequenz

Bild 1

Mladoniowitz:

„[...] begannen ihn die genannten Bischöfe sogleich zu degradieren. Zuerst nahmen sie ihm den Kelch aus seinen Händen und sprachen folgendes Fluchwort: ‚Du verfluchter Judas, warum hast du den Rat des Friedens verlassen und hast Rat gepflogen mit den Juden? Wir nehmen von dir diesen Kelch der Erlösung.' – Und der Magister sprach mit lauter Stimme: ‚Ich vertraue auf den Herrn, den allmächtigen Gott, um dessen Namens willen ich diese Lästerung geduldig ertrage, weil er selbst den Kelch seiner Erlösung von mir nicht wegnehmen wird, sondern ich hoffe fest, dass ich heute in seinem Reiche ihn trinken werde.' [...] Und in der Folge nahmen sie die anderen Kleidungsstücke von ihm: die Stola, das Messgewand und andere usw., und bei den einzelnen Teilen stießen sie nach ihrer Weise eine Verfluchung aus. Und der Magister erwiderte, dass er diese Gotteslästerungen demütig und gern um des Namens unseres Herrn Jesus Christus willen auf sich nehme. Als alle diese Gewänder, wie erwähnt, von ihm genommen waren, gingen die genannten Bischöfe weiter an die Verletzung seiner Tonsur. Da sie aber untereinander stritten – einige wollten, dass man ihn mit einem Rasiermesser raisere, andere aber sagten, es genüge, seine Tonsur allein mit einer Schere zu verletzen –, sprach der Magister zum König gewendet, der auf dem Throne den Vorsitz führte: ‚Siehe, diese Bischöfe wissen doch nicht bei solcher Lästerung einig zu sein!' – Und als sie ihm die Tonsur an vier Stücken, nämlich rechts und links, vorn und rückwärts mit einer Schere zerstörerisch angeschnitten hatten, sprachen sie zum Schluß folgende Worte: ,Jetzt hat die Kirche bereits alle kirchlichen Rechte von ihm genommen und weiter nichts mehr mit ihm zu schaffen. Deshalb übergeben wir ihn dem weltlichen Gerichtshof.' – Bevor sie aber eine Schandkrone aus Papier auf sein Haupt setzten, sprachen sie unter anderem zu ihm: ,Wir überantworten deine Seele dem Teufel!' – Und der Magister sagte mit gefalteten Händen und mit zum Himmel gerichteten Augen: ,Und ich überantworte sie dem gütigsten Herrn Jesus Christus.' Und beim Anblick jener Krone sprach er: ,Mein Herr Jesus Christus hat sich herabgelassen, die viel härtere und schwerer Dornenkrone um meinet- des Armseligen willen schuldlos in den schändlichsten Tod zu tragen, und deshalb will ich armer Sünder diese viel leichtere, wenn auch lästerliche Krone um seines Namens und der Wahrheit willen in Demut tragen.' – Die Papierkrone aber war rund und ungefähr eine Elle hoch. Es waren drei schauerliche Teufel darauf gemalt, wie sie gerade die Seele mit ihren Krallen zerren und festhalten wollen. Und auf diese Krone war der Titel seiner Prozeßsache aufgeschrieben: ,Dieser ist ein Erzketzer'."

Hus in Konstanz. Der Bericht des Peter von Mladoniowitz. Übersetzt, eingeleitet und erklärt von Bujnoch, Josef, Graz 1963, S. 251 ff.

Richental:

„Nun erzähle ich, wie das Konzil gegen die beiden handelte, wie der König zu anderen Herren hinwegritt, und wie er wieder zurückkam. Am Sonnabend nach Ulrichstag ward früh eine Sitzung gehalten. Dabei war der König, Herzog Ludwig von Bayern-Heidelberg und viele weltliche Fürsten und Herren. Da ließ man Hus aus Böhmen, den Ketzer, holen, und vor ihm predigte der hoch würdige göttliche Meister Johannes Thacheri von der Schule zu Paris über seine schlimme Ketzerei. Hus wurde mit der heiligen göttlichen Lehre aus der Heiligen Schrift überwunden, daß seine Artikel, die er gepredigt und gelehrt hätte, eine falsche Ketzerei seien, und alle gaben ein vollgütiges Urteil über ihn. Da er zum Priester geweiht war, sollte man ihn zuerst degradieren und ihm seine Weihe nehmen. Da standen die Erzbischöfe Nikolaus von Mailand, zwei Kardinäle, zwei Bischöfe auf. Sie kleideten ihn als Priester, rissen ihm die Kleidung unter Gebeten herunter und entkleideten ihn seiner Würde. Er aber machte ein Gespött daraus. Wie das geschehen war, verurteilten sie ihn als einen Ketzer, der wegen seiner Schlechtigkeit bestraft werden müsse."

Richental, Ulrich, Das Konzil zu Konstanz. Kommentar und Text. Bearbeitet von Feger, Otto, Konstanz 1964, unpaginiert

Bild 2

Mladoniowitz:

„Darauf sprach der König zu Herzog Ludwig [...] – der Herzog stand damals in seiner Rüstung vor dem König und hielt den goldenen Apfel mit dem Kreuz in seinen Händen: „Geh hin und nimm ihn!' Und der [...] übernahm den Magister, gab ihn in die Hände der Henker und geleitete ihn in den Tod. Als aber der bereits also gekrönte Magister aus der genannten Kirche geführt wurde, verbrannte man auf dem Friedhof dieser Kirche zur gleichen Stunde, wie es hieß, seine Bücher. Als er es im Vorübergehen sah, lächelte er über ihr Tun. [...] Fast die ganze Bürgerschaft der Einwohner aber war in Waffen und leitete ihn in den Tod."

Hus in Konstanz. Der Bericht des Peter von Mladoniowitz. Übersetzt, eingeleitet und erklärt von Bujnoch, Josef, Graz 1963, S. 253

Richental:

„Sie übergaben ihn den weltlichen Richtern und baten den König, ihn nicht zu töten, sondern ihn gefangenzuhalten. Da sprach der König zu Herzog Ludwig: „Da ich der bin, der das weltliche Schwert führt, so nehmt ihn, lieber Oheim Herzog Ludwig, unseres und des heiligen Römischen Reiches Kurfürst und unser Erztruchseß, und tut ihm, wie einem Ketzer gebührt, an unserer Stelle." Da rief Herzog Ludwig den Vogt von Konstanz und sprach: „Vogt, nimm ihn hin und verbrenne ihn als einen Ketzer." Dieser rief die Ratsknechte und den Henker herbei, damit sie ihn hinausführten, um ihn zu verbrennen. Sie durften ihm aber nicht das Gewand nehmen oder abziehen. Daran hielt man sich auch. Er hatte zwei gute schwarze Röcke von gutem Tuch und einen silbernen Gürtel. Er trug eine weiße Bischofsmütze auf seinem Kopfe, auf der waren zwei Teufel gemalt, und zwischen beiden stand Heresiarcha, d. h. soviel als „Erzketzer". Die von Konstanz führten ihn mit mehr als 1000 gewappneten Männern hinaus, und die Fürsten und Herren waren auch gewappnet. Zwei Diener Herzog Ludwigs führten Hus, der eine zur Rechten, der andere zur Linken. Dieser war nicht gefesselt. Sie führten ihn zum Geltinger Tor hinaus. Infolge des großen Gedränges mußte man einen Umweg machen, und es wurden immer mehr der gewappneten Leute, gegen 3000, ohne die Unbewaffneten und die Frauen. Auf der Brücke am Geltinger Tor mußte man die Menschen zurückhalten, nur truppenweise wurden sie über die Brücke gelassen, weil man befürchtete, daß die Brücke zusammenbräche. Man führte ihn auf das kleine äußere Feld in die Mitte. Während er hinausgeführt wurde, betete er beständig: „Jesu Christe, fili dei vivi, miserere mei." Als er auf das äußere Feld kam und das Feuer, Holz und Stroh bemerkte, fiel er dreimal auf seine Knie und sprach laut: „Jesu Christe, fili dei vivi, qui passus es pro nobis, miserere mei." Darnach fragte man ihn, ob er beichten wolle. Er sprach: „Gern, obgleich es hier sehr enge ist." Es war ein Priester da, Ulrich Schorand, Kaplan zu St. Stefan im Auftrag des Konzils und des Bischofs. Dieser ging zu Hus hin und sprach zu ihm: „Lieber Herr und Meister, wollt Ihr dem Unglauben und der Ketzerei, um derentwillen Ihr leiden müßt, entsagen, so will ich gern Eure Beichte hören. Wollt Ihr das aber nicht tun, so wißt Ihr selbst wohl, daß in den geistlichen Vorschriften steht, daß man keinem Ketzer die Beichte hören soll." Da erwiderte Hus: „Es ist nicht nötig, ich bin kein Todsünder." Als er darauf anfangen wollte, deutsch zu predigen, wollte das Herzog Ludwig nicht leiden und befahl, ihn zu verbrennen."

Richental, Ulrich, Das Konzil zu Konstanz. Kommentar und Text. Bearbeitet von Feger, Otto, Konstanz 1964, unpaginiert

Mladoniowitz:

„Als sie ihm sein Gewand ausgezogen hatten, banden sie ihn mit Tauen an eine Säule, wobei er mit den Händen rückwärts an die genannte Säule gefesselt war, und da der Magister mit dem Gesicht nach Osten gewendet stand, sagten einige der Umstehenden: „Man soll ihn nicht gegen Osten richten, denn er ist ein Häretiker, sondern richtet ihn gegen Westen!" Das geschah auch. Als man ihn aber am Hals mit einer berußten Kette zusammenschnürte, betrachtete er sie, lächelte und sprach zu den Henkern:

Bild 3

„Der Herr Jesus Christus, mein Erlöser und Heiland, ist mit einer härteren und schwereren Kette gefesselt worden, und ich Armer scheue mich nicht, um seines Namens willen gefesselt, diese Kette zu tragen". – Die Säule aber war ein dicker Balken von der Stärke ungefähr eines halben Fußes. Man hat sie an einem Ende zugespitzt und in die Erde [...] gerammt. Unter die Füße des Magisters aber hat man zwei Bund Holz gelegt. Der Magister trug noch seine Schuhe und eine Fessel an den Füßen, als er an den Pfahl gebunden war. Die genannten Holzbündel, die mit Stroh vermischt waren, legten sie überall ringsum den Körper des so dastehenden Magisters bis an sein Kinn. [. . .] Dann zündeten die Henker den Magister an. Er sang darauf mit lauter Stimme zuerst: ‚Christus, Sohn des lebendigen Gottes, erbarme dich meiner.' Und beim dritten Mal: ‚Der du geboren bist aus Maria, der Jungfrau.' – Und als er zum dritten Mal begonnen hatte zu singen, schlug ihm alsbald der Wind die Flamme ins Gesicht und also in sich betend und Lippen und Haupt bewegend, verschied er im Herrn."

Hus in Konstanz. Der Bericht des Peter von Mladoniowitz. Übersetzt, eingeleitet und erklärt von Bujnoch, Josef, Graz 1963, S. 256

Richental:

„Da ergriff ihn der Henker und band ihn in seinem Gewand an einen Pfahl. Er stellte ihn auf einen Schemel, legte Holz und Stroh um ihn herum, schüttete etwas Pech hinein und brannte es an. Da begann er gewaltig zu schreien und war bald verbrannt. Als er selbst schon verbrannt war, war doch noch die Bischofsmütze ganz. Diese zerstieß der Henker, und da

Bild 4

verbrannte sie auch. Es entstand aber der schlimmste Gestank, den man je riechen konnte, denn der Kardinal Pankratius hatte ein altes Maultier, nachdem es gestorben war, dort begraben lassen. Infolge der Hitze tat sich die Erde auf, so daß der Gestank herauskam."

Mladoniowitz:

„Als das Holz der genannten Bündel und Taue verbrannt war und immer noch eine Körpermasse dastand, die an der genannten Kette um den Hals hing, stießen darauf die Henker die genannte Masse zusammen mit der Säule zu Boden, belebten das Feuer weiter, und zwar mit einer dritten Holzfuhre und verbrannten die Masse vollständig. Sie gingen herum und schürten die Knochen mit Stangen zusammen, damit sie um so schneller zu Asche würden. Und als sie sein Haupt fanden, teilten sie es mit einer Stange in Stücke und warfen es wieder ins Feuer. Da sie aber unter den inneren Organen sein Herz gefunden hatten, spitzten sie eine Stange nach Art eines Spießes an und befestigten am Ende das Herz, brannten es besonders und schüttelten es beim Verbrennen mit Stangen und machten schließlich jene ganze Masse zu Asche. Und auf Geheiß der genannten Herrn des [Herzogs Ludwig] und des Marschalls warfen die Henker sein Hemd zusammen mit den Schuhen ins Feuer und sagten dabei: „Damit das die Böhmen nicht etwa wie Reliquien halten, werden wir auch dir deinen Preis dafür geben." Das taten sie auch. Und so luden sie zusammen mit den einzelnen genannten Aschenteilen der Holzscheite alles auf einen Wagen und versenkten es im nahen [...] Fluß daselbst und zerstreuten es."

Hus in Konstanz. Der Bericht des Peter von Mladoniowitz. Übersetzt, eingeleitet und erklärt von Josef Bujnoch, Graz 1963, S. 256 f.

Richental:

„Dann führte man alles, was man von der Asche fand, in den Rhein."

Richental, Ulrich, Das Konzil zu Konstanz. Kommentar und Text. Bearbeitet von Feger, Otto, Konstanz 1964, unpaginiert

2.5.4 Didaktische Relevanz

Wir haben es hier mit dem seltenen Fall zu tun, dass von einem genau bestimmten Ereignis zwei Augenzeugen den Vorgang beschrieben haben. Keiner kannte von diesem Vorgang etwas vom Hörensagen, keiner hatte vor dem anderen einen besonders privilegierten räumlichen Standort. Sie standen alle beide unter der gleichen Gruppe der Zuschauer – sowohl im Münster wie auf dem Richtplatz. Richental versuchte sogar, in die Handlung einzugreifen, indem er für Hus Beichtgelegenheit forderte. Bei diesen beiden Berichten handelt es sich um ein seltenes Musterbeispiel von Multiperspektivität. Die Perspektive der beiden Chronisten, ihr Standpunkt, ist ein kognitiv intellektueller. Richental hält Hus für einen Ketzer, Peter von Mladoniowitz dagegen für einen Märtyrer der gerechten Sache. Die Unterschiede in ihrer jeweiligen Darstellung beruhen nicht einfach auf Wertung. Der gleiche Vorgang wird nicht nur mit unterschiedlichen *wertenden Ausdrücken* besetzt. Es handelt sich hierbei um unterschiedliche *Wahrnehmungsweisen.*

Die Kurzfassung von Mladoniowitz lautet: Zuerst nahm man ihm den Kelch aus den Händen, dann die Kasula, die Stola und alle Abzeichen priesterlicher Würde, schließlich zerschnitt man auch seine Tonsur. Dann wurde ihm die Papiermütze des Ketzers aufgesetzt. Sie war mit drei Teufeln bemalt und der Aufschrift „Ketzerführer". Nach der Degradierung befahl der König dem Herzog Ludwig: „Geh, nimm ihn mit dir." Ludwig übergab ihn dem Konstanzer Reichsvogt Hans Hagen: „Verbrenn ihn als einen Ketzer!" (Hilch 279 f.) Richental war Augenzeuge der Verbrennung.

Bei Richental wird der Tod anders als bei Peter Mladoniowitz beschrieben. Als das Feuer lodert, schreit Hus, die Papiermütze bleibt im Feuer ganz und es stinkt bestialisch.

Es geht hier um das Verhältnis von Ereignis und Erzählung. Wie ist es eigentlich gewesen? Welche Erzählversion gibt den Tatbestand richtig wieder?[32] Von ein und demselben Ereignis haben wir zwei unterschiedliche Erzählungen vorliegen. Der Bericht des Mladoniowitz legt den Passionsbericht des Johannes-Evangeliums zugrunde. Hier erfolgt die Nachahmung literarischer Muster. „Was Richental, Mladoniowitz oder sonst irgendein Augenzeuge ‚gesehen' haben, erscheint nur in einer ganz bestimmten Weise der ‚Sicht' und nicht außerhalb derselben. Ihr Erlebnis der Wirklichkeit ist identisch mit dem Erleben der Bedeutung dieser Wirklichkeit, oder anders ausgedrückt, die vorhandenen Sinnesdaten, also alles, was an jenem 6. Juli des Jahres 1415 auf der Richtstätte von Konstanz für Richental und Mladoniowitz sehbar, hörbar und riechbar war, sind nicht frei von Zeichenfunktionen."[33] Mladoniowitz sieht den Tod von Hus in der Form der biblischen Passionsgeschichte, und zur Märtyrerlegende gehört, dass ein Märtyrer singend seinem Tod entgegensieht. „Der allerschlimmste Gestank aber, den man riechen kann, herrscht in der Hölle".[34] Die Erde öffnet sich, damit die Verdammten in die Hölle stürzen, und dort ist „Heulen und Zähneklappern": „die aus dem alten Bilderreservoir gelenkte Beobachtung."[35]

Herkommer deutet die Unterschiede der beiden Chroniken mit der starken These, dass nicht zuerst die Wirklichkeit wahrgenommen und dann interpretiert wird, sondern dass der Wahrnehmungsprozess selbst selektiv und sinnbildend ist. Der Augenzeuge nimmt etwas perspektivisch wahr. „Wirklichkeitswahrnehmung und Textinterpretation erweisen sich somit als strukturell verwandte Ausdrucksformen der Geschichtlichkeit des Lebenszusammenhangs".[36] Man sieht nur das, wozu man durch seine Bewusstseinsstruktur befähigt ist und diese Bewusstseinsstruktur ist literarisch geprägt.

Der Konstanzer Prozess wird als Martyrium und neue Passion dargestellt, als ein christologisches Passionsmodell. Der Entweihungsszene, also dem ersten der erhaltenen Bilder, liegt das „Bildmuster einer priesterlichen Einkleidung zugrunde".[37] Als ihm die Ketzermitra aufgesetzt wurde, sagte Hus: „Mein Herr Jesus Christus hat sich herabgelassen, die viel härtere und schwerere Dornenkrone um meinet-, des Armseligen, willen schuldlos in den schändlichsten Tod zu tragen, und deshalb will ich armer Sünder diese viel leichtere, wenn auch lästerliche Krone um seines Namens und der Wahrheit willen in Demut tragen".[38]

2.5.5 Weiterführende Literatur

Brandmüller, Walter: Das Konzil von Konstanz 1414-1418, 2. Bde., 2. Aufl. Paderborn 1999

Buck, Thomas Martin: Figuren, Bilder, Illustrationen. Zur pikturalen Literalität der Richental-Chronik, in: Münsch, Oliver; Zotz, Thomas (Hrsg.): Scientia Veritatis, Ostfildern 2004, S. 411-443

Friedenthal, Richard: Ketzer und Rebell. Jan Hus und das Jahrhundert der Revolutionskriege, 2. Aufl., München 1972
Bujnoch, Josef (Hrsg.): Die Hussiten. Die Chronik des Laurentius von Brezová 1414-1421, Graz 1988
Feger, Otto (Hrsg.): Ulrich von Richental, Das Konzil zu Konstanz 1414-1418, 2 Bde. (Faksimile/Kommentar und Text), Starnberg-Konstanz 1964
Herkommer, Hubert: Die Geschichte vom Leiden und Sterben des Jan Hus als Ereignis und Erzählung, in: Literatur und Laienbildung im Spätmittelalter und in der Reformationszeit, hrsg. von Grenzmann, Ludger; Stackmann, Karl: Stuttgart 1984, S. 114-151
Hilsch, Peter: Johannes Hus (um 1370-1415). Prediger Gottes und Ketzer, Regensburg 1999
Kautzsch, Rudolf: Die Handschriften von Ulrich Richentals Chronik des Konstanzer Konzils, in: ZGO N.F. 9 (1894), S. 443-496
Mertens, Dieter: Richental, Ulrich, in: Die deutsche Literatur des Mittelalters. Verfasserlexikon 8 (1992), Sp. 55-60
Schelle, Klaus: Das Konstanzer Konzil. Eine Reichstadt im Brennpunkt europäischer Politik, Konstanz 1996
Seibt, Ferdinand (Hrsg.): Jan Hus zwischen Zeiten, Völkern, Konfessionen, München 1997
Seibt, Ferdinand: Hussitica. Zur Struktur einer Revolution, Köln-Graz 1965
Segl, Peter (Hrsg.): Die Anfänge der Inquisition im Mittelalter, Köln 1993
Richental, Ulrich: Chronik des Konstanzer Konzils. Hrsg. von Müller, Michael, Konstanz 1984
Richental, Ulrich: Ulrich von Richentals Chronik des Constanzer Conzils: 1414 bis 1418. Hrsg. von Buck, Michael Richard, Tübingen 1882 [Neudruck: Hildesheim 1971]
Wacker, Gisela: Ulrich Richentals Chronik des Konstanzer Konzils und ihre Funktionalisierung im 15. und 16. Jahrhundert. Aspekte zur Rekonstruktion der Urschrift und zu den Wirkungsabsichten der überlieferten Handschriften und Drucke, Diss. Tübingen 2002
Werner, Ernst: Jan Hus. Welt eines Prager Frühreformators, Weimar 1991

2.6 Sklavenhandel

2.6.1 Die Bildquelle

Bei dieser Sequenz handelt es sich nicht um eine überlieferte Bildergeschichte, sondern sie ist aus Bildern unterschiedlicher Herkunft nachträglich zusammengestellt. Die Bilder sind von verschiedenen Grafikern und zu unterschiedlichen Zeiten in der letzten Hälfte des 18. und in der ersten des 19. Jahrhunderts hergestellt worden. Sie entstammen zwei unterschiedlichen Diskursen. Zuerst – auch im zeitlichen Sinne –

handelt es sich um Bilder aus der (meist englischen) Antisklavereibewegung. So stammt Bild 2 aus einem Gedichtband von 1809, der die Abschaffung der Sklaverei fordert. Die Bilder sollten in Europa Propaganda für die Abschaffung des moralisch verwerflichen Sklavenhandels machen. Obwohl es zeitgenössische Bilder sind, haben sie doch einen geringeren Authentizitätsgrad. Die Zeichner kennen die Verhältnisse nicht aus eigener Anschauung. Ihre Bilder sind meist daran zu erkennen, dass es sich bei den dargestellten Schwarzen um europäisierte Typen handelt. Oft werden auch besonders brutale Szenen gezeigt, häufig sind Kinder die Opfer, da es der Zweck dieser Bilder war, moralische Empörung zu erzeugen. Die dem zweiten Diskurszusammenhang entstammenden Bilder gehen hingegen auf europäische Afrikareisende zurück, die die Verhältnisse aus eigener Anschauung kannten. Sie schilderten den Zeichnern eindrücklich diese Szenen, und die Bilder wurden dann nach den Angaben der Augenzeugen gezeichnet oder gestochen. Diese Bilder wurden dann zusammen mit den Augenzeugendarstellungen in den oft dickleibigen und mehrbändigen Forschungs- und Reiseberichten veröffentlicht.

Bei der hier vorgelegten Zusammenstellung handelt es sich – obwohl konkrete Situationen gezeigt werden – um eine idealtypische Sequenz. Es werden nicht alle möglichen Ereignisse gezeigt, die beim Sklavenhandel vorkamen. Nicht alle Schwarzen wurden durch Überfälle geraubt, manche Schiffe haben auf See Schiffbruch erlitten und manchmal gab es bei der Überfahrt auch eine Rebellion.[39] Insofern zeigt diese Sequenz keinen besonderen, sondern einen idealtypischen Zusammenhang.

2.6.2 Historischer Hintergrund

Der transatlantische Sklavenhandel – in unseren Schulbüchern meist verharmlosend als Dreieckshandel bezeichnet – begann im 15. Jahrhundert. Es waren Portugiesen, die erstmals an die Westküste Afrikas kamen, um für die Kanarischen Inseln Sklaven zu kaufen. Bereits ab 1506 kamen dort jährlich 2000 Sklaven an. Sie wurden auf den Zuckerrohrplantagen eingesetzt, denn Rohrzucker war damals ein Luxusartikel für die europäische Oberschicht. Nach der Entdeckung Amerikas wurden Sklaven in den Silberminen Mexikos, den Zuckerrohrplantagen Lateinamerikas sowie auf den Baumwoll- und Tabakplantagen in den Südstaaten der USA eingesetzt. Die Plantagenwirtschaft bewirkte einen hohen Güterumschlag und so ergab sich das System des „Dreieckshandels“ fast von selbst. Die Route eines Sklavenkapitäns verband die drei Kontinente: Europa, Afrika und Amerika.

Von Europa wurden Waffen und Alkohol nach Afrika gebracht und dort gegen Sklaven eingetauscht. Mit dieser neuen „Ware“ an Bord ging es nach Amerika, wo die Afrikaner gegen Zucker und andere Rohstoffe eingetauscht wurden, welche dann wiederum auf die europäischen Märkte verbracht wurden. Eine solche „Dreiecks“-Fahrt dauerte für ein Schiff anderthalb Jahre und brachte seinem Kapitän pro Jahr ca. acht Prozent Gewinn – für die damalige Zeit ein angemessener Profit. Von den Portugiesen ging der Sklavenhandel später auf die fortgeschritteneren Kolonialländer England, Niederlande, Frankreich und Spanien über.

Meist wird entschuldigend angeführt, dass schon vor dem transatlantischen Sklavenhandel in Afrika Sklaverei geherrscht habe und insofern seien es nicht die Europäer gewesen, die die Sklaverei nach Afrika gebracht hätten. Die Missinterpretation der afrikanischen Sklaverei beruht auf der europäischen Definition von „Sklave“. Der Begriff ist auf europäische Verhältnisse bezogen und meint mit Sklave den Gegenbegriff von „frei“. Ein solcher Begriff ist nicht in der Lage, die empirische Vielfalt der afrikanischen Sklaverei zu erfassen. Merkmal der afrikanischen Sklaverei waren vielmehr Gewaltunterworfenheit und Verwandtschaftslosigkeit. Sklaven konnten hohe Posten in Militär und Verwaltung einnehmen. In Ostafrika waren die sog. Sultanssklaven Vertraute und Berater des Sultans und oftmals selbst Sklavenhalter. Da diese Sklaven keine Verwandtschaft besaßen, konnten sie auf ihren administrativen Posten nicht in Loyalitätskonflikte kommen.

Aus einer Reihe von Fallstudien über afrikanische staatenlose wie staatlich verfasste Gesellschaften wissen wir mehr über die Rekrutierung der Sklaven. Idealtypisch lassen sich drei Formen zeigen:

- Kleinkriege zwischen Dörfern und gelegentliche Raubzüge machten die Unterworfenen zu Sklaven. Diese Form war aber bei weitem die kleinere und seltenere Form.
- Kidnapping war in größerem Maßstab bei verstreut liegenden Dörfern leichter zu bewerkstelligen.
- Versklavung war aber auch – und das machte den größeren Teil aus – als Strafe für Vergehen vorgesehen. Da Sklaven mit Beginn des transatlantischen Sklavenhandels aber mehr und mehr Gewinne versprachen, wurde die Versklavung auch auf kleinere Vergehen ausgedehnt.

Der Austausch der so rekrutierten Sklaven setzte einen funktionierenden und vernetzten Handel voraus, der Sklaven gegen Waren tauschen konnte.

Auf der Überfahrt hatten die Schiffe manchmal fast 600 Sklaven an Bord, und nicht jedes Sklavenschiff nahm einen Arzt mit auf die Reise. Auf den Schiffen wurden die gefesselten Sklaven wie Waren unter maximaler Ausnutzung des Laderaumes verbracht. Liegen war meist nur auf einer Seite möglich, aufrichten in den ca. einen Meter hohen Räumen unmöglich. Es bedarf gar keiner großen Phantasie, um sich die hygienischen Verhältnisse vorzustellen. Besonders gravierend war das Problem der Frischluft. Bei schwerem Seegang wurden alle Luken geschlossen, so dass kaum Frischluft in den Laderaum kam.

Ende des 18. Jahrhunderts entstand in England eine von den bürgerlichen Mittelklassen getragene Bewegung zur Abschaffung der Sklaverei. Sie ging vor allem von den Quäkern aus. Anfangs richtete sich diese Bewegung auf den Sklavenhandel und griff noch nicht die Institution der Sklaverei selbst an. Das hätte einen Eingriff in das Privateigentum bedeutet. William Wilberforce übernahm 1787 die parlamentarische Führung in der Sklavenfrage. 1806/07 erreichte die Antisklavereibewegung die ersten Erfolge, als sie ein Verbot des Handels in englischen Kolonien und für das darauffolgende Jahr das generelle Verbot des *Sklavenhandels* für englische Schiffe erreichten.

Es ist nicht ganz geklärt, ob es die aufklärerischen Ideen (Diffusionsthese) oder die (zurückgehende) ökonomische Rentabilität war, die das Verbot des Sklavenhandels bewirkten. Man muss berücksichtigen, dass der Sklavenhandel in die Zeit des Merkantilismus fiel, seine Abschaffung aber in die Zeit des Kapitalismus; auf der einen Seite haben wir es mit den merkantilistischen Monopolen und auf der anderen Seite mit der kapitalistischen Konkurrenz zu tun. Insofern ist es wichtig – was im gegenwärtigen Geschichtsunterricht meist nicht geschieht–, den Sklavenhandel an die europäische Wirtschaftsgeschichte zurückzubinden und ihn nicht als exotisches Beispiel aus der großen weiten Welt darzustellen.

Die Gesamtzahl der Sklaven, die aus Afrika fortgeschleppt wurden, kann man heute nur schwer feststellen. Allgemein wird von ca. 13 Millionen Menschen ausgegangen, die zwischen 1440 und 1860 aus Senegal, Niger, Volta, Kongo, Ostafrika und Madagaskar verschleppt wurden:

- 0,5 Mio. nach Nordamerika
- 6,6 Mio. in die Karibik und Mittelamerika
- 4,0 Mio. nach Brasilien
- 0,2 Mio. nach Europa, Madeira und die Kanarischen Inseln.

Von diesen 13 Millionen starben während des Transportes 10 bis 15 Prozent.

2.6.3 Das Textmaterial

Das Textmaterial, das die Bildsequenz begleitet, stammt aus Alex Haleys Roman „Roots".[40] Der Roman erzählt aufgrund zehnjähriger Recherche die Familiengeschichte des Autors. Er ging seinen „Wurzeln" bis nach Afrika nach. Der Roman erzählt die Geschichte des Protagonisten Kunta Kinte und seine Erlebnisse bis zur Ankunft in Amerika. Diese Ereignisse werden der Bildsequenz zugeordnet. Sein weiterer Lebensweg bleibt aufgrund der Themenstellung hier unberücksichtigt. Da es sich bei dem Text um eine individuelle Lebensgeschichte handelt, wird nur aus der Perspektive des unmittelbar Betroffenen erzählt. Die Bildgeschichte behandelt folglich den Sklavenhandel anhand eines Einzelschicksals. Aus der Sequenz der Einzelbilder ergibt sich durch die Figur des Kunta Kinte eine zusammenhängende Geschichte. Die einzelnen Bilder werden durch diese Lebensgeschichte zusammengehalten. Ausgangspunkt sind hier die vorgegebenen Bilder und einige kopierte Seiten aus dem Roman.

Der große Erfolg dieses Romans beruht auf den Identitätsproblemen der schwarzen Amerikaner, die ihre Geschichte über ihre amerikanische Existenz zurück nach Afrika verlängert sahen. Hier wird mehr oder minder authentisches Bildmaterial und fiktiver Text aufeinander bezogen. Die Figuren der Bilder sind – obwohl konkret dargestellt – dennoch namenlos anonym. Durch die Romantexte bekommen sie allerdings eine gewisse Lebendigkeit.

2.6.4 Didaktische Relevanz

Der Sklavenhandel ist für zwei Prozesse von didaktischer Relevanz. Zum einen wird er in einen Zusammenhang mit der Unterentwicklung Afrikas gebracht, zum anderen mit dem Problem der Integration der Schwarzen in die nordamerikanische Gesellschaft. Ein dritter Problemkreis ist für die Entwicklung der Moral-Ökonomie-Beziehung des Geschichtsbewusstseins wichtig. Hier ist der Zusammenhang von Moral und Ökonomie zu diskutieren. Die Fragestellung, ob die europäische Aufklärung oder die abnehmende Rendite zur Abschaffung der Sklaverei beigetragen hat, ist hier ein Thema, das den Schülerinnen und Schülern im Geschichtsunterricht noch einmal bei der Abschaffung der Kinderarbeit begegnet. Warum wurde die Kinderarbeit abgeschafft: Humanität oder Ökonomie? Einen weiterer Problemzusammenhang bildet die Migration. In der neueren Migrationsforschung wird der Sklavenhandel in die Prozesse der Migration einbezogen und als Zwangsmigration gedeutet.

2.6.5 Die Bildsequenz

Bild 1

Bild 2

Zu Bild 1: In dem Dorf Juffure, vier Tagereisen stromaufwärts an der Küste Gambias in Westafrika, wurde im Frühjahr 1750 dem Omoro Kinte und seiner Frau Binta ein Knabe geboren.[41]

Zu Bild 2: Als er sich hinhockte, um wieder einen Stamm auf seine Brauchbarkeit zu prüfen, hörte er einen Zweig knacken. [...] Kunta blickte argwöhnisch um sich; da sah er bereits ein bleiches Gesicht auf sich zukommen, sah einen erhobenen Knüppel und hörte schwere Schritte hinter sich: *toubob!* [...] Er ging auf zwei schwarze Männer los, die ihm einen großen Sack überwerfen wollten. Ein zweiter *toubob* holte indessen mit dem Knüppel aus, traf Kunta aber nicht, denn der wich diesmal dem Schlag aus. [...]

Nun aber trafen die Knüppel der Schwarzen Kunta am Kopf und streckten ihn nieder, und der *toubob* riß sich los. [...] Der schwere Knüttel des *toubob* traf ihn an der Schläfe, und alles wurde dunkel.[42]

Zu Bild 3: Er erwachte von quälenden Schmerzen, geknebelt, eine Binde vor den Augen, die Hände auf den Rücken gebunden, die Fußgelenke mit einer Knotenschnur gefesselt. [...] Hochgezerrt und vorwärtsgeprügelt, humpelte er dahin, so schnell seine Fußfesseln es erlaubten. [...]

Beim Morgengrauen sah er die übrigen Gefangenen, wie er an Bambusstämme gefesselt. Sie waren zusammen elf – sechs Männer, drei Frauen und zwei Kinder –, alle von bewaffneten *slatis* und *toubobs* scharf bewacht.[43]

Bild 3

Bild 4

Zu Bild 4: Die *slatis* banden die Gefangenen grinsend von den Bambusstämmen los und ließen sie sich in einer Reihe aufstellen. […]

Der [*toubob*] musterte alle und bedeutete Kunta vorzutreten. […] Ein *slati* packte ihn von hinten, zwang ihn in die Knie und riß ihm den Kopf zurück. Der weißhaarige *toubob* zog ihm gleichmütig die Lippen auseinander und betrachtete seine Zähne. Kunta wollte aufspringen, doch nach einem Peitschenhieb ließ er sich bebend vom *toubob* an Augen, Brust und Leib betasten. […] Dann stieß der weißhaarige *toubob* Kunta grob zur Seite und inspizierte die übrigen Gefangenen auf gleiche Weise, sogar die Geschlechtsteile der jammernden Frauen. Anschließend mußten die Gefangenen, angefeuert von Zurufen und Peitschenhieben, innerhalb der Umzäunung laufen und springen.

Der weißhaarige *toubob* und der Große mit dem Narbengesicht sahen zu, traten sodann ein Stück zur Seite und sprachen leise miteinander. Der Weißhaarige winkte einem anderen *toubob* und deutete auf vier Männer – einer von ihnen war Kunta – und zwei Frauen. Der *toubob* blickte empört, er zeigte einladend auf die anderen, doch der Weißhaarige schüttelte entschieden den Kopf. Kunta sah wutschnaubend zu, wie die *toubobs* miteinander stritten. Schließlich schrieb der Weißhaarige ärgerlich etwas auf ein Stück Papier, das der andere *toubob* wütend entgegennahm.[44]

Zu Bild 5: Kunta tobte und brüllte, als die *slatis* ihn von neuem packten. Mit angstvoll aufgerissenen Augen verfolgte er, wie ein *toubob* ein langes, schmales Eisen aus dem Feuer zog. [...] Kunta schlug schon um sich und schrie, bevor das glühende Eisen ihm zwischen die Schultern gedrückt wurde. Die Schreie derer, die nach ihm an die Reihe kamen, gellten im Bambushain.[45]

Bild 5

Zu Bild 6: Kaum eine Stunde war vergangen, da humpelten sie kettenklirrend in einer Reihe dahin, und die *slatis* hieben auf jeden ein, der stehenblieb oder stolperte. Kuntas Schulter und Rücken waren von blutenden Striemen überzogen, als sie spätabends zwei [...] am Flußufer versteckte Kanus erreichten. In zwei Gruppen aufgeteilt, wurden sie von den *slatis* durch das Dunkel gerudert. [...] Nachdem man ihn eine merkwürdige Leiter aus

Bild 6

Stricken halb hinaufgezogen, halb hinaufgestoßen hatte, [...] sah er flüchtig große Pfosten mit weißen Tüchern daran, dann wurde er schmale Stufen hinuntergestoßen in pechschwarze Dunkelheit und von unsäglichem Gestank und ohrenbetäubenden Angstschreien aufgenommen.[46]

Zu Bild 7: Wenn die Ladeluke geöffnet wurde, sah Kunta, ob es Tag oder Nacht war. Wenn er sie knarren hörte, hob er den Kopf – die einzige Bewegung, die ihm seine Ketten und Fesseln erlaubten – und nahm undeutlich vier *toubobs* wahr, zwei mit Lichtern und Peitschen zum Schutz der beiden anderen, die einen Kübel Essen durch den schmalen Gang trugen. Sie schoben jeweils zwischen zwei Angekettete einen Blechnapf. [...][47]

Bild 7

Alle paar Tage kamen acht nackte *toubobs* in den stinkenden Laderaum und kratzten Kot von den Pritschen. Kunta lag ganz still, sein Blick folgte haßerfüllt den orangegelben Lichtern, er hörte aufmerksam den *toubobs* zu, die fluchten und manchmal auf dem glitschigen Boden ausrutschten und hinfielen, denn der Dreck nahm allmählich überhand. Die Fäkalien troffen von den Pritschen in den Gang.[48]

Zu Bild 8: Die *toubobs* hörten auf zu schreien, und einer von ihnen rief etwas, was Kunta allerdings nicht verstehen konnte. [...]

„Erste Wahl – jung und geschmeidig!" rief der *toubob.* Kunta war vor Entsetzen so betäubt, daß er kaum wahrnahm, wie man sich um ihn

Bild 8

drängte. Man zog ihm die Lippen auseinander, um sein Gebiß zu begutachten, und betastete ihn mit bloßen Händen unter den Achselhöhlen, an Rücken und Brust, sogar die Geschlechtsteile. Die ihn so begutachtet hatten, traten nun zurück und riefen abwechselnd:

„Dreihundert Dollar! ... Dreifünfzig!" Der ausrufende *toubob* lachte geringschätzig. „Fünfhundert! ... sechs!" Der Ausrufer schrie verächtlich: „Das ist ein ganz junger Nigger, ein Prachtexemplar! Sagt da jemand siebenfünfzig?"

„Siebenfünfzig!" rief jemand.

Er wiederholte den Zuruf nochmals und rief dann: „Acht!", bis einer aus der Menge das gleiche Wort zurückrief. Schon rief ein anderer: „Achtfünfzig!"

Dabei blieb es. Der Ausrufer machte Kuntas Kette los und hielt sie einem *toubob* hin, der durch die Menge näherkam. [...]

Kunta sah, daß ein Schwarzer dem *toubob* folgte, dem der Ausrufer seine Kette übergeben hatte. Kunta flehte diesen Schwarzen, [...] mit den Blicken an: *Mein Bruder, du kommst aus meinem Land ...* doch der Schwarze achtete nicht darauf, sondern riß so heftig an der Kette, daß Kunta ihm stolpernd durch die Menge folgen mußte.[49]

2.6.6 Weiterführende Literatur

Bayer, Ingeborg: Yamba. Geschichte einer Reise von Liverpool nach Barbados, Ravensburg 1980 [Jugendbuch]

Bley, Helmut u.a. (Hrsg.): Sklaverei in Afrika, Pfaffenweiler 1991

Blixen, Tania: Die Rache der Engel, Stuttgart 1990

Bourgeon, François: Reisende im Wind, 5 Bde., Hamburg 1995 [Comic über Sklavenhandel]

Buxton, Thomas Fawell: Der afrikanische Sklavenhandel und seine Abhülfe. Deutsch von G. Julius. Mit einer Vorrede: Die Nigerexpedition und ihre Bestimmung, Leipzig 1841

Conneau, Theophile: Autobiographie eines Sklavenhändlers, Frankfurt/M. und Basel ca. 1984

Craton, Michael: Searching for the Invisible Man. Slaves and Plantation Life in Jamaica, Cambridge 1978

Davidson, Basil: Vom Sklavenhandel zur Kolonialisierung. Afrikanisch-europäische Beziehungen zwischen 1500-1900, Reinbek 1966

Devisse, Jean; Courtes, Jean-Marie: The Image of the Black in Western Art. Vol. II: From the early christian era to the „Age of Discovery". Part 1: From the demonic threat to the incarnation of sainthood, New York 1979

Devisse, Jean; Mollat, Michel: The Image of the Black in Western Art, Vol. II. From the early christian era to the „Age of Discovery". Part 2: Africans in the Christian Ordinance of the World (fourteenth to the sixteenth century), New York 1979

Eltis, David: The Rise of African Slavery in the Americas, Cambridge 2000

Haley, Alex: Roots, New York 1976 [historischer Roman; deutsch 1987]

Honour, Hugh: The Image of the Black in Western Art, Vol. IV: From the American Revolution to World War I, Part 1: Slaves and Liberators, Houston 1989

Honour, Hugh: The Image of the Black in Western Art. Vol. IV: From the American Revolution to World War I. Part 2: Black Models and White Myths, Cambridge 1989

Inikori, Joseph E. (Hrsg.): Forced Migration. The Impact of the Export Slave Trade on African Societies, London 1982

Kircheisen, Inge: Gegen Sklavenhandel und Sklaverei. Die britische Abolitationsbewegung im 18. und 19. Jahrhundert, in: Geschichte lernen 13 (2000) Nr. 73, S. 36-42

Labat, Jean-Baptist: Pater Jean-Baptist Labats Sklavenbericht. Abenteuerliche Jahre in der Karibik 1690-1705. Hrsg. von Heinrich Pleticha, Stuttgart 1984

Loth, Heinrich: Sklaverei. Die Geschichte des Sklavenhandels zwischen Afrika und Amerika, Wuppertal 1981

Loth, Heinrich: Das Sklavenschiff, Berlin 1981

Martin, Peter: Das rebellische Eigentum. Vom Kampf der Afroamerikaner gegen ihre Versklavung, Hamburg 1985

Meyer, Jean: Sklavenhandel, Ravensburg 1990

Pesci, David: Amistad, Bergisch-Gladbach 1998 [historischer Roman, auf Steven Spielbergs Film „Amistad“ zurückgehend]
Pleticha, Heinrich: Sklaven für Havanna. Der Lebensbericht des Sklavenhändlers Theodore Canot. 1826-1838, Stuttgart 1988
Reynolds, Edward: Stand the Storm. A History of the Atlantic Slave Trade, London 1985
Unsworth, Barry: Das Sklavenschiff, München 1995 [Roman]
Vogt, Joseph: Sklaverei und Humanität, Wiesbaden 1972
Walvien, James: Slavery and the Slave Trade. A Short Illustrated History, Basingstoke 1983
Wirz, Albert: Vom Sklavenhandel zum kolonialen Handel. Wirtschaftsräume und Wirtschaftsformen in Kamerun vor 1914, Wiesbaden 1972
Wirz, Albert: Sklaverei und kapitalistisches Weltsystem, Frankfurt/M. 1984

2.7 Moderne Heirat

„Marriage à la Mode“, „Heirat nach der Mode“ oder besser „Moderne Heirat“ ist ein Zyklus von sechs Bildern, die der englische Maler und Kupferstecher William Hogarth (1697–1764) in den Jahren 1743 bis 1745 hergestellt hat. Hogarth war sehr vielseitig. Er war Maler, Kupferstecher und Karikaturist. Er schuf das Genre der Bilderzählung. Hogarth kam 1712 zu dem Goldschmied E. Gamble in die Lehre und lernte gravieren. 1720 studierte er Malerei an der St. Martin's Lane Academy. Er setzte dann seine Studien 1724 an der Thornhill-Kunstschule in Covent Garden fort. 1729 heiratete er die Tochter des Hofmalers Thornhill. Er war Initiator des Urheberrechts für Zeichner (1735 Hogarth-Akte). Er leitete dann die Schule für Aktzeichnen (bis 1755). 1757 wurde er Hofmaler Georgs II. Mit seinen Kupferstichen hatte er enormen Erfolg.

Hogarth war Vertreter der englischen Aufklärung und kritisierte die Schattenseiten der englischen bürgerlichen Gesellschaft. In diesem Zusammenhang entstanden mehrere Zyklen:

- Das Leben einer Dirne
- Das Leben eines Wüstlings
- Parlamentswahl
- Heirat nach der Mode (1743–1745). Dieser Zyklus war ursprünglich ein Gemäldezyklus und wurde erst dann in Kupfer gestochen.

2.7.1 Der historische Hintergrund

Historischer Hintergrund für diese Bildsequenz ist der Übergang von der Sachehe zur Liebesheirat.[50] Dieses bürgerliche Thema handelt

Hogarth am Beispiel der „Einheirat“ des neuen Geldadels in den alten Geburtsadel ab. In der Aufklärung kommt das bürgerliche Ideal auf, dass die Heirat aus Liebe und Zuneigung erfolgen solle und nicht aus materiellen Gründen. Das faktische Heiratsverhalten folgte allerdings nicht diesem Ideal. Hogarths Zyklus propagiert dieses Ideal und zeigt die Folgen auf, wenn Familien nicht nach dieser Norm handeln.

Thematisch lässt sich dieser Zyklus vermutlich auf verschiedene Dramen zurückführen, die zu Lebzeiten Hogarths in London aufgeführt worden sind und zu denen er Zugang hatte. Am wahrscheinlichsten ist die Adaption von John Drydens „Marriage à la Mode“ aus dem Jahre 1671. Dieses Stück wurde in einer Umarbeitung ab 1707 in London aufgeführt. Es stand lange in dieser Version auf dem Spielplan, sodass Hogarth wohl auf diese Weise mit der Thematik in Berührung kam.

2.7.2 Kreatives Schreiben als Selbsterzählen

Die (fiktiven) Briefe zu diesen Bildern sind das Produkt einer Studentin, die mit den Mitteln des kreativen Schreibens einen Kammerdiener berichten lässt. Sie verbalisiert jene Bildelemente, die von Hogarth für diesen Prozess des *Selbsterzählens* vorgesehen sind. Dazu eignen sich Hogarths Bilderzyklen in vorzüglicher Weise. Sie sind gerade dazu geschaffen, dass sich der Betrachter bei einer intensiven und langen Bildbetrachtung die Elemente der Bildmotive erschließt. An Hogarths Stichen lässt sich die enge Verknüpfung von Erscheinungs- und Bedeutungssinn erkennen. Kein Detail, kein Gegenstand, keine Geste ist nur künstlerisch-ornamental, sondern jede nimmt Bezug auf den narrativen Sinn des gesamten Zyklus.

Der Bedeutungssinn übertrifft den Erscheinungssinn bei weitem, das kann an der ersten Kupfertafel illustriert werden (Bild 1). Die beiden älteren am Tisch sitzenden Männer sind Graf und reicher Bürger, die den Heiratskontrakt ihrer erwachsenen Kinder aushandeln. Der Graf ist erkennbar an dem hinter ihm befindlichen Thronhimmel mit gräflicher Krone. Er hält in der rechten Hand seinen Stammbaum, der (ikonografisch erkennbar) bis auf Wilhelm den Eroberer zurückreicht. Auf dem Tisch liegen Schreib- und Siegelutensilien, daneben Scheine und Münzen (Mitgift der Tochter). Durch das Fenster sieht man den Neubau/Erweiterung des Palastes (Grund für die gräfliche Verschuldung). Das Brautpaar rechts im Bild zeigt einander „die kalte Schulter“. Gelangweilt zieht sie ihr Taschentuch durch den Verlobungsring. Das Hundepaar zu Füßen des jungen Grafen ist mit einer Kette aneinander gefesselt; der sitzende Hund hat auf der Flanke eine Krone eingebrannt. Die Gemälde an den Wänden verweisen auf künftiges Unheil. Sie zeigen die Märtyrer Sebastian (wurde durch Pfeile getötet) und Laurentius (auf glühendem Rost zu Tode gefoltert), Kains Brudermord, Goliaths Enthauptung und die Leiden des Prometheus. Mit diesen ikonografischen Details sind längst nicht alle Bildelemente, die einen Bedeutungssinn enthalten, aufgeführt. So ist beispielsweise auf dem Stammbaum des Grafen ein Zweig abgeknickt und verweist auf das Aussterben der gräflichen Linie; der junge Graf wird ermordet, seine Frau vergiftet sich.

2.7.3 Die Bildsequenz

Zu Bild 1:

London, im Januar 1740

Liebste Emily!
Ich hoffe, Du und Deine Familie seid wohlauf und noch so heiteren Gemüts, als wie ich Euch kürzlich verließ. Es sei Dir versichert, daß bei mir alles zum besten steht. Allerdings befinde ich mich zur Zeit inmitten größter Aufregung, steht doch nun bald die Vermählung Mistress Charlottens mit dem jungen Lord Viscount Squanderfield ins Haus. Just am heutigen Tag wurde der Heiratskontrakt zwischen seiner hochgräflichen Gnaden, dem alten Grafen Squanderfield, und meinem wohledlen Herrn abgeschlossen. Wer hätte dies gedacht nach all dem Zaudern und Zagen, Jammern und Klagen, das die jungen Leute um ihre Hochzeit anhoben (ich schrieb Dir ja bereits davon). Mich dünkt es wahrlich, als sollte dies keine glückliche Verbindung werden, sah ich doch heuer die mürrische Miene meiner jungen Herrin und das gelangweilte Gebaren ihres zukünftigen Gemahls während der Besiegelung dieser Mesalliance [nicht-standesgemäße Verbindung] im Hause des Grafen. Zudem konnte ich beobachten, daß der ebenfalls anwesende Prokurator Silvertongue, ein Winkeladvokat erster Güte, sich mehr um Mistress Charlottens Zerstreuung verdient machte, als schicklich ist. Oft habe ich Dir von ihrer störrischen und launischen Art berichtet, und so, denke ich, ist nicht umsonst das Schlimmste zu befürchten.

Doch wenigstens mein Herr ists zufrieden, wie sich die Dinge entwickelt haben. Gestern hat er die hochverschuldeten Güter des Grafen wieder ausgelöst. Du glaubst nicht, was dies für eine angenehme Überraschung für denselbigen war. Und nicht zu vergessen die Mitgift, mit der jung Charlotten ausgestattet worden ist. Oh Emily, Du hättest es sehen sollen, lag doch der Tisch im gräflichen Salon voll von Scheinen und Münzen. Ich weiß nicht, wie viele Guinees es sein mögen, ganz sicher mehr, als wir beide jemals zusammen besaßen und besitzen werden.

Bild 1

In den Adern des Grafen fließt auch wohl das vortrefflichste blaue Blut, das man sich denken kann. Seine Ahnenreihe reicht gar bis auf Wilhelm den Eroberer zurück. Wahrlich ein altehrwürdiges Geschlecht!

Doch dünkt es mir, als sei der Graf deroselbst durch ein venerisches Leiden schon sehr angegriffen. Welcherlei Natur dieses ist, läßt sich nur vermuten. Dir allein mag ich meine Befürchtung anvertrauen, es könne auch vom jungen Grafen Besitz genommen haben.

Itzo möchte ich für heute schließen, denn viel ist noch zu tun bis zur endgültigen Vermählung.

Bis dato, liebe Emily, bleibe gesund und grüße mir Henry und die Kinder.

Dein Dich liebender Bruder Caleb.

Zu Bild 2:

London, im Januar 1741

Teure Schwester!

Zurück in London muß ich vielmehr feststellen, daß es mit meiner jungen Herrschaft nur noch schlimmer bestellt ist als zuvor. Mr. Niggard wußte

Bild 2

wohl, warum er mich seiner Tochter in den Dienst gab, hatte er mich doch stets wegen meiner Sparsamkeit und meiner moralischen Prinzipien gelobt. Allerdings ist dem Pomp und der Prasserei in diesem Hause damit allein nicht beizukommen. Wie oft habe ich gemahnt, wie oft habe ich gewarnt! Du, liebste Emily, bist Zeugin dieser Klagen, sind doch meine Briefe voll davon.

Allein, es hilft nichts! Als ich heute Mittag den Salon betrat, um seiner Lordschaft einmal mehr die vielen unbezahlten Rechnungen vorzulegen, was mußte ich erblicken! Lady Charlotte rekelte sich in höchst ungeziemlicher Pose in ihrem Sessel und war wohl im Begriff, ihr Frühstück einzunehmen, während Lord Squanderfield sich in äußerst derangiertem Zustand auf einem anderen Stuhl lümmelte. Aus seiner Rocktasche ragte ein Häubchen, das ich nie auf dem Kopfe der jungen Lady gesehen habe. Ich berichtete Dir ja bereits des öfteren über den im höchsten Maße zu tadelnden Lebenswandel des Lords. Diener Prattle erzählte mir jüngst, man habe ihn sogar einmal des Nachts aus Betsy Careless' Etablissement kommen sehen.

Die Lady steht ihrem Gatten in dieser Beziehung leider in nichts nach, hatte sie doch wieder lärmende Gesellschaft bis in den frühen Morgen. Der Salon und das Vorzimmer boten reichlich Zeugnis davon. Umgestürzte Stühle, herumliegende Instrumente, verstreute Spielkarten, mit einem Wort: ein einziges Tohuwabohu!

Seit einiger Zeit gilt Lady Charlottens besonderes Interesse dem Whist-Spiel. Diesem verdammenswerten Zeitvertreib widmet sie sich beinahe Tag und Nacht und studiert gar Bücher darüber. Allein Erfolg hat die Lady nicht im Kartenspiel, denn die Schulden bei ihren sogenannten Freunden häufen sich. Seine Lordschaft, zu dem sie mich schickt, um die Schuldscheine zu begleichen, winkt nur ab, bringt er doch selbst das Geld seines Schwiegervaters Nacht für Nacht in zwielichtiger Gesellschaft durch. Oh, welch Ausbund an Unvernunft sind diese beiden! Seit Oktober nur eine einzige berichtigte Rechnung! Wie ich dies nun wieder Mr. Niggard erklären soll, weiß ich wahrlich nicht.
Caleb

Zu Bild 3:

London, im Januar 1742

Meine liebe Emily!

Doch denk Dir, holde Schwester, was mir Diener Prattle heute im geheimen anvertraute, von einem Vorkommnis, welches in der Tat seine Lordschafts Mißgestimmtheit verständlich macht.

Bild 3

Gestern in der Früh hieß Lord Squanderfield Prattle, den Wagen anzuspannen. Die Fahrt ging in die Vorstadt, zum Hause eines gewissen Doktor Misaubin. In London ist derselbe (freilich hinter vorgehaltener Hand) in aller Munde, und zwar unter dem Spitznamen „Monsieur de la Pillule", denn er ist für seine Pillenkuren berüchtigt. Wie es um seine Kunstfertigkeit wirklich bestellt ist, das steht in den Sternen. Es heißt zumindest, er verstehe sich ausgezeichnet auf diese eine Krankheit, die unser Sprachgebrauch zu seiner Landsmännin macht. Auf jeden Fall bekam der gute Prattle einen gehörigen Schreck, als er einen Blick in das Sanitätskabinett des Doktors erheischen konnte. Seltsame mechanische Apparate, ausgestopfte Tiere, Knochen und allerlei Raritäten gab es da und auf einem Tisch, denk Dir, ein echter Totenschädel.

Lord Squanderfield wurde schon von einem jungen Ding und einer alten Matrone erwartet. Zusammen gingen sie in des Doktors merkwürdige Kammer. Prattle mußte natürlich im Vorzimmer bleiben, doch horchte er an der Tür, was zwar nicht schicklich, aber unter diesen Umständen wohl zu verzeihen ist. Was er da vernahm, ist wirklich ungeheuerlich. Seine Lordschaft beklagte sich beim Doktor über die Unwirksamkeit gewisser Pillen, die er von demselbigen erhalten hatte. Er sagte, sie seien ihr Geld nicht wert und könnten nicht einmal von Kopfschmerz kurieren. Neben den Worten des Lords hörte Prattle auch das leise Schluchzen des Mädchens sowie das laute Zetern der Alten. Der Ruf ihrer Mädchen sei ruiniert und damit das ganze Geschäft, schrie letztere ein ums andere Mal.

Die ganze Sache verhält sich wohl so. Die alte Matrone ist die Besitzerin des nämlichen Etablissements, in dem Lord Squanderfield mittlerweile regelmäßig verkehrt. Sie hatte den Lord beschuldigt, eines ihrer Mädchen mit der Krankheit infiziert zu haben, die ein frommer und gottgefällig lebender Mensch gar nie bekommt. Lord Squanderfield hatte dies auch nicht bestritten, die Schwere der Erkrankung allerdings auf das Niveau eines Schnupfens heruntergespielt. Er war mit dem jungen Ding zu Doktor Misaubin geeilt, um die kleine „Unpäßlichkeit" mit Hilfe von dessen Pillen zu beseitigen. Allein der Erfolg war wohl nur mäßig, wovon sich Prattle nun akustisch überzeugen konnte.

Grüße an Dich und die Familie. Dein Bruder Caleb.

Zu Bild 4:

London, im Januar 1743

Liebe Emily!

Du beklagst Dich mit Recht darüber, dass ich so selten schreibe. Doch weißt

Bild 4

Du auch, wie es in diesem Hause zugeht, wie in besagtem Taubenschlag nämlich. Nach der Geburt der kleinen Eugenie hoffte ich, es möge etwas Ruhe einkehren. Doch die Hoffnung war vergebens. Kaum hatte die Gräfin das Wochenbett verlassen, verlangte es ihr schon wieder nach Gesellschaften, Festen und Bällen.

Du hast übrigens richtig gelesen, teure Schwester, aus Lady Charlotte ist nun Gräfin Squanderfield geworden. Der alte Graf war drei Tage vor der Geburt seiner Enkelin verschieden. Allerdings hätte ein strammer Stammhalter auch eher Anklang bei ihm gefunden, insofern ist dem Grafen eine Enttäuschung erspart geblieben. Für seinen Sohn hingegen war die Geburt der Kleinen eine große Freude (was, im Vertrauen gesagt, niemand gedacht hätte). Er hat sich dadurch sehr gewandelt und ist direkt häuslich geworden.

Die Gräfin hingegen! Wie eine liebende Mutter benimmt sie sich wahrlich nicht. Kaum widmet sie sich ihrer Tochter, dafür aber umso mehr dem Advokaten Silvertongue. Dieser besaß die Dreistigkeit, ihrer hochgräflichen Gnaden um Weihnachtsfeste ein Portrait seiner selbst zu schenken. Du wirst es nicht für möglich halten, meine Schwester, welche Wand dieses Konterfei nun ziert: die Wand des gräflichen Boudiurs [Boudoirs = Damenzimmer]!

In eben diesem Raume empfängt die Gräfin seit neuestem allmorgendlich diverse Gäste, welche ihr beim Lever [Aufstehen] die Zeit vertreiben sollen.

In der Hoffnung, den Gesang einige Minuten zu unterbrechen, betrat ich das Boudiur und bat die Gräfin, sie kurz im Vorzimmer sprechen zu dürfen. Es handelte sich um einige Rechnungen für den französischen Friseur und den Meistersänger. Doch die edle Dame ahnte wohl schon etwas und winkte ungehalten ab. Mir schien, ich hatte ihr angeregtes Gespräch mit dem Herrn Advokaten gestört, der in äußerst bequemer Pose auf dem Sofa neben ihr ruhte. Er fühlt sich mittlerweile wie zu Hause im gräflichen Palast und geht ein und aus, wie es ihm beliebt.

Wenn das bloß kein schlimmes Ende nimmt! Auch die Geduld des Herrgott ist nicht endlos, und er hat sich dieses Treiben der hochedlen Herrschaften schon lange genug mit angesehen. Caleb

Zu Bild 5:

London, im Januar 1744

Meine treue Schwester!

Eine Katastrophe ist über unser Haus hereingebrochen, die wir alle noch gar nicht so recht fassen können. Der Graf wurde im Duell vom Rechtsanwalt Silvertongue getötet, nachdem er denselbigen mit der Gattin in flagranti ertappt hatte. Gewiß fragst Du Dich, wie es dazu kommen konnte. Nun, die Vorgeschichte ist die folgende:

Bild 5

Die Gräfin hatte sich auf dem alljährlich stattfindenden Maskenball mit ihrem ständigen Begleiter getroffen. Zusammen hatten sie alsbald das turbulente Fest verlassen, um sich im Bagnio „Zum Türkenkopf" anderweitig zu verlustieren. Unglückseligerweise hatte der Graf, welcher ebenfalls auf dem Ball weilte, davon erfahren und war den beiden in das Absteigequartier gefolgt, wo er sogleich die Türe des entsprechenden Schlafgemachs aufgebrochen hatte. Zu dieser Tat war er wohl weniger aus Liebe zu der gnädigen Frau als aus Angst um die Ehre seines Hauses verleitet worden. Allein seine gräfliche Gnaden handelte, wie es sich in einer solchen Situation für einen Edelmann zu handeln geziemt: Er forderte den Verführer. Leider ist die Wut bekanntlich keine gute Fechterin, daher war es dem Herrn Advokaten ein leichtes, den Grafen niederzustechen. Der Schurke machte sich hernach im Nachtgewand durch das Fenster davon. Die gnädige Frau, ebenfalls nur spärlich bekleidet, flehte den Sterbenden auf Knien an, ihr zu vergeben. Allein er hörte ihre Worte nicht mehr und schied dahin ohne ein Wort der Verzeihung. Alle Einzelheiten des Geschehens konnte ich am nächsten Tag vom Konstabel erfahren, auf den ich nach dem Kirchgang traf. Er war vom Wirt der Absteige gerufen worden und erschien zusammen mit diesem und dem Nachtwächter noch zur rechten Zeit, um den Tatbestand festzustellen.

Was sagst Du zu all dem, liebe Emily? Ist es nicht grauenvoll? Du wirst verstehen, daß ich den Brief nun beenden muß. Es sind noch so viele Dinge zu erledigen. Die Beerdigung muß ausgerichtet und der Hausstand aufgelöst werden. Wer soll dies tun außer mir, ist doch die gnädige Frau aufgrund der Geschehnisse ganz außer sich.

Auf bald denn.
Dein Bruder Caleb.

Zu Bild 6:

London, im Januar 1745

Teure Emily!

Erinnerst Du Dich noch an den Brief, den ich Dir vor einem Jahr schrieb und in dem ich Dir von dem furchtbaren Ende des Grafen Squanderfield berichtete. Nun, gerade einmal ein Jahr ist vergangen, da bricht neues Unglück über uns herein: Die Gräfin hat gestern ihrem Leben durch Gift ein Ende gesetzt. Ich hatte dies schon fast geahnt, denn die Veränderungen des letzten Jahres und die Schmähungen von ehemals Freunden Genannten wogen einfach zu schwer für diese schwache Person.

Bild 6

Ich hatte Dir ja geschrieben, daß die Gräfin in das Haus ihres Vaters zurückgekehrt war. Es muß bitter für die gnädige Frau gewesen sein, so zu leben, gemieden von allen und begraben in einer Umgebung, die sich nicht im mindesten mit der des gräflichen Palastes vergleichen läßt.

Doch der wirkliche Grund für die schreckliche Tat der Gräfin ist ein anderer. Silvertongue, der Schurke von Anwalt, hat nun endlich sein gerechtes Schicksal erfahren. Gestern morgen ist er gehenkt worden, nachdem er nach seiner Verurteilung noch mehrere Monate im Kerker verbracht hatte und es fast so aussah, als würden ihn höhere Mächte vor dem Strick bewahren. Das war wohl auch die Hoffnung der gnädigen Frau, welche mit dem Mut der Verzweiflung an ein Wunder geglaubt hatte. Als sie nun von der Vollstreckung des Urteils erfuhr, ließ sie sich von dem ahnungslosen Diener ein Fläschchen Laudanum bringen, um ihrem Dasein ein Ende zu setzen.

Am Mittagstische brach die Gräfin zusammen. Man fand sie, bettete sie in einen Sessel und schickte nach dem Arzt. Doch diesem blieb nichts weiter zu tun, als den Tod festzustellen. Hernach schalt er mit dem vor Schreck erstarrten Diener, daß der an allem Schuld sei. Ich hatte derweil der alten Zofe angetragen, das Kind zu holen, damit es von seiner Mutter Abschied nehmen könne. Die Kleine wird uns wohl auch bald verlassen, hat sie doch das Leiden ihres Vaters geerbt.

Auch mein alter Herr Mister Niggard war aus seinem Kontor herbeigeeilt. Doch beim Anblick seiner Tochter verlor er nicht die Fassung wie wir anderen. Die Schmach, welche sie über die Familie gebracht hatte, hatte ihn noch geiziger und mürrischer werden lassen. So versäumte er es auch nicht, seiner Tochter den Ehering vom Finger zu ziehen. Man weiß ja nie, ob dieser nicht vom Bestatter veruntreut wird. All seine schönen Pläne sind dahin, denn das Enkelkind wird den Grafentitel wohl nicht erben.

Du siehst, liebe Schwester, diese Ehe hat allen nur Kummer gebracht. Ist es so gesehen nicht ein großes Glück, daß unsereins weder Vermögen noch Ansehen besitzt, so daß wir wenigstens aus Liebe heiraten können? Mit diesem Gedanken will ich schließen.

Es grüßt Dich Dein trauernder Bruder Caleb.

2.7.4 Weiterführende Literatur

Antal, Frederick.: Hogarth und seine Stellung in der europäischen Kunst, Dresden 1966

Ball, Celia: William Hogarth's Bildsatiren als künstlerische Form der Sozialkritik, Essen 2000

Cowley, Robert S.L.: Mariage a-la-mode, a review of Hogarth's narrative Art, Manchester 1983

Egerton, Judy: Hogarth's Mariage a-la-mode, London 1998

George, Dorothy: London Life in the 18th Century, London 1951

Guratzsch, Herwig (Hrsg.): William Hogarth. Der Kupferstich als moralische Schaubühne, Stuttgart 1987

Haemmerling, Konrad: William Hogarth. Einführung und Auswahl, Dresden o.J.

Hagen, Rose-Marie; Hagen, Rainer: Meisterwerke im Detail, Bild. 2, Köln 2003, S. 286 ff.

Hinz, Berthold u.a.: William Hogarth: 1687-1764. Das vollständige graphische Werk, 3. Aufl., Gießen 1988

Jarrett, Derek: England in the age of Hogarth, London 1996

Klinger-Lindberg, Mary: Dramatic Analogues in William Hogarths „Marriage à la mode", in: Möller, Joachim (Hrsg.): Hogarth in Context. Ten Essays and a Bibliography, Marburg 1996, S. 72-86

Lichtenberg, Georg Christoph: Ausführliche Erklärung der Hogarthischen Kupferstiche. Aus dem Göttingischen Taschenkalender von 1784/1785, in: ders.: Gesammelte Werke, Hrsg. und eingeleitet von Wilhelm Grenzmann, Frankfurt a.M. 1949

Schenk, Christina: George Cruikshanks Karikatur im Wandel der Bildmedien, Frankfurt a.M. u.a. 1992

2.8 Die Flasche: Die Antialkoholbewegung

Diese Bildreihe von 1847 ist als Serie von 8 Tafeln konzipiert worden. Sie stammt von dem englischen Karikaturisten und Zeichner George Cruikshank (1792–1876), der als einer der herausragenden englischen Graphiker neben Thomas Rowlandson, James Gilray und William Hogarth gilt. Als Autodidakt kam er zur Graphik. Er arbeitete in der Graphikwerkstatt seines Vaters Isaac Cruikshank mit und bekam bereits im Alter von 14 Jahren eigene Aufträge. 1811 starb der Vater aufgrund seiner Trunksucht, und George musste seine Mutter und die jüngere Schwester ernähren. Bis 1815 widmete er sich ganz der Karikatur und galt als der erfolgreichste Karikaturist Englands. Danach ging er zur Buchillustration über. Er illustrierte Chamissos „Peter Schlemihl" (1823) und die „Hausmärchen" der Gebrüder Grimm (1824–26), Dickens, Scott und Defoe.

Cruikshank wird aufgrund eigener Erfahrungen zum strikten Verfechter der Abstinenz. Mit seiner Bilderfolge „The Bottle" (1847), die den Niedergang einer Familie zeigt, hatte er einen beispiellosen Erfolg. Sie wurde enthusiastisch aufgenommen, in eine Novelle umgeschrieben, dramatisiert und auf die Bühne gebracht, und mehrere Firmen druckten die Figuren der Bildfolge auf Teetassen und -kannen. Das war eine Anspielung auf jene Vertreter der englischen Temperenzbewegung – zu denen auch Cruikshank gehörte – die gegen jeden Alkoholgenuss waren. Diese absoluten Temperenzler wurden „Teatotaler" genannt. Die meisten Temperenzler erlaubten allerdings das „nahrhafte" Bier. Dieses Thema wurde auch von William Hogarth bearbeitet.[51] Cruikshank zeigt nicht nur, wie ein einzelner Mensch dem Trunk verfällt, sondern verknüpft sein Schicksal stets mit der ganzen Familie. Diese Bilderfolge erschien in drei verschiedenen Ausgaben: in einer kostbaren auf teurem Papier für die Oberschicht, in einer weniger aufwändigen für die Mittelklassen und einer billigen für die Unterschicht.

2.8.1 Der historische Hintergrund

Die Antialkoholbewegung hatte ihren Ursprung in den Neu-England-Staaten Nordamerikas.[52] Träger waren die puritanischen Mittel- und Oberschichten, die die Muster puritanischer Lebensführung gegen die neuen europäischen Einwanderer mit nicht-calvinistischer Mentalität durchzusetzen suchten. Die einflussreichste Organisation war die 1826 in Boston gegründete „American Temperence Society". In England[53] hatte die Antialkoholbewegung ihren Höhepunkt in den Jahren 1835–1845. Bereits im 17. und 18. Jahrhundert war die englische Oberschicht dazu übergegangen, anstelle des Bieres zuerst den Kaffe, dann den Tee als „nüchternes" Getränk zu verwenden. In der Mehrheit der Bevölkerung, besonders in den großen Städten, herrschte ein exzessiver Branntweinkonsum. Dieser Elendsalkoholismus, die „Branntweinpest", war zum sozial-politischen Problem geworden. 1827 sollen in London 30 000 Menschen volltrunken in den Straßen aufgefunden und ins Gefängnis gebracht worden sein. Man schätzt, dass drei Viertel aller schweren Verbrechen unter Alkoholeinfluss begangen wurden. Dagegen kämpfte die „Temperence"-Bewegung an. In den großen Städten bildeten sich „Temperence Societies". Sie wollten den „Typus des rationalen, arbeitenden Bürgers durchsetzen".[54]

Die deutsche Mäßigkeitsbewegung hatte seit den 30er Jahren des 19. Jahrhunderts drei regionale Felder: Schleswig-Holstein (bäuerliche Schichten), Westfalen und Oberschlesien (Landarbeiter). In Westfalen und Oberschlesien hatte das Branntweintrinken etwas mit dem Niedergang des Leinengewerbes zu tun. Die Vereine zogen gegen den Genuss des Branntweins zu Felde; protestantische und katholische Geistliche sowie liberales Bürgertum waren die Träger. Zwischen 1844 und 1847 entstanden zahlreiche Vereine.

Die Vereine setzten alle möglichen Propagandamittel der damaligen Zeit ein: Versammlungen, Gebete, Broschüren („Der Sieg über die Branntweinpest"), Zeitungen („Der Branntwein-Feind") und auch Lieder (nach der Melodie der Marseillaise):

„Es tobt der Feind im Vaterlande,
Der falsche Freund, der Branntewein!
Es schlich der Wolf im Schaafsgewande –
Schon fast in jedes Haus sich ein!"

Alle diese Organisationen scheiterten mehr oder weniger an dem Versuch, verfestigte Gewohnheiten durch moralische Appelle zu verändern. Dieser ersten Antialkoholbewegung folgte in den 1890er Jahren eine zweite. Während sich die erste auf den Pauperimus bezog, wandte sich die zweite der Industriearbeiterschaft zu. Die Sozialdemokratie hielt zur Antialkoholbewegung Distanz. Sie betrachtete das Alkoholproblem vielmehr als Teil der sozialen Frage; sei diese gelöst, so werde sich auch dieses Problem erledigen.

2.8.2 Die Texte

Cruikshanks Bildgeschichte ist ein Stück realer Alltagsgeschichte des 19. Jahrhunderts. Es geht nicht nur um die historischen Inhalte einer Sozialgeschichte der arbeitenden Klassen, sondern auch um das Medium Bildergeschichte und seine Adressaten. Es handelt sich dabei um Literatur für die arbeitenden Klassen. Sie sind die Adressaten von Cruikshanks Broschüre.

Seine Bildergeschichte wird hier zu einem Comic mit Sprechblasen und Blocktexten umgewandelt, einem Medium, das den Schülerinnen und Schülern vertraut ist. Die Bildserie erhält dadurch einen neuen Charakter und wird für den heutigen Betrachter dramatischer. Dabei wurden unterschiedliche Sprechblasen verwendet, die den Charakter der in ihnen enthaltenen Aussagen verstärken (ruhig, klagend, verzweifelt, aggressiv).

2.8.3 Die Bildsequenz

Familie Miller sitzt zu Tisch in ihrem einfachen, sauberen und gemütlichen Heim. Ein Türschloss sichert diesen Ort des Rückzugs und der Geborgenheit. Doch dann bietet Herr Miller seiner Frau zu trinken an...

Herr Miller ist bereits dem Alkohol verfallen und hat dadurch seine Arbeit verloren. Da die Familie jetzt unter großer Geldnot leidet, versetzt Frau Miller Tischtücher und Wäsche.

In kürzester Zeit ist Frau Miller ebenfalls der Trunksucht verfallen. Die Familie gerät immer mehr in den Sog des Alkoholismus. Schulden häufen sich. Schließlich wird per Gerichtsbeschluss gepfändet.

Um an Geld zu kommen, muss die Familie auf der Straße betteln. Das wenige Geld muss Frau Miller ihrem Mann abliefern. Für sie und die Kinder bleibt zum Leben fast nichts übrig.

Der Alkoholismus fordert weiter seinen hohen Tribut. Das jüngste Kind der Familie Miller ist völlig entkräftet und ausgemergelt gestorben. Statt endlich einen Schlussstrich unter die Sucht zu ziehen, sucht die Familie Trost im Alkohol.

Der Alkoholismus hat die Familie entzweit. Beteuerungen der Mutter, dass sie alles Geld für Nahrungsmittel aufgebraucht habe, machen Herrn Miller wahnsinnig vor Wut – eine Katastrophe bahnt sich an!

Die verhängnisvolle Symbolik schließt ihren Kreis. Herr Miller hat seine Frau im Suff mit einer Branntweinflasche erschlagen. Trauernd stehen die Halbwaisen um ihre tote Mutter. Nachbarn versammeln sich am Ort des Grauens. Gendarmen nehmen Herrn Miller fest.

Jahre später, die Kinder sind längst erwachsen: Die Kinder besuchen ihren Vater in der Irrenanstalt. Herr Miller nimmt seine Kinder nicht wahr, die ihn wortlos anstarren. Die Familie ist endgültig zerbrochen! Die Tochter schlägt sich als Prostituierte durchs Leben, ihr Bruder ist als rücksichtloser Zuhälter stadtbekannt. Die Aussicht auf ein bürgerliches Leben ist beiden für immer verwehrt.

2.8.4 Weiterführende Literatur

Bock, Elfriede: Geschichte der graphischen Kunst von ihren Anfängen bis zur Gegenwart, Berlin 1930

Duffy, Michael (Hrsg.): The Englisch Satirical Print, 6 Bde., Cambridge 1986

George, M.D.: Hogarth to Cruikshank. Social Change in Graphik Satire, 3. Aufl., London 1987

Heggen, Alfred: Alkohol und bürgerliche Gesellschaft im 19. Jahrhundert, Berlin 1988

Patton, Robert L.: George Cruikshank's Life, Times, and Art, Vol. 2: 1835-1878, Cambridge 1996, S. 229 ff. [„The Bottle", S. 239-242]

Patten (Patton?), R.L. (Hrsg.): George Cruikshank, a revaluation, Princeton 1973-74

James, L.: Fiction for the Working Man. 1830-1850. A Study of the Literature produced for the working classes in early Victorian urban England, London 1963

Tappe, Heinrich: Auf dem Weg zur modernen Alkoholkultur. Alkoholproduktion, Trinkverhalten und Temperenzbewegung in Deutschland vom frühen 19. Jahrhundert bis zum Ersten Weltkrieg, Stuttgart 1994

Vogler, Richard A.: Graphic Works of George Cruikshank, New York 1979
Wardroper, John: The Caricatures of George Cruikshank, London 1977
Webb, R.K: The British Working Class Reader, 1790-1848, literacy and social tension, London 1955
Wood, Marcus: Radical Satire and Print Culture 1790-1822, Oxford 1994

2.9 Amerikaauswanderung

Die Einzelbilder der hier wiedergegebenen Bildersequenz stammen weder aus einer Zeit, noch sind sie ursprünglich aufeinander bezogen gewesen. Der gemeinsame Kontext ist allerdings die Amerikaauswanderung. Die hier wiedergegebenen Bilder sind Bildquellen. Sie entstammen der ausgedehnten Auswandererliteratur des 19. Jahrhunderts.[55]

2.9.1 Der historische Hintergrund

90 Prozent aller deutschen Auswanderer zogen in die Vereinigten Staaten. Zwischen 1820 und 1890 wanderten 4,4 Millionen Deutsche aus den verschiedenen deutschen Staaten in die USA aus. Sie stellten die größte Gruppe der amerikanischen Einwanderer; ihnen folgten die Iren mit 3,4 Millionen. Die Auswanderung aus Deutschland war kein kontinuierlicher Prozess, sondern es lassen sich Wellen unterscheiden, die von Wirtschaftskrisen und Krieg verursacht wurden. Die beiden größten Wanderungsschübe erfolgten in den Jahren 1850–1859 und 1881–1890. Die Auswanderung war nicht ein einmaliger und kurzfristiger Akt, der in ein paar Wochen abgeschlossen war, sondern sie stellte einen langwierigen, beschwerlichen und oft auch gefährlichen Prozess dar. Schon der Entschluss zur Auswanderung war keine spontane Entscheidung, sondern ihm gingen oft jahrelange Erwägungen und Beratungen in der Familie und mit Freunden und Bekannten voraus. Auch die Behörden sprachen mit, da in der Regel die förmliche Entlassung aus der Staatsbürgerschaft erfolgen musste, und die Bürokratie ließ sich Zeit. Diesen langwierigen Überlegungen und Vorbereitungen folgte die – je nach Ausgangsort – mehrere Tage oder Wochen dauernde Fahrt nach Norddeutschland zu den wichtigsten Häfen Hamburg und Bremen. Oft gab es in den Hafenstädten vor der Einschiffung eine weitere wochenlange Unterbrechung, wenn die Auswanderwilligen auf das passende Schiff warten mußten. Es folgte dann eine gefahrvolle Überfahrt, die im Extremfall über 100 Tage dauern konnte. Hunderte von Auswanderinnen und Auswanderern mit ihren Kindern und Kleinkindern mussten

auf engstem Raum ausharren. Die Zahl der Passagiere schwankte je nach Schiffstyp und Geschäftspolitik der Reederei. Ein Auswandererschiff nahm 120 bis 200 Personen auf. Krankheit, Tod, Stürme, Schiffsbruch, Proviantmangel, Gewalttätigkeit des Schiffspersonals waren in diesen monatelangen Überfahrt das Los der Passagiere. Zwischen 1854 und 1858 starben auf Hamburger Auswandererschiffen durchschnittlich 1,8 Prozent der Passagiere.

2.9.2 Auswandererbriefe als Quellen

Der den Bildquellen zugeordnete Brief des Gustav Bauer ist insgesamt fiktiv. Aber jeder einzelne Satz entstammt authentischen Briefen. Es handelt sich um eine Collage aus verschiedenen Auswandererbriefen. Die jeweiligen Fundstellen sind angegeben. Dieser Brief hat den unterrichtspraktischen Vorteil, dass er den gesamten Vorgang der Auswanderung von Mannheim bis nach Illinois schildert. Die Zusammenstellung schafft nichts Neues, sondern setzt aus unterschiedlichen Belegstellen Lebensgeschichten, Tagesabläufe, einen komplexen Vorgang zusammen, der in idealtypischer Weise so abgelaufen sein könnte.

Dieses Verfahren wird in seinen Grundzügen auch in der Geschichtswissenschaft angewandt. Nicht überall ist die Quellenlage so gut, dass ein Sachverhalt aus einer einzigen Quelle erschlossen werden kann. Jede Quelle stellt sich als lückenhaft dar, wenn man eine besondere Fragestellung, die die Nachgeborenen interessiert, auf sie anwendet. Diese Lücken werden durch andere Quellen und durch Analogieschlüsse geschlossen. Wie ein Mosaik fügt sich dann Quellentext und Quellenzitat zu einem Gesamtbild. Beim Historiker wird dieses Verfahren deshalb nicht sichtbar, weil er den Vorgang, den er rekonstruiert, auf abstrakter Ebene generalisierend zusammenführt und die konkreten Zeit-, Orts- und Personenangaben generalisiert in Formulierungen wie „die deutschen Auswanderer", „im 19. Jahrhundert", „aus deutschen Häfen" aufhebt.

In der Geschichtsdidaktik geschieht auch nichts anderes, wenn man vom Schüler erwartet, dass er sich aus wenigen Quellen den gesamten Migrationsprozess im Kopf zusammenreimt. Im gegenwärtigen Verfahren des Geschichtsunterrichts und der Schulbuchdarstellung werden die Lücken, die sich zwischen (bestenfalls) zwei Quellen, oder einer Quelle und einem Bild ergeben, durch die Phantasie des Schülers ausgefüllt. Dass hier aufgrund der geringen historischen Informiertheit gegenwärtiges und fiktives in den historischen Sachverhalt eingeht, ist nur natürlich. Häufig verlangen wir im Geschichtsunterricht, dass die Schüler aus einer zeit-, orts- und personengebundenen Quelle einen Prozess rekonstruieren, der aus vielen Menschen besteht und sich über einen längeren Zeitraum erstreckt. Aus einem Auswanderungsvorgang soll „Migration", aus einem verelendeten Proletarier auf Proletarisierung und soziale Frage geschlossen werden. Im Geschichtsunterricht verlangen wir also das Gleiche wie bei einer Inszenierung, nur geben wir den Schülern nicht die notwendigen Materialien an die Hand.

Die Methode der Inszenierung würde aber ein illegitimes Verfahren werden, wenn man die Prämissen nicht ausweisen würde, unter denen eine solche Inszenierung zustande käme. Die Konstruktionsgesichtspunkte müssen deutlich werden, sodass klar ist, dass die dargestellte Geschichte zwar eine Fiktion ist, aber aufgrund der Quellenlage so hätte geschehen sein können. Sie ist auch im Durchschnitt so abgelaufen, wenn auch in jedem anderen Einzelfall etwas anders. Die Geschichte, die inszeniert wurde, ist repräsentativ für tausende anderer, die sich im 19. Jahrhundert abgespielt haben. Wenn die Prämissen deutlich werden, unter denen diese Geschichte eine gültige Repräsentation vieler Fälle ist, dann handelt es sich hier um ein legitimes Darstellungsverfahren.

Inszenierung wird als ein neues Verfahren ausgewiesen und begründet. Als Anforderung an die Schüler ist es allerdings keine Innovation, da man das Ergebnis von den Schülern durch emphatische Interpretation, historische Verallgemeinerung, Analogieschlüsse und abstrahierende Generalisierung schon erwartet. Im Falle der historischen Inszenierung weist man deutlich die Quellen aus, an denen Interpretation, Verallgemeinerung, Analogie und Generalisierung ansetzen können. Insofern ist Inszenierung das ehrlichere Verfahren, da es die Prämissen offenlegt, unter denen historischer Sinn entsteht.

Fiktiv sind nicht die einzelnen Personen, Orte, Ereignisse, Zeiten, erfunden ist aber die Zusammenstellung von Ereignis und Person, Zeiten und Orten. Die historischen Details sind real, das Ganze ist aber fiktiv. War die Zusammenstellung aber unter den Gesichtspunkten der Repräsentativität erfolgt, ist das Ganze wieder real.

2.9.3 Die Bildsequenz

Bild 1

Zu Bild 1: Princeton/Ilinois, 4. Februar 1855

Liebe Eltern,
so bin ich denn glücklich in New York angekommen und eingedenk der vielen schlaflosen Nächte, die Ihr wohl hattet, seit ich Euch verließ, benutze ich hiermit den ersten freien Tag, Euch von meiner glücklichen Ankunft in Kenntnis zu setzen. Es war am 11. März morgens 5 Uhr als ich in Mannheim mit vielen anderen Auswanderern das Dampfboot bestieg und der Mond beleuchtete prachtvoll den schönen Rhein als ich Euch und Allen deren Freundschaft und Wertschätzung ich mich zu erfreuen hatte, noch einmal Lebewohl sagte. Es war dies der Augenblick an welchem mein bisheriger Lebensabschnitt an mir vorüberrollte und wobei ich mich dankbar derer erinnerte die mir durch gute Lehren & Beispiele, unterrichtend zur Seite standen. Abends zwischen 11 & 12 Uhr [...] kamen wir denn endlich

in *Cöln* im Wirthshause, einer wahren Räuberhöhle an, wo wir bis Montag den 13t bleiben mußten, weil an diesem Tage ein extraer Zug von *Cöln* nach *Bremen* ging. Wir bestiegen am Morgen des 13t M. die Eisenbahn & kamen gegen Abend in *Münden* an wo unsere Pässe durchgesehen wurden & Nachts 12 Uhr kamen wir nach *Bremen* hungerig & müde, aber in ein noch viel schlechteres Wirthshaus, wo wir den anderen Tag schon ausgezogen & so glücklich waren zu einem ordentlichen Mann zu kommen.[56]

Zu Bild 2: Meine Abreise von Deutschland ging erst, nachdem ich schon 14 Tage von Euch weg war, vor sich, und zwar aus dem Grunde, weil ich keinen Schein auf irgend ein Schiff hatte. Ich mußte deshalb erst mit dem Herrn Agenten [...] mich auf das Schiff Empire anschreiben lassen.[57] Freitag [...] fuhren [wir] noch bis an das große Bordschiff, und das stund bei Brake, einem an der Weser gelegenen Städtchen. Hier standen die großen Schiffe die auf See gehen, da wurde aus- und eingeladen. Zwei Tage brachten wir hier zu, der 3. Tag ging es weiter nach der Nordsee zu. Weil uns aber der Wind nicht günstig war und der Bootsmann noch nicht da war, wurde der Anker ins Wasser gelassen und wir mußten 3 Tage da liegen. Den 3. Juni ging nun unsere Seereise an in die Nordsee, und wir schwebten auf der[58] See. Unsere Reise ging zu Anfang sehr gut, so, daß wir schon, nachdem wir den Hafen drei Stunden verlassen außerhalb der Weser waren. Hier wurden wir aber von einer Windstille überfallen, was die Ursache war, daß das Schiff immer von der einen Seite auf die Andere flog. Durch diese Bewegung wurden fast alle Passagiere krank, und es war eine Lust anzusehen, wenn sie Mann an Mann den Inhalt ihres Magens über Bord schütteten.[59]

Bild 2

Bild 3

Zu Bild 3: Nun will ich mir einmal Mühe geben Dir das Zwischendeck so genau wie nur irgend möglich zu beschreiben, denke Dir einmal einen Raum von ungefähr 11 Schritt Länge 9 Schritt Breite, 8 Fuß hoch, an beiden Seiten mit den Schlafstellen oder Coyen versehn, von denen immer 2 von Brettern genagelt übereinander sind [...] wo in jeder Coye 10 Mann liegen, 5 oben und 5 unten, denke Dir nun diesen Raum zwischen den Reihen Coyen in der Breite von Schritten, in dessen Mitte aber noch die Kisten und Koffer der Auswanderer aufgestapelt sind, die aber auch noch an den Coyen entlang stehen, und Du wirst einsehen dass gerade noch soviel Platz ist dass man mit einiger Vorsicht rund um die Kisten ein Mann hoch gehn kann! – Denke Dir nun in diesem Raum bei schlechter Witterung 100 und ungefähr 10 bis 15 Auswanderer eingeschlossen, denke Dir ihre Ausdünstung das Lachen, Toben, Uebergeben, Lamentieren, Kinderschreien etc, etc, und Du wirst dann ein ziemlich treues Bild dieses Raumes haben! Glaube aber nicht etwa, meine liebe gute Mutter, dass ich mich etwa sehr unglücklich hier fühlte, im Gegentheil, ich als einzelner junger Mann kann mich hier in jede Lage sehr leicht und bequem finden, und es hat sogar dieses ungewohnte, unbequeme aber doch interessante Leben etwas Anziehendes für mich, das es aber auf die Länge der Zeit wohl wahrscheinlich verlieren wird, doch dann kommt ja aber die Gewohnheit wieder dazu, und so wird mir es schon gefallen, aber die armen Frauen beklage ich, die an ein angenehmeres Leben doch auf jeden Fall gewöhnt, jetzt Alles entbehren müssen, und wenn ich mit Familie jemals solche Reise unternehmen sollte,

Bild 4

nie würde ich dann bei einem Schiffe voller Auswanderer ins Zwischendeck[60] gehn!

Zu Bild 4: Um sechs Uhr bekommen die Zwischendecker Caffee, da sitzen und stehen sie zum Theil auf dem Verdecke und trinken, eßen Butterbrot dazu. Die Butter haben Einige in Schachteln, auch in Schweinsblasen wird sie aufbewahrt, einmal in der Woche wird Butter, ohngefähr 3/4 Pf. à Person, ausgetheilt. Brot bekommen die Passagiere so viel sie wollen. – Wasser ist jetzt, da es so warm ist, von unserem guten Capitän in einem Oxhoft [= Tonne von 200 Litern Inhalt] auf's Verdeck gelegt, da können sie trinken so viel sie wollen, sonst bekommen sie täglich ihre Portion. Um zehn Uhr bekommt jeder Mann einen Schnaps. Um 12 Uhr giebt's Mittageßen. Erbsen u. Kartoffeln, auch Bohnen, Reis, Sauerkohl u. eine Art Budding wird gereicht. In großen Hölzernen Bütten wird das Essen für 10 Personen geholt, dann theilt in der Regel einer daßelbe und schneidet auch das Fleisch. Täglich giebt's Fleisch, nur am Sonnabend wird Hering gegeben. Am Abend um 6 Uhr bekommen die Zwischendecks-Paßagiere Thee. Du glaubst nicht, wie diese Leute eßen können. Ich amüsiere mich oft darüber. Wenn mehrere aus der Bütte eßen, so sehen sie sich immer ängstlich an, fürchten dann, daß der Eine schneller ißt, oder mehr in den Löffel[61] nimmt.

Zu Bild 5: Da wir jetzt günstigen Wind wiederbekamen, so durchflogen wir bald den Kanal und trieben uns auf den Ocean umher, und schon hatten

Bild 5

wir die Hälfte unsers Weges zurückgelegt, ohne gerade gefährliche Stürme zu haben, obgleich wir 8 Tage lang immer heftigen Wind hatten, so daß man sehr oft eine Ladung Wasser auf den Kopf erhielt, als wir plötzlich von einen heftigen Sturm überfallen wurden. Es war am 19 u 20ten [...] zwei mir unvergeßliche Tage, als wir von einem solchen Orcane heimgesucht wurden, daß wir jeden Augenblick den Tod entgegensahen. Die Wellen hatten eine furchtbare Höhe erreicht und droheten jeden Augenblick das Schiff zu verschlingen. Als ich am 20ten des Morgens auf das Verdeck stieg, wurde ich, obgleich ich nicht leicht bange bin, ordentlich von einem Schauder überfallen, als ich, die noch nie gesehenen, furchtbaren Wellen erblickte. Der Sturm nahm noch immer zu, und hatte in der Nacht von 20 auf den 21ten seine größte Gewalt erreicht. Es war um 7 Uhr, als ich an der Seite des Kapitäns, allein von allen Passagiren vorne in der Kajüte stand, um die Bewegungen des Schiffs recht beobachten zu können, und auch um das Geschrei der Passagiere nicht anhören zu müssen, als eine Welle uns fast alle Segel, einen Mast, und die ganze Umkleidung des Schiffs wegriß. Die unten im Schiffe waren glaubten, jetzt sei es vorbei, und stießen ein furchtbares Geschrei aus, und die Angst war so groß, daß eine schwangere Frau davon in das Wochenbett kam, und eine Andere vor Angst starb. Der Herr hatte jedoch unsere Erhaltung beschlossen, und der Sturm legt sich plötzlich. Der Mast wurde, so wie die Segel ersetzt, und nun ging es nach New York[62] zu.

Zu Bild 6: Etliche Male haben wir Sturm gehabt, daß man glaubte, das See

Bild 6

(Meer) sei lauter Berge; anfangs war es uns Leuten fürchterlich, zuletzt wars lächerlich, wenn eins oder das andere von einer Welle ist recht naß geworden, ist es nur eine Gewohnheit. Es waren 170 Seelen auf dem Schiff ohne Matrosen, davon sind 4 kleine Kinder gestorben; diese sind 24 Stund liegen geblieben, nach diesem in ein Tuch genäht und sanft in das Wasser gelassen.[63]

Zu Bild 7: Wenn wir noch lange auf dem Schiff bleiben werden wir verrückt, denn kein Mensch weiß mehr was er für andere Dummheiten angeben soll, denke Dir liebe Mutter einige 20 Kerle, Handwerker, Kaufleute, Doctor und Apotheker, alt und jung, Christen und Juden, Matrosen und Alles mögliche mit Stangen, Besen, Haken, Harpunen, Hirschfängern, Blasinstrumenten, Fahnen etc, – Soldaten spielen – wie die kleinen Kinder, Rebellion, Kriegsgericht, Standrecht, Sturmläuten; die Sturmglocke war aus einem Hemde gemacht, unten ein Reifen hinein, als Klöppel ein

Bild 7

Besenstiel.[64] [A]bends wurde von den Reisenden und Matrosen zum Zeitvertreib ein Ball angestellt, welcher einem [...] Karneval ähnlich war. Kessel, Hafen [= Schüsseln] und alles, mit welchem man glaubte, einen Ton hervorzubringen, wurde zusammen gesucht. Nun begann die Musik. Ein alter Holländer accompanierte [= begleitete] mit der Flöte und einige Matrosen kratzten fürchterlich auf der Violine; die meisten, die nicht mit der Musik beschäftigt waren, tanzten, wobei ein komischer Schneider possierliche Sprünge machte.[65]

Bild 8

Zu Bild 8: „Land" donnerte ich hinunter vom Mast, und, Land, Land, rauschte es im Zwischendeck hin und her von einer Lippe zur andern! – Wie aus einem holländischen Käse die Maden so krochen aus dem engen Eingangsloche jetzt die schlaftrunkenen Passagiere, eilfertig hervor, stellten sich vorne ans Bug spriet hin, rissen die schlaftrunkenen Augen auf und schrieen „Land", obgleich ich fest überzeugt bin, daß keiner der Maulwürfe etwas erkannt hat, bis es endlich immer näher und näher immer klarer und deutlicher heraustrat, dass schon das Auge die einzelnen Spitzen der Berge klar unterscheiden konnte! – Immer näher kamen wir, schon konnte man das waldige Land, schon grüne Felder, erkennen, jetzt die einzelnen vorstehenden Bäume, jetzt Häuser und Oerter, Farmerwohnungen und Leuchtthürme – doch wir kamen zu nahe ans Land, und mußten, da der Wind wieder umgesprungen war, wenden wieder ab vom ersehnten Lande! – [...]

Heute Morgen war wieder das Land so weit von uns Long Island daß es als ein blauer Nebelstreifen vor uns lag, doch je näher der Mittag kam je klarer wurde es, als wir plötzlich um 11 Uhr einen kleinen Schooner auf uns zufahren sahen, er ließ die Nordamerikanische Flagge im Winde flattern, und wir hissten die Bremerflagge auf. Es war der Lootse, und wieder kam neues Leben an Bord. Klarer und klarer wurde das Land und um 4 Uhr Nachmittags lag die Küste von Amerika in ihrer ganzen Pracht vor unseren Augen! – Wo nehme ich nun die Feder her das zu beschreiben was wir sahen, das zu schildern was wir fühlten. [...] Endlich warfen wir Anker, und kaum lag das Schiff still, als auch schon der Doctor kam, und uns untersuchen sollte ob wir Kranke an Bord[66] hatten.

Zu Bild 9: Endlich [...] landeten wir in New-York. Unbeschreiblich war unsere Freude, als wir das Schiff, ein Gefängniß voll Leiden und Schmerzen, für uns, verließen und an's Land[67] traten. Gegen Mittag wurden wir mit unseren Siebensachen hinüber auf ein großes 4eckiges Blockhaus geführt, um dort die Quarantaine fertig zu halten, und alle Koffer, alle Kisten wurden hier durch sucht, theils nach steuerbaren Sachen, theils nach schmutziger Wäsche, die nicht nach New York eingeführt werden darf! –

Wie wir nun so das Schiff verließen wo wir 64 Tage darauf zugebracht hatten, als wir von den Matrosen von den Steuerleuten Abschied nahmen. Es war uns beiden beinah wieder nicht recht und sogar die Matrosen nahmen ungern Abschied von uns! – Wie wir aber nun abstießen vom Schiff, brachten wir noch [...] ein donnerndes Hoch! und laut tönend wurde es dreimal von den Matrosen zurückgegeben! –

Bild 9

Bild 10

Daß sich doch auch der Mensch sogar an das gewöhnen kann was ihm unangenehm war. Wir lagen nun hier wieder auf dem Quarantainekai ohne Betten ohne Essen, ohne Alles die Nacht, man muss sich aber einrichten so gut es geht, und nicht die schlechteste Nacht habe ich auf den Dielen des Q. H. [= Quarantäne-Haus] zugebracht, obgleich es hartes Holz war, und ich weiches gewöhnt[68] war!

Zu Bild 10: Wir wurden wieder gleich einer Heerde nach Castle Garden, einem finsteren Hause geführt, wo der Name und Stand eines jeden eingeschrieben wurde. Hierauf hofften wir auf die vertragsmäßig ausbedungene Restauration, und einmal in guter Qualität. Sie wurde uns weder gut noch schlecht, sondern gar nicht zu Theil, mit dem Bemerken, wir hätten von jetzt an selbst für Beköstigung zu sorgen. Für viele der Ärmeren war das eine traurige Botschaft, denn das wenige Geld, das sie über den Kontrakt hinaus hatten, ward ihnen theils in Liverpool wegstibitzt, theils war es durch Nebenauslagen aufgezehrt. Am Abend erhielten wir statt eines ordentlichen Nachtlagers den harten Boden zum Lager angewiesen, wo wir es uns mit Teppichen so bequem wie möglich machten.[69]

Ich war so glücklich schon Nachmittags Beschäftigung zu finden, & obschon die Bedingungen nicht glänzend waren, nahm ich sie doch an, weil ich für den Augenblik nichts Besseres in Aussicht hatte [...]. Als ich 4 Tage meine Stelle begleitet hatte, traf ich einen Farmer & da mir dieser weit bessere Bedingungen stellte, so [...] gings abermals 110 Meilen weiter ins Land. Ich war den ganzen Winter bei diesem Farmer. [...]

Zu Bild 11: Ich befinde mich gegenwärtig in einer Gegend, welche vor 21 Jahren noch ganz im Besitze der Indianer oder Wilden war. Noch vor wenigen Jahren traf man hier keine einzige Farm. Vor 4 oder 5 Jahren wurde hier das Land zum Verkauf ausgeboten a 1/4 doll *pr Acres* was nach Eurem Gelde f. 2,45 ist und jetzt ist es nicht mehr unter 10 bis 15 Dollars, nach Eurem Gelde 25 bis 40.- zu haben. Ein amerikanischer Dollar ist f 2,30. Ihr seht hieraus daß zu einem Anfange hier auch schon ziemlich Geld erforderlich ist, weil fast alles unbebaute Land in den Händen der Spekulanten ist & ehe ich bei einem Anfange einem solchen Spekulanten den Beutel fülle lieber gehe ich noch 1000 Meilen weiter ins Innere. Es macht dieß mir nicht viel aus dem in 6 bis 8 Jahren ist es dort gerade so wie Hier. Einer Reise von 1000 Meilen legt man hier nicht mehr Wichtigkeit bei als wenn Ihr nach *Carlsruhe* geht. Aus obiger Darstellung könnt Ihr ersehen, welchen Auf-

Bild 11

schwung die Verhältnisse hier nehmen, & daß man bei fleiß & Ausdauer noch eher zu was kommen kan als in D. Ich kenne hier Leute welche vor 4 bis 5 Jahren keine 25 doll[ar] Vermögen besassen & jetzt Leute von 2 bis 3000 Dollar sind. Ihr müßt Euch *Amerika* nicht als Wildniß oder lauter Hecken & Stauden & Berge darstellen. Man trifft manchmal Gegenden von 30 bis 50 Meilen lang & breit nichts als das schönste fruchtbarste hügellichte Prarien oder Wiesenland; hinreichend mit Wasser versehen aber nicht immer hinreichend mit[70] Holz.

Zu Bild 12: Die Bauerei [Landwirtschaft] ist ganz anders eingerichtet wie bei Euch. Vor das Vieh wird keine Handvoll Futter heimgefahren oder

Bild 12

getragen. Sie müssen sich alle selbst helfen in zugemachten Feldern. Sie sind drein bei Tag und Nacht und werden auch in den Feldern gemolken. Im Winter laufen sie im Hof herum wie Gäns und Hühner und werden haus [außen] gefüttert.

Sie haben 10-30 Acker [acres] zugemacht mit Palisaden oder Hensen genannt [fences] auf ihre Art. Sie bauen Weizen, Korn und Welschkorn [Mais] und Buchweizen, nämlich Heidekorn; Grumbeeren [Kartoffeln], aber nicht viel. Ein Bauer bei Euch baut mehr [Kartoffeln] als zehn bei uns. Mit dem Vieh werden keine gefüttert, und wenn sie Kartoffel essen, da sieht man sie nicht vor Fleisch. Wenn sie nicht alle Tag dreimal [Fleisch] haben, können sie nicht bestehen. Das Fleischessen ist ganz erstaunlich. Mein Nachbar, ein Schuhmacher, hat in drei Monaten vier Schwein gefressen und muß alles mit Schuhmachen verdienen.[72]

Der Friede Gottes sei mit Euch allesamt und mit Eurem

Gustav Bauer

2.9.4 Weiterführende Literatur

Auf Auswandererseglern. Berichte von Zwischendecks und Kajütpassagieren. Führer des Deutschen Schifffahrtsmuseums Nr. 5, Bremerhaven. 1975 [Briefe von Auswanderern]

Bade, Klaus J.: Deutsche im Ausland. Fremde in Deutschland. Migration in Geschichte und Gegenwart, München. 1992

Bade, Klaus J.: Menschen über Grenzen. Grenzen über Menschen – die multikulturelle Herausforderung, Herne 1995

Bade, Klaus J. (Hrsg.): Migration in der europäischen Geschichte seit dem späten Mittelalter (= IMIS-Beiträge 20/2002), Osnabrück 2002

Bischoff, Peter (Hrsg.): America, the Melting Pot, 2 Teile, Paderborn 1978

Burchell, Robert A.: Die Einwanderung nach Amerika im 19. und 20. Jahrhundert, in: Adams, Willi Paul (Hrsg.): Die Vereinigten Staaten von Amerika (= Fischer Weltgeschichte Bd. 30), Frankfurt a.M. 1977, S. 184-234

Faltin, Sigrid: Die Amerikaauswanderung aus der Pfalz nach Nordamerika im 19. Jahrhundert, Frankfurt a.M. 1986

Hacker, Werner: Auswanderungen aus Rheinland-Pfalz und Saarland im 18. Jahrhundert, Stuttgart 1987

Helbich, Wolfgang (Hrsg.): „Amerika ist ein freies Land ...". Auswanderer schreiben nach Deutschland. Mit zeitgenössischen Illustrationen, Neuwied. 1985 [Briefe von Auswanderern]

Helbich, Wolfgang; Kamphoefner, Walter D.; Sommer, Ulrike (Hrsg.): Briefe aus Amerika. Deutsche Auswanderer schreiben aus der Neuen Welt 1830-1930, München 1988

Hoerder, Dirk/Knauf, Diethelm (Hrsg.): Aufbruch in die Fremde, Bremen 1992

Kammeier, Heinz-Ulrich: „Ich muß mir ärgern, das ich nicht ehr übern Großen Ozean gegangen bin": Auswanderer aus dem Kreis Lübbeke und Umgebung berichten aus Amerika, o.O. [Espelkamp] 1988 [Briefe von Auswanderern]

Kammeier, Heinz-Ulrich: „So besint euch doch nich lange und kommt herrüber...": Briefe von Amerikaauswanderern aus den Kreisen Lübbeke aus zwei Jahrhunderten, 2. erweiterte und überarbeitete Aufl. o.O. und o.J. [Briefe von Auswanderern]

Krohn, Heinrich: Und warum habt ihr denn Deutschland verlassen? 300 Jahre Auswanderung nach Amerika, Bergisch Gladbach 1992

Kügler, Dietmar: Die Deutschen in Amerika, Stuttgart. 1983

Moltmann, Günter (Hrsg.): Germans to America. 300 Years of Emigration 1683-1983, Stuttgart 1982

Pandel, Hans-Jürgen: Angelockt und fortgetrieben. Migration in der Neuzeit (Geschichte aus erster Hand), Schwalbach/Ts. 1998 [Quellensammlung zur Migration]

Schelbert, Leo/Rappolt, Hedwing (Hrsg.): Alles ist ganz anders hier, Olten 1977 [Briefe von Auswanderern]

Seidenfaden, Marie-Louise (Bearb.): „... wir ziehen nach Amerika". Briefe Odenwälder Auswanderer aus den Jahren 1830 bis 1833, o.O. und o.J. (Schriftenreihe des Museums Schloß Lichtenberg Nr. 7) [Briefe von Auswanderern]

Trommler, Frank (Hrsg.): Amerika und die Deutschen. Bestandsaufnahme einer 300jährigen Geschichte, Opladen 1986

2.10 Bildsequenz zum Ausprobieren

Im Folgenden zeigen wir als Beispiel einen Bildzyklus, der in der Klasse selbst narrativiert werden kann.

Wahlen in England im 18. Jahrhundert

In diesen vier Kupferstichen (entstanden 1755–1758) karikiert William Hogarth das Verhalten von Kandidaten und Wählern im England des 18. Jahrhunderts (S. 113-114).

Schwanitz, Dietrich: Englische Kulturgeschichte 1500 bis 1914, Frankfurt/ M. 1996, S. 292

Bild 1: An Election Entertainment

Bild 2: Canvassing for Votes

Bild 3: The Polling

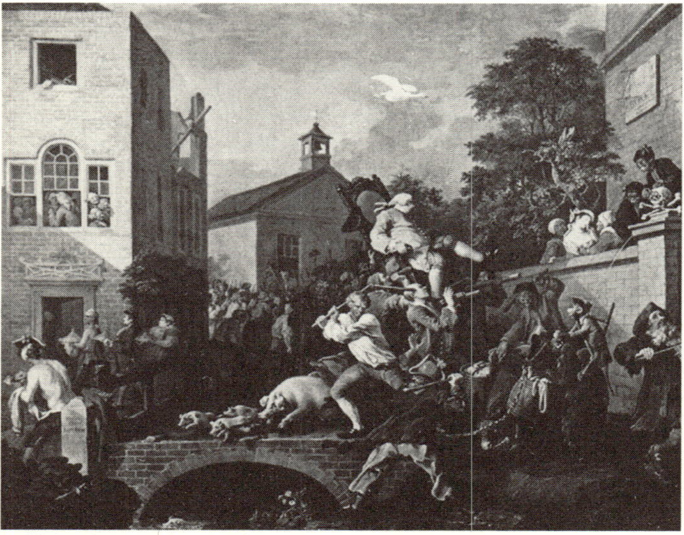

Bild 4: Chairing the Member

3. Bilder verfilmen

Hinter der Idee ein Bild zu verfilmen, verbirgt sich nicht die vor allem im Deutsch- und Fremdsprachenunterricht beliebte Praxis, aus einem Bild ein Rollenspiel zu entwickeln, dessen Aufführung dann mit einer Videokamera gefilmt wird. Hier soll die Bildquelle selbst verfilmt werden. Bisweilen macht sich das Fernsehen dieses Verfahren zunutze, um in Dokumentationen Kunstwerke zu beschreiben. Die Kamera fährt das Bild ab, verweilt bei bestimmten Motiven, zoomt sie heran, „springt" zum nächsten Detail, blendet dann wieder das Gesamtbild ein usw. In den siebziger Jahren des vergangenen Jahrhunderts sendete das Fernsehen mit großem Erfolg die verfilmten Bilder des Kunstjournalistenehepaares Rose-Marie und Rainer Hagen. Die „1000 Meisterwerke" – so der Titel der Filmreihe – wurden dabei nicht nur unter kunstwissenschaftlichen und kunsthistorischen Aspekten betrachtet, sondern auch als Dokumente ihrer Zeit unter die Lupe genommen.

Im Geschichtsunterricht können Schülerinnen und Schüler mit dieser Methode Bildquellen interpretieren. Das Vorgehen lässt sich grob umreißen: Durch ein Einzelbild wird eine visuelle Lesespur – eine wohldurchdachte Abfolge von Bilddetails – gelegt, die einen möglichen Bilddeutungsweg darstellt. Die Schülerinnen und Schüler legen fest, auf welchen Wegen, in welchem Tempo und mit welchen Informationen sie das Gesamtbild seinen Betrachtern erschließen wollen. Mit ihrem konstruierten Bildleseweg machen sie ein Interpretationsangebot, das eindrucksvoll als verfilmtes Bild zur Geltung kommt. Dazu werden zunächst Bildausschnitte aus dem Gesamtbild ausgewählt. Diese Bilddetails werden dann wie Einzelbilder interpretativ erschlossen. Das ist oft einfacher, als gleich das gesamte Bild in Betracht zu ziehen. Zudem können so Details berücksichtigt werden, die im Kontext des Gesamtbildes vielleicht als unbedeutend übersehen worden wären. In einem nächsten Schritt werden die interpretierten Bildausschnitte aufeinander bezogen, indem man eine Reihenfolge festgelegt, in der die Ausschnitte präsentiert werden sollen. Zu diesem optischen Bildleseweg wird ein Text – der spätere Sprechertext für den Film – verfasst, in dem die Interpretation der einzelnen Bildausschnitte sowie die Deutung des Gesamtbildes zum Ausdruck kommt. Schließlich kann das Bild verfilmt werden. Es stehen verschiedene technische Möglichkeiten zur Verfügung, um die Bilddetails zu (scheinbar) bewegten Bildfolgen zusammenzufügen und mit Sprechertexten zu unterlegen. Das verfilmte Bild wird dann dem Publikum vorgeführt und zur Diskussion gestellt.

Für das Verfahren der Bildverfilmung eignen sich vor allem detailreiche Bildquellen. Bisher wurde vielen Bildern im Geschichtsunterricht ihre Detailfülle zum Verhängnis. Aus der Befürchtung, zu viel Zeit während der Arbeitsphase zu verlieren, werden detailreiche Bilder von Lehrerinnen und Lehrern nicht selten von vornherein aus dem Medienrepertoire ausgeschlossen, nur illustrativ eingesetzt oder mit fertiger Interpretation präsentiert. Die interpretierende Verfilmung verlangt dagegen von den Schülerinnen und Schülern eine intensive Auseinandersetzung mit den Bilddetails. Detailreiche Bilder stehen als Hauptmedien im Zentrum des Geschichtsunterrichts.

Ergeht an Schülerinnen und Schüler der Auftrag, eine Bildquelle zu verfilmen, müssen sie produktorientiert handeln. Viele herkömmliche handlungs- und produktorientierte Unterrichtsmethoden haben in erster Linie motivierenden Charakter und bergen allzu oft die Gefahr, dass von den Lernenden nur die mit der Methode einhergehenden Handlungen, nicht aber die damit verbundenen Inhalte bewusst wahrgenommen oder geschichtsspezifische Kompetenzen ausgebildet werden. Diesem Ärgernis wird mit der Aufgabe, ein Bild zu verfilmen, begegnet. Ohne die enge Bezugnahme auf die Methode der Bildinterpretation lässt sich eine Bildverfilmung nicht erstellen. Die Bilddetails ebenso wie das Gesamtbild können die Schülerinnen und Schüler nur entschlüsseln, wenn sie sich bereits in der Planungsphase an die einzelnen Schritte des Bildinterpretationsmodells halten. Auf diese Weise entsteht die Bildverfilmung mit der Interpretation, und nicht losgelöst von ihr: Das Bild wird durch Bildverfilmung interpretiert; die Schülerinnen und Schüler erwerben und schulen Interpretationskompetenz. Narrative Kompetenz wird gefördert, indem die Schülerinnen und Schüler aus den einzelnen Motiven des Gesamtbildes eine sinnvolle visuelle Sequenz erstellen. Im Sprechertext werden die Bildausschnitte auch sprachlich narrativ miteinander verbunden.

Damit wird der Forderung nach solchen Aufgabentypen, die Kompetenzerwerb ermöglichen, entsprochen. Eine Bildquelle zu verfilmen, das wird bereits aus dem groben Abriss des Verfahrens deutlich, ist eine mehrgliedrige Aufgabe. Regeln der Bildinterpretation müssen ebenso angewandt werden wie verschiedene Recherchetechniken. Dass eine solche mehrgliedrige Aufgabe einen größeren Zeitrahmen zu ihrer Lösung beansprucht als viele der bisherigen „Fünf-Minuten-Unterrichtsmethoden“, ist selbstverständlich.

3.1 „Making of" Schritt für Schritt

Die folgenden Kapitel sind eine Handlungsanleitung zur Erstellung von Bildverfilmungen. Die praktische Herangehensweise wird Schritt für Schritt beschrieben, aber auch auf theoretische Grundlagen wird eingegangen. Zu Beginn dieses „Making ofs" verfilmter Bilder steht ein Exkurs, in dem das Entwickeln und Herantragen von Fragen an eine Bildquelle beleuchtet wird. An der Bildbefragung orientiert sich der gesamte weitere Filmentstehungsprozess. Die einzelnen Arbeitsphasen, von der Motivsuche über das interpretative Verstehen der Bildausschnitte bis hin zur Präsentation des fertigen Film, werden in den anschließenden Kapiteln erläutert und abschließend in einem Überblick zusammengefasst.

3.1.1 Bildbefragungen

Die Methode der Bildinterpretation durch Bildverfilmung geht im Sinne des hermeneutischen Zirkels[73] zunächst davon aus, dass Schülerinnen und Schüler den zu interpretierenden Bildern mit einem Vorverständnis begegnen und Fragen an das Bild herantragen.

Die beiden Kunstjournalisten Rose-Marie und Rainer Hagen haben einen ihrer Interpretationsbände mit dem Titel „Bildbefragungen" versehen. Der Klappentext verspricht, dass „die Gemälde Antworten in Fülle bieten, wenn ihnen nur die richtigen Fragen gestellt werden".[74] Was aber sind die „richtigen Fragen", und woher kommen sie?

Bildinterpretation muss sich an Fragen entlang der Interpretationshinsichten entwickeln.[75] Die Interpretationshinsichten bilden das Repertoire des Fragewissens. Der Begriff „Fragewissen" verweist darauf, dass es kein Fragen ohne bereits vorhandenes Wissen gibt. „Niemand kann nach bestimmten Sachverhalten fragen, von denen er noch nie etwas gehört hat. Wenn er noch nicht weiß, wonach er fragen soll, kann er auch nicht fragen. Die Frage ist deshalb nicht voraussetzungslos. Diese hermeneutische Voraussetzung erfordert als Bedingung der Möglichkeit, Fragen zu stellen, empirisches Vorwissen."[76]

Betrachter begegnen Bildern mit einem gewissen Maß an Vorverständnis, das auf bildimmanentem und/oder bildtranszendentem Wissen aufbaut. Das Vorwissen des Betrachters steuert, in welcher Weise er ein Bild wahrnimmt. Die Bildwahrnehmung richtet sich aber auch nach Signalen, die vom Bild selbst ausgehen. Ganz bewusst hat der Bildhersteller bestimmte Motive in Farbigkeit, Größe, Bildanordnung und Genauigkeit so gestaltet, dass sie verstärkt die Aufmerksamkeit des

Bildbetrachters auf sich ziehen. Aus den Wahrnehmungen und dem noch unspezifischen Vorverständnis entwickeln sich erste Fragen an das Bild. „Hüllenlos und schön entsteigt die Göttin der Liebe dem Meer – so hat vor fünfhundert Jahren der Renaissance-Künstler Sandro Botticelli seine berühmte Venus gemalt. Aber wie geriet der Sohn eines Gerbers im christlichen Florenz an die heidnische Legende? Wie konnte er es wagen, ein tausendjähriges Tabu zu brechen und die Himmelstochter nackt zu zeigen? Weshalb steht sie auf einer Muschel? Welcher Bankier hat das Werk bezahlt?"[77] Fragen wie diese hat das Ehepaar Hagen an Gemälde alter Meister gestellt. Viel (historisches) Wissen ist bereits in diesen Fragen enthalten. Die Fragen der Schülerinnen und Schüler, die in der Regel über noch weniger Vorinformationen verfügen, fallen hingegen weniger speziell aus. Sie müssen, anders als geübte Historiker und Kunsthistoriker, ja erst herausfinden, dass die junge Frau die römische Liebesgöttin Venus ist, und sie wissen auch noch nicht viel über Botticelli und seine Zeit. Mit fortschreitender Interpretation gewinnen dann auch ihre ursprünglichen Fragen an Tiefe, sie werden immer spezifischer.[78]

Wie jede Frage enthalten auch Fragen der Schülerinnen und Schüler „mithin eine bestimmte Menge expliziter und eine unbestimmte Menge impliziter Behauptungen. Dennoch bestimmen diese Behauptungen in der Frage noch nicht die Antwort. Die Frage ist in ihrer Struktur durch Offenheit und Informationsbedürfnis gekennzeichnet. Ihr Wesen ist „das Offenlegen und Offenhalten von Möglichkeiten".[79] Sie ist offen für alternative Antworten, ansonsten wäre sie keine Frage. Sie leitet den Prozess der Erkenntnisgewinnung ein, ohne das Ergebnis vorwegzunehmen. Wenn auch die Frage selbst auf keine spezielle Antwort festgelegt ist, so richtet sie sich doch auf eine bestimmte Klasse von Antworten, in deren Rahmen eine sinnvolle Antwort überhaupt erst möglich ist. „Wenn die Beziehung zwischen Frage und Antwort in diesem Sinne offen ist, können Fragen weder wahr noch falsch sein. Diese Prädikate kommen nur den Voraussetzungen der Frage zu. Sie selbst kann nur sinnvoll oder sinnlos sein."[80]

Interpretation ist also nicht nur ein Verfahren, welches Antworten auf Fragen gibt; sie bringt auch selbst immer neue Fragen hervor. Wohl könnten die Schülerinnen und Schüler die Bilder stets auch anhand vorentworfener Fragekataloge analysieren, doch wären es nicht mehr *ihre* eigenen Fragen an das Bild. Der Einwand, dass ein Interpretationsvorgehen, das von den historischen Fragen der Schülerinnen und Schüler ausgeht, mehr Zeit in Anspruch nimmt, ja manchmal auch auf Irrwege führt, ist sicherlich verständlich, aber nicht unbedingt gerechtfertigt. Wenn es erklärtes Ziel von Geschichtsdidaktik und Geschichtsunterricht ist, historisches Denken zu lehren und zu lernen, hat eine solche Methode, die auf den Fragebedürfnissen der Lernenden aufbaut, ihre volle Berechtigung.

3.1.2 Motivsuche – Motivlupe und Foliendrehbuch

In der Praxis erfolgt Bildwahrnehmung und damit das Entwickeln von Fragen an das Bild, indem sich die Schülerinnen und Schüler auf Motivsuche begeben. Sie entdecken Details, über die sie schon etwas wissen oder hinter denen sie relevante Informationen für das Verständnis des Bildes vermuten. In der Auffassung der Interpreten sind das in der Regel die interessantesten oder merkwürdigsten Bildausschnitte, über die man gerne mehr herausfinden möchte. Bei der Motivsuche leistet ein einfaches Hilfsmittel gute Dienste: die Motivlupe.

Die Herstellung einer solchen Motivlupe ist denkbar simpel: In ein Stück Papier oder Pappe wird, je nach Bild, ein rundes oder viereckiges Loch geschnitten. Mit dieser Lochlupe lässt sich dann auf dem Bild von Detail zu Detail „wandern“, Bildausschnitte können so isoliert und intensiv betrachtet werden. Für viele Bilder bietet es sich an, eine größenvariable Motivlupe anzufertigen. Dazu werden aus

Abb. 1: Größenvariable Motivlupe zur Detailsuche

Pappkarton zwei rechteckige Winkel geschnitten, die auf das Bild gelegt und so gegeneinander verschoben werden, dass rechteckige Bildausschnitte verschiedener Größe eingerahmt werden können.

Für die Detailsuche mit der Motivlupe muss das Bild in entsprechender Größe und Qualität vorliegen. Trotz der reichen Bebilderung der Schulbücher eignen sich nur wenige der dort reproduzierten Bilder für dieses Verfahren. Die besten Bedingungen bieten Bilder, die allen Schülerinnen und Schülern als Ausdrucke oder Kopien vorliegen. Farbkopien jedoch sind kostspielig und werden daher nur selten an die Lernenden ausgegeben. Eine Alternative, die es ermöglicht, die gesamte Klasse mit qualitativ guten Farbreproduktionen auszustatten, ist das Ausdrucken von digitalisierten Bildern. Das gewünschte Bild wird eingescannt oder digital fotografiert und kann dann in einem Fotografiefachgeschäft oder einer Drogerie kostengünstig in Fotoqualität in beliebiger Menge ausgedruckt bzw. bestellt werden.

Jede Verfilmung basiert auf einem Drehbuch. Für die Bildverfilmung wird zunächst die Herstellung eines visuellen Drehbuchs, eines „Foliendrehbuchs" vorgeschlagen. Es ist sinnvoll, die Anzahl der mit der Motivlupe zu wählenden Bildausschnitte auf sechs bis zehn zu begrenzen. Die gewünschten Motive werden dann auf einer Folie, die auf das Gesamtbild gelegt wird, eingerahmt. Die Motivlupe dient dabei als Schablone.

Durch die Motivsuche mit der Bildlupe und durch das Festhalten der gewählten Bildausschnitte im Foliendrehbuch wird dem ersten Vorverständnis des Bildes Ausdruck verliehen. Motivsuche und

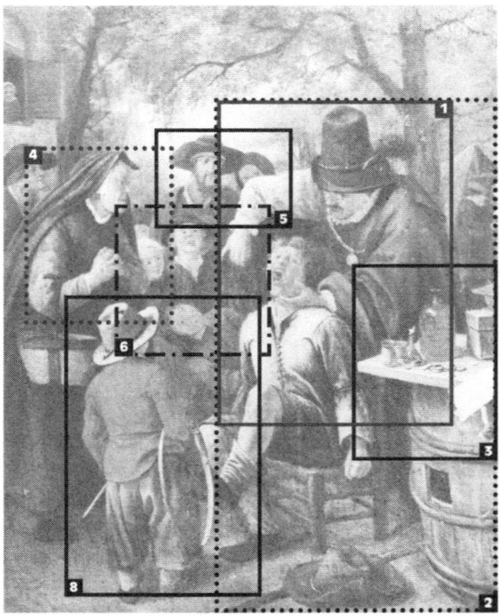

Abb. 2: Beispiel für ein Foliendrehbuch

Herstellung des Foliendrehbuches sind somit mehr als ein rein technisches Verfahren. Schülerinnen und Schüler praktizieren hier eine visuelle Form von Bildbefragung im Sinne des hermeneutischen Zirkels. An dieser Stelle entscheidet sich, welche Bilddetails in die Bildinterpretation eingehen und welche nicht berücksichtigt werden. Die im Foliendrehbuch markierten Bildausschnitte ergeben später die einzelnen Szenen der Bildverfilmung. Oft ergibt sich bereits bei der Drehbucherstellung eine Vorstellung davon, in welcher Reihenfolge diese Szenen letztlich im fertigen Film miteinander verbunden und präsentiert werden sollen.

Interpretation der einzelnen Bildausschnitte

Der nun folgende Schritt auf dem Weg zur Verfilmung des Bildes ist das interpretative Verstehen der einzelnen im Foliendrehbuch eingerahmten Bildausschnitte. Entsprechend dem Modell der Bildquelleninterpretation müssen die Bildmotive jeweils einzeln interpretiert werden. Die Schwerpunkte liegen dabei vor allem auf den ersten beiden Interpretationsschritten. Zunächst also verlangt die ikonografische Beschreibung, dass sämtliche Bildzeichen innerhalb eines Bildausschnittes mit alltagsweltlichen Begriffen belegt und hinsichtlich ihrer Eigenschaften wie Farbe und Größe, Quantität, Position sowie Relation zu anderen Bildelementen beschrieben werden, um so den Erscheinungssinn zu ermitteln.[81]

Das Sichtbare lässt sich wohl beschreiben, doch welcher Bedeutungssinn sich dahinter verbirgt, das gibt die Beschreibung nicht preis. Der Bedeutungssinn der versprachlichten Bildelemente lässt sich mittels ikonologischer Analyse ermitteln. Dabei wird der jeweilige Bildausschnitt aus seiner Zeit heraus verstanden; die Bildmotive werden also hinsichtlich ihrer historischen Bildsemantik und ihrer sozialgeschichtlichen Sachverhalte untersucht. Um die Bildzeichen zu deuten, müssen die Schülerinnen und Schüler Recherchetechniken anwenden: Sie müssen ihr Vorwissen einbeziehen, in Fachbüchern, Lexika und Symbolwörterbüchern nachschlagen, eventuell weitere Bildquellen zum Vergleich heranziehen etc. Des weiteren muss danach gefragt werden, von wem das Bild hergestellt wurde und wer es mit welcher Intention in Auftrag gegeben hat. Auch das zeitgenössische Publikum gilt es einzubeziehen: Wer bekam das Bild an welchem Ort zu Gesicht und was sahen die zeitgenössischen Betrachter in den Bildzeichen?[82]

Der Lehrkraft kommt in dieser für die Schülerinnen und Schüler zumeist schwierigsten Arbeitsphase die wichtige Aufgabe zu, geeignete Materialien zur Verfügung zu stellen, mit denen die Interpreten in der

Lage sind, selbstständig Antworten auf ihre Bildfragen zu finden und die Bildausschnitte interpretativ zu verstehen. Dies ist ein schwieriges Unterfangen für Lehrerinnen und Lehrer, können sie doch nicht wissen, welche Bildausschnitte von den Schülerinnen und Schüler gewählt werden und welche Fragen sie an diese herantragen. Also müssen bei der Materialbereitstellung vielfältige Möglichkeiten in Betracht gezogen werden. Auch muss die Lehrkraft damit rechnen, dass die bereitgestellten Materialien und Quellen nicht in der vom Lehrer intendierten Weise genutzt, vielleicht von den Schülerinnen und Schülern überhaupt nicht beachtet werden.

Festlegen der Reihenfolge – Nummerierung im Foliendrehbuch

Auch wenn sich mit der Motivsuche bereits eine vorläufige Reihenfolge der Bildausschnitte ergibt, wird durch die interpretative Analyse der Einzelausschnitte diese erste Abfolge oft noch einmal revidiert. Nun müssen sich die Schülerinnen und Schüler auf eine Reihenfolge der Bildausschnitte für die Präsentation in der Verfilmung festlegen. Dazu werden ganz einfach die im Foliendrehbuch eingerahmten Bilddetails in der gewünschten Abfolge nummeriert. Die Interpreten entwickeln hier eine klare Vorstellung von ihrem Interpretationsweg durch das Bild, sie konkretisieren ihre visuelle Bildlesespur. Eine Reihenfolge festzulegen, ist nur möglich, wenn das gesamte Bild einbezogen wird. Die einzelnen Bildausschnitte werden aufeinander bezogen. Dadurch gelangt man zu einer Gesamtaussage des Bildes. Damit wird zugleich ein interpretatorischer Zwischenschritt zum Verständnis von Dokumenten- und Zeitsinn – also Schritt drei und vier des Pandelschen Bildinterpretationsmodells – zurückgelegt: Mittels historischer Analyse wird ermittelt, wofür das Bild in der Geschichte steht, wofür es ein Dokument ist. In der narrativen Analyse wird das Bild in einen Zeitverlauf eingeordnet: Was passierte wohl vor und was nach dem dargestellten Bildaugenblick?[83]

Oft entwickeln die Interpreten bei ihren Überlegungen über die Reihenfolge der Bilddetails bereits Ideen, mit welchen filmischen Mitteln – Kamerafahrt, harter Schnitt, weiche Überblende etc. – die Szenen im Film miteinander verbunden werden können. Diesen Vorstellungen wird im folgenden Arbeitsschritt der Drehplanerstellung Rechnung getragen.

Schriftlicher Drehplan

Für den schriftlichen Drehplan empfiehlt sich die Anfertigung einer Tabelle mit den Spalten „Szene“, „Kamera“, „Sprechertext“ und eventuell „Anmerkungen". In der ersten Spalte werden die Szenen entsprechend der im Foliendrehbuch eingerahmten Bildausschnitte kurz benannt und nummeriert. In der Spalte „Kamera" werden die Regieanweisungen festgehalten. Wie Filmproduzenten müssen sich die Schülerinnen und Schüler beim Erstellen des Drehplans den späteren Film bereits in allen Einzelheiten vorstellen können. Zeitgenössische Musik und passende Hintergrundgeräusche können die Bildverfilmung bereichern und müssen bei der Planung bedacht werden. Der Einsatz solcher Medien muss an den entsprechenden Stellen ebenfalls im Drehplan vermerkt werden.

Die am schwierigsten zu füllende Spalte ist die, in der die Sprechertexte für die Filmszenen formuliert werden müssen. In den Sprechertexten wird den Interpretationen der Bildausschnitte sprachlich Ausdruck verliehen und zugleich der visuelle Bildleseweg versprachlicht. Es bieten sich zwei Varianten von Sprechertexten an: Entweder formulieren die Drehbuchschreiber sachliche Kommentare, mit denen sie den Betrachter einer historiografischen Darstellung gleich durch das Bild führen. Oder sie lassen die Bildfiguren in Monologen und Dialogen selbst zu Wort kommen. So lässt sich der Bildinhalt aus verschiedenen Perspektiven darstellen.

In die Sprechertexte lassen sich Textquellenzitate integrieren, die für die Interpretation der Bildausschnitte von Relevanz waren oder auf die man im Zuge der Recherche gestoßen ist. Den Bildfiguren können die Zitate in den Mund gelegt werden. Bei der kommentierenden Sprechertextvariante lässt sich der Zitatcharakter besonders deutlich hervorheben, wenn ein anderer Sprecher die Textquelle vorliest oder die Stimme des Sprechers verfremdet wird. In den Sprechertexten kann auch auf Dokumenten- und Zeitsinn des Bildes Bezug genommen werden. Die Bildfiguren können in ihrem Sprecherpart beispielsweise auf Bildvergangenheit und -zukunft verweisen; im sachlichen Sprecherkommentar kann herausgestellt werden, wofür die Bildquelle ein Dokument ihrer Zeit ist.

Das Verfassen der Sprechertexte ist keine einfache Angelegenheit für die Filmemacher. Einerseits sollen in den Text die Ergebnisse der intensiven Bildanalyse einfließen, andererseits muss der Sprechertext möglichst knapp und prägnant formuliert werden, um die Filmszene nicht auf Kosten des Zuschauerinteresses zu lang werden zu lassen. Generelle Vorgaben für die Länge des Sprechertextes pro Bildszene lassen sich nicht machen. Einen eher detailreichen Bildausschnitt betrachtet das Publikum länger als einen, der nur ein Bildelement enthält. Auch der Einsatz verschiedener filmischer Mittel wie das langsame Heranzoomen eines Bilddetails kann das Interesse an einer Szenen aufrechterhalten und bietet den Filmemachern Gelegenheit zu einem etwas längeren Sprechertext. Als ungefähre Richtlinie lässt sich festhalten: 1000 Schriftzeichen entsprechen in etwa einer Länge von einer Minute. Ein einminütiger Sprechertext für eine einzelne Bildszene ist oft zu lang.

Die Längenbeschränkung der Sprechertexte birgt eine weitere Schwierigkeit. Der Anspruch, möglichst viel von der Bildinterpretation im Text zu transportieren, verführt dazu, die Sprechertexte in „Schriftsprache“zu formulieren, die sich vor allem durch lange, verschachtelte Sätze auszeichnet. Es gilt allerdings zu bedenken, dass die Filmzuschauer den Text nur hören, nicht aber mitlesen können. Zudem ist immer ein Teil des Zuschauerinteresses durch die Bilder des Films und die Kameraeffekte in Anspruch genommen und daher nicht ungeteilt auf das Hören des Textes gerichtet. Die Drehbuchautoren müssen also darauf achten, ihre Texte „hörerfreundlich“ zu gestalten.

Der schriftliche Drehplan, in dem alle wichtigen Schritte für die Verfilmung in Tabellenform festgehalten sind, und das Foliendrehbuch, das die genauen Abmessungen der Bildausschnitte vorgibt, bilden die Grundlagen für die praktische Umsetzung der Bildverfilmung.

Praktische Umsetzung der Bildverfilmung

Die Verfilmung von Bildquellen lässt sich mit verschiedenen technischen Möglichkeiten im Geschichtsunterricht umsetzen. Damit wird der Tatsache entsprochen, dass Unterricht unterschiedlichen Zeit- und Technikbeschränkungen unterliegt.

Das Wort „Bildverfilmung“ legt zunächst den Einsatz einer Kamera nahe. Mit einer handelsüblichen, auf einem Stativ montierten Videokamera lassen sich alle Regieanweisungen wie Kamerafahrten, Vergrößern von Bilddetails oder Schnitte zwischen den Szenen umsetzen. Die Bildquelle muss dazu in entsprechender Größe und Qualität vorliegen. Da nur selten Bildreproduktionen in Plakatgröße zur Verfügung stehen, ergeben sich hier technische Schwierigkeiten. Bei zu kleinen Bildern ist es nicht möglich einzelne Details mit der Kamera zu erfassen. Digitale Videokameras lassen sich nur schwer auf kleinformatige Bildausschnitte fokussieren, die Filmszene „flackert“ dann. Schwer umzusetzen ist die Videoaufnahme bei gleichzeitiger Vertonung des Filmes. Der Kameramann wird kaum auf die mündlichen Regieanweisungen des Regisseurs verzichten können, was jedoch verhindert, dass zeitgleich ein Sprechertext aufgenommen werden kann. Um eine Nachbearbeitung des Films wird man kaum umhin kommen. Die Szenen müssen auf die Länge der Sprechertexte zurechtgeschnitten und die Sprechtexte müssen in der

Nachvertonung den Bildern zugeordnet werden. Mit Videobearbeitungsprogrammen lassen sich diese Arbeiten am Computer durchführen. Ein grundsätzliches Problem bei der Bildverfilmung mit der Handkamera tut sich auf, wenn es darum geht, dass mehrere Schülergruppen gleichzeitig arbeiten. Wenige Schulen verfügen über einen Klassensatz Videokameras. Mehrere Kameras sind oft in Schulen vorhanden, in denen Fächer wie „Neue Medienwelten" oder „Medienkunde" auf dem Stundenplan stehen. In diesem Fall lässt sich nicht nur die vorhandene Technik nutzen, sondern auch vom Know-how der sachkundigen Schülerinnen und Schüler profitieren.[84]

In aller Regel sind Schulen gut mit Computern und dazugehöriger Hard- und Software ausgestattet. Aus dem Informatikunterricht bringen die Lernenden Grundkenntnisse im Umgang mit Computern mit. Viele Schülerinnen und Schüler sind darüber hinaus aus eigenem Interesse richtige Experten; es fällt ihnen leicht, sich die Bedienung unbekannter Programme anzueignen. Unter diesen Voraussetzungen bietet es sich an, die Bildverfilmungen komplett am Computer zu erstellen. Die zu verfilmende Bildquelle wird eingescannt und kann dann am Computer beliebig bearbeitet werden. So lassen sich auch eher kleinformatige Ausgangsbilder verwenden.

Ein entscheidender Vorteil der Arbeit mit dem Computer liegt in der Programmvielfalt. Für die Verfilmung lassen sich zahlreiche kommerzielle aber auch kostenfreie Programme nutzen. Für die Erstellung der Beispielfilme wurden verschiedene Programmtypen verwendet. Präsentationsprogramme wie Microsoft Powerpoint oder OpenOffice.org Impress sind einfach zu bedienen und bieten die Möglichkeit, recht schnell Bildverfilmungen umsetzen. Zur Grundausstattung jedes Rechners gehören Standardprogramme zur Bild- und Videobearbeitung. Ähnliche Programme – kostengünstige Share- und Freeware – finden sich auch im Internet. Sie dienen in erster Linie der Bearbeitung und Präsentation von Familienfotos oder Urlaubsvideos, ihre Handhabe ist einfach, viele Funktionen sind selbsterklärend. Sie eignen sich sehr gut zur Verfilmung von Bildquellen.

Präsentations- und Standardprogramme bieten zwar ausreichende Funktionen für die Bildverfilmung, doch lassen sich mit ihnen nicht immer alle Regieanweisungen wie gewünscht umsetzen. Man muss sich auf die vom Programm vorgegebenen Bildbearbeitungsangebote beschränken. Professionelle Videobearbeitungsprogramme dagegen setzen keine Grenzen, was Kameraführung, Bildübergänge, Schnitte, Zooms und Filmeffekte anbelangt. Die vielfältigen Funktionen mögen auf den ersten Blick abschreckend wirken, viele von ihnen sind aber für die Verfilmung von Bildern unnötig und müssen daher nicht weiter beachtet werden. Die Programmbedienung erfordert ein wenig Eingewöhnung, dann aber lassen sich qualitativ hochwertige Filme erstellen. Ein weiterer Vorteil der professionellen Programme besteht darin, dass im Gegensatz zu der einfacheren Software mit mehreren Tonspuren gearbeitet werden kann. So lassen sich Hintergrundgeräusche und Musik einfach in den Film einfügen. Das Angebot solcher professionellen Bearbeitungsprogramme ist überaus vielfältig. Es gibt sowohl kommerzielle als auch kostenfreie. Grundsätzlich sind diese Programme wohl eher für den Einsatz in oberen Klassenstufen geeignet. Für alle Programme gilt, dass sich auch Lehrerinnen und Lehrer mit ihrer Bedienung vertraut machen und selbst erproben sollten, was sie von ihren Schülerinnen und Schülern erwarten.

Die Bedienung der verschiedenen Programmtypen wird anhand der Beispiele ausführlich erläutert. Neben den digitalen Verfilmungsvarianten gibt es auch „analoge“ Möglichkeiten der Bildverfilmung. An technischen Geräten werden dazu lediglich Overheadprojektor oder Beamer benötigt. Die Filmplanung erfolgt nach den beschriebenen Schritten: Motivsuche, Foliendrehbuch, Interpretation, Reihenfolge, Sprechertexte. Doch statt einer Verfilmung am Computer wird die Motivlupe eingesetzt, um die visuelle Lesespur durch die Bildquelle dem Plenum zu präsentieren. Das Bild wird als Folie auf den Overheadprojektor gelegt. Eine größenvariable Motivlupe oder eine Lochlupe wird dem Foliendrehbuch und dem Drehplan entsprechend auf der Folie so

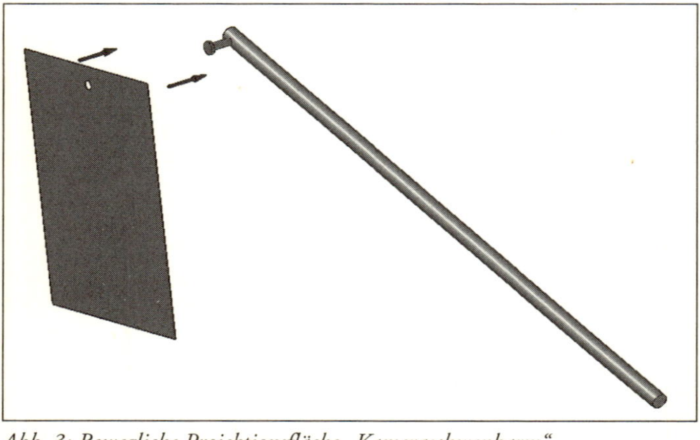

Abb. 3: Bewegliche Projektionsfläche „Kameraschwenkarm“

verschoben, dass der Blick der Zuschauer auf die gewünschten Bildausschnitte verengt und über das Bild geleitet wird. Dazu werden die Sprechertexte mündlich vorgetragen.

In ähnlicher, jedoch effektvollerer Weise lässt sich die Aufmerksamkeit des Publikums mit einer „beweglichen Projektionsfläche“[85] lenken. Dazu wird die Projektion von Overheadprojektor oder Beamer etwas unscharf eingestellt, sodass die Ebene der größten Bildschärfe ein wenig vor der Projektionswand liegt. Hält man nun ein Stück weißes Papier oder Karton dort in den Strahlengang, wo die Projektion am schärfsten ist, werden Bilddetails deutlich erkennbar, während der Rest des Bildes unscharf verbleibt. Beim „Herumwandern“ mit der beweglichen Projektionsfläche entsteht fast der Eindruck eines filmischen Kameraschwenks. Es ist ein großer Vorteil dieser Art der Bildpräsentation, dass das Bild in seiner Gesamtkomposition erhalten bleibt. Die Aufmerksamkeit richtet sich auf die hervorgehobenen Details, die nicht von ihrer ursprünglichen Bildumgebung isoliert werden. So werden die Relationen zwischen den Bildelementen nicht aufgehoben und können in die Betrachtung einbezogen werden.

Mit einer Variante der beweglichen Projektionsfläche lassen sich manche Bilder besonders eindrucksvoll, fast schon geheimnisvoll, darbieten. Dazu wird das Bild etwas unscharf auf eine dunkle Fläche (Schultafel, schwarzes Tuch o.ä.) projiziert. Auf der beweglichen weißen Projektionsfläche werden dann nur die ausgewählten Bildausschnitte sichtbar, der Rest des Bildes ist auf der dunklen Fläche unsichtbar. Wie bei der Motivlupenvariante werden die Bildmotive mit mündlich vorgetragenen oder vorgelesenen Texten unterlegt.

Mit einfachen Mitteln lässt sich eine „professionelle“ Ausführung der beweglichen Projektionsfläche herstellen, die immer wieder eingesetzt werden kann. Dazu befestigt man eine weiße Spanholzplatte mit einem Nagel locker an einem Stab. Mit der Projektionsfläche kann man nun winkelunabhängig über das Bild wandern, der Bildausschnitt bleibt immer gerade, und der Schattenwurf ist auf ein Minimum reduziert.

3.1.3 Präsentation

In den verfilmten Bildern bringen die Schülerinnen und Schüler *ihre* Interpretation der Bildquelle, *ihre* Sinnbildungsvorschläge visuell und sprachlich zum Ausdruck. Interpretationsleistungen sind nicht nach den Kategorien „richtig“ oder „falsch“ zu bewerten. Interpretationen können nur plausibel oder weniger plausibel sein. Insofern sind Interpretationen immer kommunikativ ausgerichtet. Das heißt, sie müssen von anderen auf ihre Plausibilität hin bewertet werden. Dies geschieht in der Präsentationsphase. Die Bildverfilmungen der einzelnen Schülergruppen werden einem Publikum – der Klasse – vorgeführt. Im Unterricht lässt sich die Präsentationsphase als eine Art Filmfestival gestalten. Zur Diskussion stehen Filme der neu in das Festivalprogramm aufgenommen Kategorie „Verfilmte Bildquellen". Welche filmischen Interpretationen erzielen die höchste Akzeptanz beim Publikum, welche werden für eher unplausibel gehalten und warum? Dieser Aspekt von Interpretation lässt sich nur schwer verdeutlichen, wenn Bildquellen immer nur unter Lehreranleitung im Klassenverband gemeinsam analysiert werden oder wenn Bildinterpretationen als Leistungserhebung in Klassenarbeiten und Klausuren von jedem einzelnen Schüler, jedoch ohne Präsentation der Interpretationsergebnisse abverlangt werden.

Die verfilmten Bilder können auch in anderen Klassen oder anderen Klassenstufen reflektiert werden. Insbesondere in Einstiegs- und Zusammenfassungsphasen bietet sich der Einsatz der Bildverfilmungen an.

Auch die filmische Darbietung selbst – die technische Umsetzung, die Qualität der Sprechertexte, die Auswahl der Bildausschnitte – kann zum Diskussionsgegenstand gemacht werden. Schließlich lässt sich ausgehend von solcher Filmkritik der Umgang mit historischen Bildern in Unterricht und Schule sowie in der Öffentlichkeit thematisieren. So können folgende Fragen aufgeworfen werden: Welche Rolle spielen Bilder in (Geschichts-)Lehrbüchern, wie werden sie von Lehrerinnen und Lehrern in den Unterricht einbezogen, welche Aufgaben erledigen Schülerinnen und Schüler mit Bildern? Wie werden Bilder in den im Fernsehen vertretenen Geschichtsdokumentationen präsentiert – illustrieren sie bloß oder werden sie interpretiert? In der gegenwärtigen Zeit, die immer wieder als eine der Bilderwelten bezeichnet oder gar als eine der Bilderflut beklagt wird, kann somit dazu beigetragen werden, „den Blick für Bilder zu schärfen, die Sensibilität der Wahrnehmung und die Kritikfähigkeit zu erhöhen. […] [D]ie Beschäftigung mit historischen Bildern kann zur Relativierung heutiger Darstellungsmittel, Sehweisen und Bildkonsumgewohnheiten führen."[86]

Das „Making of" im Überblick

Die einzelnen Schritte zum verfilmten Bild zusammengefasst:

➡ Bildausschnitte aus dem Gesamtbild auswählen
Mit einer „Motivlupe" (Lochlupe oder größenvariable Quadratlupe) auf Motivsuche gehen: Bildausschnitte (ca. 6-10) auswählen und in ein Foliendrehbuch einzeichnen. (Die Schüler begegnen dem Bild im Sinne des hermeneutischen Zirkels mit einem gewissen Vorver-

ständnis, das die Bildwahrnehmung steuert. Zudem gehen vom Bild selbst wahrnehmungssteuernde Signale aus. So entstehen Fragen an das Bild, auf die in der Interpretation Antworten gefunden werden.)

➡ Bildausschnitte wie Einzelbilder interpretativ erschließen
Interpretationsschwerpunkte: Erscheinungssinn (ikonografische Beschreibung (1): sprachliche Benennung der visuellen Bildelemente) und Bedeutungssinn (Ikonologische Analyse (2): Was bedeuten die Bildelemente?)

➡ Reihenfolge der Bilddetails festlegen
Bildausschnitte in gewünschter Abfolge im Foliendrehbuch nummerieren: Details werden aufeinander bezogen und man gelangt zu einer Gesamtaussage des Bildes. Interpretatorische Zwischenschritte für das Verständnis von Dokumentensinn (historische Interpretation (3): Wofür steht das Bild in der Geschichte?) und Erzählsinn (Zeitdeutung (4): Was war vor und nach dem Bildaugenblick?) werden zurückgelegt.

➡ Sprechertexte zu den Bildausschnitten verfassen
Interpretationsergebnissen in Sprechertexten Ausdruck verleihen und im schriftlichen Drehplan vermerken (außerdem Regieanweisungen: Kameraführung, evtl. Geräusche, Musik etc.). Sprechertexte als sachlicher Kommentar oder Monologe/Dialoge der Bildfiguren (Bildinhalt kann so aus verschiedenen Perspektiven dargestellt werden)

➡ Film erstellen: Bild verfilmen und vertonen
„Analoge" und digitale Varianten der Bildverfilmung (Motivlupe auf Polylux, bewegliche Projektionsfläche, PowerPoint-Film, Windows Movie Maker, professionelle Videobearbeitungsprogramme z.B. Magix Video Deluxe 2007, Movie X1, Adobe Premiere…)

➡ Präsentation der Bildverfilmungen
Verfilmte Bilder sind Sinnbildungsangebote. Es gibt keine richtigen/falschen Interpretationen, nur plausible.

3.2 Weiterführende Literatur

Hagen, Rose-Marie und Hagen, Rainer: Meisterwerke im Detail, 2 Bände, Köln 2005

Hagen, Rose-Marie und Hagen, Rainer: Bildbefragungen. Alte Meister im Detail, Köln 1994

Sauer, Michael: Bilder im Geschichtsunterricht, Seelze-Velber 2000

Scholz, Freimut und Wendnagel, Bruno: Bilder erleben, Regensburg 1989

Pandel, Hans-Jürgen: Quelleninterpretation. Die schriftliche Quelle im Geschichtsunterricht, Schwalbach/Ts. 2000

4. Verfilmte Bilder – fünf Beispiele zum Nachahmen

Fünf Bildquellen unterschiedlicher Stile aus verschiedenen Epochen wurden exemplarisch verfilmt. Die fertigen Filme finden sich auf der beiliegenden CD-ROM. Für die Beispiele wurden die verschiedenen technischen Möglichkeiten genutzt. Das genaue Vorgehen wird ausführlich beschrieben und soll zum Ausprobieren und Nachahmen anregen. Neben dieser technischen Seite der Bildverfilmung liegt der Schwerpunkt der Ausführungen jeweils auf der Interpretation der Bildquellen und ihrer Einordnung in Geschichtsunterricht, sodass die Beispielbilder von den Lehrerinnen und Lehrern im eigenen Unterricht verwendet werden können.

4.1 Moralischer Lebensratgeber und magisches Jenseitshandbuch – Totengericht des Hunefer, um 1285 v.Chr.

4.1.1 Das Bild

Für die Ägypter stand fest, dass sie nach ihrem Tode schwere Prüfungen im Jenseits zu bewältigen hatten. In den Totenbüchern sind diese fast comicartig in Text und Bild dargestellt. Die zu bestehenden Prüfungen stellte man sich als eine Art Gerichtsverhandlung vor – dem so genannten Totengericht. Solche Gerichtsdarstellungen gab es bereits im Alten Reich (2707–2170 v.Chr.) als Pyramidentexte. Die Idee der jenseitigen Gerichtsverhandlung manifestierte sich im Mittleren Reich (2020–1793 v.Chr.), das Gerichtszenen in Sargmalereien darzustellen pflegte. Totenbücher aus Papyrus sind typisch für das Neue Reich (1550–1069 v.Chr., Abb. 4).

Der Begriff „Totenbuch“ ist keine Übersetzung der zeitgenössischen ägyptischen Benennung. Forscher, vielleicht auch Grabräuber, bezeichneten so im Zuge der „Entdeckung des alten Ägyptens“ im 19. Jahrhundert jene Papyrusrollen, die zusammen mit den Mumien in Binden eingewickelt waren.

Man hat sehr viele solche Totenbücher gefunden. Hunderte davon sind noch heute erhalten. Vermutlich erwarben wohlhabende Ägypter noch zu Lebzeiten ihr persönliches Exemplar eines dieser „Handbücher“

Abb. 4: Totengericht aus dem Totenbuch des Hunefer, um 1285 v.Chr., Papyrus, 39,5 x 86,5 cm, Britisches Museum London

für die Unterwelt. Die Papyrusrollen waren zwar Unikate, wahrscheinlich aber gab es vorgefertigte Ausgaben, denen individuelle Ergänzungen wie der Name des Käufers noch hinzugefügt wurden. Die papyrenen Bildrollen konnten in ihrer Länge beträchtliche Ausmaße von teilweise mehr als zwanzig Metern haben.

Die häufig in Schulbüchern abgebildete, im Original etwa 86 Zentimeter lange Vignette stammt aus dem Totenbuch des Hunefer – eines wohlhabenden Ägypters, der unter den Pharaonen Sethos I (1292–1279 v.Chr.) und Ramses II (1279–1213 v.Chr.) königlicher Schreiber war. Hunefer hatte weitere Titel wie „Schreiber des Gottesopfer", „Vermögensverwalter des Königs, des Herrn beider Länder Men-Maat-Re" und „Vorsteher der königlichen Rinder". Sie weisen ihn als hohen Beamten aus.[87]

Hunefers Totenbuch wird im Geschichtsunterricht sehr häufig verwendet, um das jenseitige Totengericht als eine grundlegende Institution im religiösen Denken der ägyptischen Hochkultur zu behandeln. Über diesen Zugang lassen sich zugleich Aspekte der altägyptischen Lebensführung und der moralischen Grundsätze thematisieren.

Das Totenbuch des Hunefer im Detail

Das Totenbuch lässt sich in einzelne aufeinander folgende Szenen einteilen. Die Szenenreihenfolge, die dem zeitlich-räumlichen Ablauf des ägyptischen Totengerichts entspricht, ist wie in einer Bildgeschichte bereits vorgegeben. Schülerinnen und Schüler können unter Bereitstellung geeigneter Materialien selbst recherchieren, was in den einzelnen Stationen des Totengerichts geschieht, und eigene kurze Texte zu den Bildausschnitten verfassen. Diese erläuternden Schülertexte sind dann zugleich die Sprechertexte für die Bildverfilmung.

Abb. 5: Detail 1

Alternativ können an die Schülerinnen und Schüler bereits fertige darstellende Texte in ungeordneter Reihenfolge ausgegeben werden. Diese Texte müssen dann den einzelnen Bildausschnitten zugeordnet werden. Um narrative Kompetenz zu fördern, können die Schülerinnen und Schüler dazu aufgefordert werden, den Bildinhalt auf Basis der vorgegebenen Texte mit eigenen Worten zu beschreiben und zu deuten.

Im Folgenden wurde das Totenbuch Hunefers in sechs Bildabschnitte gegliedert.[88] Für den Unterrichtseinsatz sollten die Erläuterungen eventuell gekürzt werden.

Abb. 5: Der Schreiberbeamte Hunefer ist gestorben. Er befindet sich bereits im Reich der Toten, wo ihm durch das Totengericht eine schwere Prüfung bevorsteht. Sie ist die letzte Hürde, die der Tote nehmen muss, bevor er das ewige Leben im Jenseits antreten kann. Der Verstorbene kniet vor vierzehn Göttern, die über ihn zu Gericht sitzen. Vor sich hat Hunefer einen Gabentisch aufgebaut, der die Richter gnädig stimmen soll. Die Götter lassen sich namentlich benennen: Der falkenköpfige Re, der auf seinem Haupt die von der Uräusschlange umgebene Sonnenscheibe trägt, führt das Gericht an. Dahinter sitzt Atum, Schöpfergott von Heliopolis mit der Doppelkrone, ihm folgt sein Sohn Schu, Gott der Luft und des leeren Raumes, begleitet von seiner Gemahlin Tefnut. Ihnen nachfolgend ihre Kinder: der Erdgott Geb und die Himmelsgöttin Nut sowie deren Kinder Isis, Nephtys und Horus. Dahinter sitzen die personifizierten Schöpferkräfte Hu und Sia und die Verkörperungen der südlichen, nördlichen und westlichen Wege.

Auf den Knien der ersten sieben Götter befindet sich das Zeichen für dauerndes Leben (Anch). Es deutet an, dass sie dem Toten gegenüber wohlwollend gestimmt sind.

Abb. 6: Hunefer wird von Annubis zur Waage geführt. Der schakalköpfige Gott zählt zu den großen Göttern des Jenseits. Sein schakalartiges Aussehen erklärt sich womöglich aus einer alten Angst der Ägypter: Schakale scharrten immer wieder die in der Wüste bestatteten Toten aus. Die Menschen erdachten sich daher einen schakalköpfigen Gott als

Wächter ihrer Toten und hofften auf diese Weise der Plage Herr zu werden.

Von Annubis begleitet trägt Hunefer dem Göttergericht das Sündenbekenntnis vor, in welchem er versichert, immer gerecht gelebt zu haben.[89]

Abb. 7: Nachdem der tote Hunefer Annubis und den anderen Göttern sein Sündenbekenntnis vorgetragen hat, legt Annubis das Herz des Verstorbenen in eine Waagschale. Das Herz galt den Ägyptern als Zentrum der Persönlichkeit, als Sitz von Verstand, Willen und Gewissen. Es wird daher bei der Einbalsamierung des Toten, anders als die übrigen Eingeweide, im Körper belassen. Im Jenseits wird das Herz nun gegen die Feder der Maat aufgewogen. Maat ist Gottheit und Lebensgrundsatz zugleich. Es ist ein vielschichtiger Begriff. Er lässt sich am ehesten mit dem Prinzip göttlicher Ordnung

Abb. 6: Detail 2

Abb. 7: Detail 3

und Gerechtigkeit erklären. Das irdische Verhalten eines Menschen wird also am himmlischen Ideal gemessen. Auf dem Mittelbalken der Waage ist der Kopf der Göttin Maat zu sehen. Annubis übernimmt die Rolle des Wägemeisters. Mit dem Anch-Zeichen tariert er die Waage aus.

Unter der Waage wartet die Seelenfresserin: eine furchterregende Mischgestalt aus Krokodil, Löwe und Nilpferd – allesamt Tiere, von denen im realen Leben für die Ägypter ernsthafte Bedrohungen ausgingen. Sollte die Herzwägung zu Ungunsten des Toten ausfallen, verschlingt das Ungeheuer die Seele des Verstorbenen. Dies würde für Hunefer den endgültigen Tod, ohne Möglichkeit der Rückkehr und der Chance auf ewiges Leben, bedeuten. Die Wiegezeremonie scheint gut für den Toten auszugehen, die Waage neigt sich zur richtigen Seite.
Abb. 8: Das Ergebnis der Wägung wird von Thot, dem Götterschreiber mit dem Ibiskopf, mit einer gespitzten Binse auf einem Schreibtäfelchen notiert. Erst mit der schriftlichen Aufzeichnung erhalten Wiegeresultat

und richterliche Verfügung über ein Weiterleben in der Ewigkeit ihre Rechtsgültigkeit. So handhabte man es in der Unterwelt ebenso wie im irdischen Leben. Die Ägypter waren regelrecht schreibwütig. Sie wollten alles genau und möglichst für alle Ewigkeit festhalten. Auch Hunefer war ein Schreiber. Das hohe Ansehen seines Berufstandes verhalf ihm zu Reichtum, ohne den er sich vielleicht kein Totenbuch hätte leisten können.

Abb. 9: Wenn alles seine Richtigkeit hatte und der Tote die Götter davon überzeugen konnte, dass sein Leben nicht unrein war und dies durch die Wiegezeremonie bestätigte, dann wurde der Verstorbene von dem falkenköpfigen Gott Horus zu dessen Vater Osiris, dem höchsten Gott im Totenreich, geführt. Der Licht- und Himmelsgott Horus hält hier in seiner Hand das Lebenszeichen Anch als Zeichen dafür, dass Hunefer die Prüfung bestanden hat. Osiris erhält so die Mitteilung, dass ein neuer Gerechter in seinem Glanz geboren werden wird.

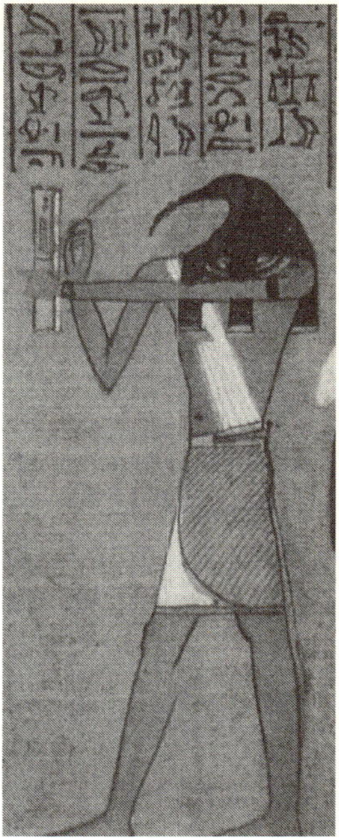

Abb. 8: Detail 4

Abb. 9: Detail 5

Abb. 10: Unter einem kunstvoll gestalteten Dach thront Osiris an der Stirnseite des Gerichts. Einem Mythos zufolge wurde er einst von seinem bösartigen Bruder Seth getötet und in viele Teile zerstückelt. Seiner Frau Isis und deren Schwester Nephtys gelang es, Osiris mit der Hilfe von Annubis wieder zusammenzusetzen und zu neuem Leben zu erwecken. Fortan

Abb. 10: Detail 6

ward Osiris der König des Totenreiches und Richter über die Seelen. In den Händen hält er Krummstab und Geißel, seinen Kopf ziert die mit zwei Straußenfedern geschmückte Doppelkrone Ober- und Unterägyptens. Diese Machtinsignien weisen Osiris als obersten Pharao aus. Sein Gesicht ist grün, wie der Schlamm des Nils, aus dem immer wieder neues Leben erwacht, und wie die jungen Getreidekeime, die jedes Jahr aufs Neue sprießen. Er verkörpert die stete Erneuerung. Obwohl er ein mächtiger Gott ist, gleicht sein Schicksal dem der sterblichen Menschen. Osiris ist daher als bewegungsunfähige Mumie dargestellt. Isis und Nephtys stehen schützend hinter ihm. Der Thron befindet sich auf einer Wasserfläche, aus der eine Lotusblüte wächst. Darauf stehen die vier im Totenreich wachenden Horussöhne. Hierin ist die Hoffnung auf Wiedergeburt versinnbildlicht. Horus, Sohn von Osiris und Nephtys, soll auf einer aus dem Urgewässer herauswachsenden Lotusblüte geboren worden sein. Das Udjat-Auge, das mit Geierschwingen versehen über der Blüte schwebt, verkörpert Horus und ist ein Sinnbild für die Kraft des Lichtgottes. Licht wurde im alten Ägypten gleichgesetzt mit Leben. Nachdem man das im Dunkel liegende Totengericht überstanden hatte, konnte man endlich „herausgehen am Tage". Die eigentliche altägyptische Bezeichnung des Totenbuches lautet daher „Buch vom Herausgehen am Tage".

Erziehung zum moralischen Mitmenschen und furchtsamen Untertan – Totengericht und Lebensführung

Die hohe Popularität, die die Jenseitsvorstellung vom Totengericht im Neuen Reich erlangte, liegt wahrscheinlich im Osirismythos begründet, der mit dieser Idee unlösbar verbunden ist. Die Göttersage von der Überwindung des Todes durch die Liebe gab allen Sterblichen die berechtigte Hoffnung auf ein ewiges Weiterleben.[90] Osiris stand den Ägyptern näher, als der unnahbare Sonnengott Ra, dessen Kult schließlich in den Hintergrund gedrängt wurde. Dem Gott Osiris ist alles Böse fern, daher müssen auch alle, die in sein Reich eintreten wollen, frei von Schuld und Sünde sein. In der Darstellung von Osiris als starre Mumie ist die Schicksalsgemeinschaft angedeutet, die zwischen dem Gott und den Menschen besteht. Beide müssen zunächst sterben, bevor sie in das Reich des ewigen Lebens eintreten können.

In seiner Frühphase stellte man sich vor, das Totengericht tage immer dann, wenn eine tatsächliche Anklage beispielsweise eines wirklich existierenden Rivalen vorliegt. Um nicht sanktioniert zu werden, konnte sich der Lebende durch umsichtige Lebensführung auf seinen Tod vorbereiten. Später dann meinte man, das Totengericht sei ein ständig tagendes Gremium, vor dem ausnahmslos jeder Tote erscheinen müsse. Nun waren nicht mehr potenzielle diesseitige Feinde die möglichen Ankläger, sondern Götter. Diese Veränderung zeigt sich in den Totenbüchern, in denen die Schuldbekenntnisse fortan in systematisierter Form erschienen, hatte man doch genaue Vorstellungen davon, worauf es den Göttern ankommt. Da Götter allwissend sind, genügte es allerdings nicht, sich vor dem göttlichen Gericht nur verbal von diversen Vergehen zu distanzieren. Die göttliche Allwissenheit findet ihren symbolischen Ausdruck in der Wiegezeremonie. Bei der Waage handelt sich um eine Art Lügendetektor, der bei jeder Sünde des Toten zu dessen Ungunsten ausschlägt. In der Wiegeszene wird die unsichtbare Beziehung zwischen dem Gewissen des Menschen und dem Willen und Wissen der Götter symbolisch sichtbar gemacht.[91]

Das Totenbuch gehörte zur magischen Ausstattung eines Toten, aus ihm erhoffte er sich Fürsprache vor dem gefürchteten Göttergericht. „Aber nichts spricht gegen die Auffassung, daß diese Form der Totengerichtsvorstellung mit ihrer genauen Auflistung der zu vermeidenden Verfehlungen auch schon für die Lebenden von Bedeutung war. Auf diese Form des Totengerichts konnte man sich in der Weise vorbereiten, daß man die achtzig im negativen Sündenbekenntnis vorausgesetzten Verbote zur Grundlage seiner Lebensführung machte. Das Totenbuch konnte so als Leitfaden für die moralischen Investitionen dienen, mit denen der Ägypter seine materiellen Aufwendungen für den Bau eines Grabes und die Einrichtung des Totenkultes zu ergänzen hatte, um sie zur tragfähigen Grundlage eines Lebens nach dem Tod zu machen."[92] In den Totenbüchern vereinigen sich nach Jan Assmann also ein magisch-jenseitiger und ein moralisch-diesseitiger Charakter. „Genau wie im Fall schwerer Krankheit der ägyptische Arzt beides zur Anwendung brachte, die medizinische und die magische Rezeptur, so verließ sich der Ägypter auch in seiner Lebensführung ganz gewiss nicht allein auf die Mittel magischer Jenseitsvorbereitung."[93]

Der Glaube an das göttliche Gericht erzog die Ägypter durch Selbstdisziplin und Gewissensprüfung zu moralischen Mitmenschen. Die meisten der in den negativen Sündenbekenntnissen aufgezählten Vergehen waren in der irdischen Justiz nicht sanktionierbar. Der Habgierige, Selbstsüchtige und Selbstherrliche konnte per Gesetz nicht belangt werden. Die Liste der Verfehlungen besteht zu einem Großteil aus den „sozialen Normen der Mitmenschlichkeit, die sich auf die Tugenden des Helfens und Schützens, der Schonung und Rücksicht, der Selbstzurücknahme und Bescheidenheit beziehen":[94]

> „Ich war nicht habgierig; [...]
> ich habe nicht am Beginn jedes Tages die vorgeschriebene Arbeitsleistung erhöht, ich habe kein Waisenkind an seinem Eigentum geschädigt.
> Ich habe keine Portionen geraubt, keine Kornwucher getrieben, mich nur für meinen Besitz interessiert;
> Ich habe nicht gelogen, nicht geschimpft, ich habe nicht gestritten, prozessiert, keinen Terror gemacht, keine überflüssigen Worte gemacht, nicht die Stimme erhoben, nicht unbedacht geredet;
> Ich habe niemanden belauscht, niemanden zugeblinzelt, mich nicht aufgeblasen, mich nicht überhoben,
> ich war nicht hitzig [...], nicht jähzornig, nicht gewalttätig."[95]

Die Totenbuchtexte sind an den Stellen in positiven Wendungen formuliert, wo der Tote seine Taten als jenseitswürdig bezeugen kann:

„Brot gab ich dem Hungrigen,
Wasser dem Dürstenden,
Kleider dem Nackten,
ein Fährboot dem Schifflosen."[96]

Nicht nur zum sozialen, auch zum politischen Wesen, zum Untertan, wurde der Ägypter durch die Idee vom Totengericht erzogen. Assmann stellt fest: „In den Vorstellungen [...] finden sich auffallend viele Instanzen und Institutionen des Überwachens und Strafens, in denen man ein Spiegelbild des irdischen Staates erblicken zu können glaubt."[97] In den Vorstellungen von einer jenseitigen Polizei, von Gefängnis und Richtplatz, von Denunzianten und Intrigen spiegeln sich die Erfahrungen der diesseitigen Welt wieder. Die Figur der Menschenfresserin verbreitet eine Atmosphäre des Überwachens und Strafens, wovor der Tote glaubt sich schützen zu müssen. Zugleich versprechen die Götter in ihren vielfältigen Funktionen allerlei Schutz. Schutz und Erschrecken, so Assmann, kennzeichnen auch den ägyptischen Staat vor allem in jener Zeit, in der sich Totenbücher besonderer Beliebtheit erfreuten. Wie der reale Staat, so ist auch „das Jenseits als ein Polizeistaat ausgestaltet, dessen Überwachungs- und Strafinstanzen dem einzelnen in demselben Maße Geborgenheit verheißen, in dem sie ihn bedrohen".[98]

> „Das Totengericht gehört zu den fundamentalen Ideen der Menschheitsgeschichte. [...] In Ägypten hat sich dieser Gedanke erstmals durchgesetzt; er ist die einzige religiöse Idee von zentraler Bedeutung, die Ägypten mit den großen Weltreligionen verbindet."[99]

Das Ende der ägyptischen Hochkultur wurde mit dem Verbot der traditionellen Kulte und der Schließung der Tempel durch den christlichen oströmischen Kaiser Theodosius I. im Jahr 392 n.Chr. besiegelt. Teile des ägyptischen religiösen Denkens, insbesondere die Totengerichtsvorstellung, fanden vermutlich Eingang in verschiedene Mysterienkulte. Es ist durchaus möglich, dass die christliche Vorstellung eines endzeitlichen Gerichts auf die Übernahme von ägyptischen Elementen aus den Mysterienkulten zurückgeht. Wahrscheinlich jedoch beruht die unbestreitbare Ähnlichkeit eher auf allgemeinen menschlichen Bedürfnissen nach Sicherheit, Glück und Erlösung.

Im Geschichtsunterricht sollten die ägyptischen Totenbücher nicht nur als jenseitig-magische Grabbeigaben betrachtet werden. Sie sind diesseitige moralisch-politische „Erziehungsliteratur" und drücken nicht nur die Jenseitsvorstellungen aus, sondern auch die moralischen Fundamente des gesellschaftlichen Zusammenlebens.

Die praktische Umsetzung als Bildverfilmung

Im Unterricht lassen sich die Szenen des Totenbuchs zu einem Film zusammenstellen. In diesem Film erläutern die Schülerinnen und Schüler Hunefers Prüfung vor dem Totengericht mit ihren eigenen Worten.

In einem Foliendrehbuch rahmen die Schülerinnen und Schüler die Bildausschnitte ein, aus denen die Szenen bestehen sollen, und legen eine Reihenfolge fest. Entsprechend der Szenenabfolge werden Sprechertexte formuliert und im Drehplan festgehalten. Ausschnitte aus dem Sündenbekenntnis und aus anderen Textquellen können in den Sprechertexten zitiert werden. Die Texte sollten am besten recht knapp formuliert sein, da ein zu lang gezeigtes Bild das Zuschauerinteresse am Film schnell erlahmen lässt. Anmerkungen zur Kamerabewegung werden ebenfalls im Drehplan notiert.

Tabelle 4: Auszug aus dem Drehplan für den Beispielfilm

Bild	Text
Gesamtbild	Der hohe Schreiberbeamte Hunefer ist gestorben. Er hofft, im Jenseits wiedergeboren zu werden. Das ist jedoch nur möglich, wenn er die schwere Prüfung des Totengerichts besteht …
1 (Stückweise, 1-14)	Hunefer kniet vor einer Reihe von 14 Richtergöttern. Damit sie ihm gnädig gestimmt sind …
1 (Götterreihe)	Er versichert: „Ich war nicht habgierig; ich habe nicht …“
1 (Götter 1-7)	Auf den Knien von sieben Göttern ist …
…	…

Zur Verfilmung dieses Bildes wird hier eine einfache Variante mit dem Windows Movie Maker vorgeschlagen. Im Vorfeld der Filmerstellung werden mit Hilfe eines einfachen Bildbetrachtungsprogramms, wie hier beispielsweise IrfanView, aus dem eingescannten Gesamtbild die gewünschten Bilddetails ausgeschnitten. Dazu wird mit der Maus das gewünschte Detail ausgewählt und freigestellt (unter Menüpunkt „Bearbeiten“ die Funktion „Freistellen“ wählen). Das so erhaltene neue Bild wird dann gespeichert. Über „Bearbeiten“ →„Rückgängig“ wird das Gesamtbild auf dem Bildschirm wieder sichtbar. Das nächste Bilddetail kann nun ausgewählt und in beschriebener Weise als Einzelbild freigestellt und abgespeichert werden.

Anhand nachstehender Abbildung wird die Bedienung des Movie Makers erläutert.

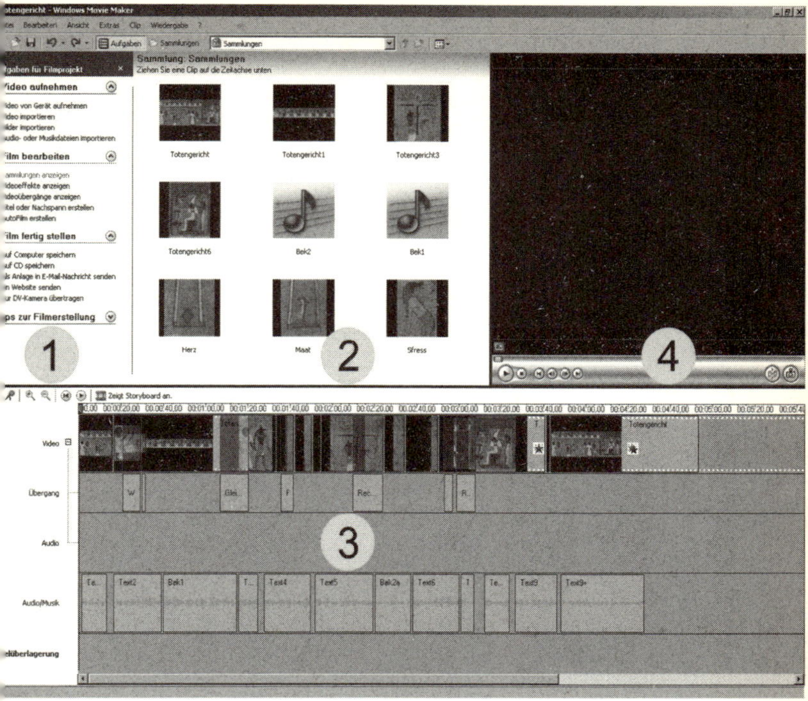

Abb. 11: Screenshot Windows Movie Maker®

In der Aufgabenliste am linken Bildrand (1) werden die einzelnen Schritte zur Filmerstellung angezeigt. Hier wird zunächst der Menüpunkt „Sammlung anzeigen" ausgewählt. In die Sammlung (2) werden die zuvor einzeln gespeicherten Bildausschnitte eingefügt. Die Aufgabenliste bietet dazu die Funktion „Bilder importieren". Anschließend können die Bildausschnitte in der gewünschten Reihenfolge mit der Maus aus der Sammlung in die Zeitleiste (3) gezogen werden. Sie werden dann dort in der Bildspur angezeigt. Neben der Bildspur enthält die Zeitleiste auch eine Spur für Videoübergänge zwischen den Bildern sowie eine Tonspur, in der die Sprechertexte angezeigt werden. Des Weiteren gibt es je eine Spur für importierte Audiodateien und für Filmtitel bzw. Nachspann.

Die in der Zeitleiste befindlichen Bilder werden nun der Reihe nach mit Audiokommentaren, den Sprechertexten, versehen. Dazu wird das kleine Mikrofonsymbol am oberen linken Rand der Zeitleiste angeklickt, woraufhin sich ein Fenster zur Audiokommentaraufnahme öffnet. Die Texte zu den einzelnen Bildausschnitten werden ins Mikrofon gesprochen und gespeichert. Das Programm ordnet sie sogleich dem gewählten Bildabschnitt in der Zeitleiste zu. Um die Anzeigedauer des Bildes so zu ändern, dass sie mit der Textlänge übereinstimmt, verschiebt man einfach den rechten Bildrand. Mit Musik und Geräuschen lassen sich das Geheimnisvolle und Beängstigende des Jenseits, aber auch die Hoffnung, die mit dem Weiterleben nach dem Tod verbunden war, untermalen.[100]

Das Programm verfügt über eine große Anzahl von Videoübergängen. Sie werden statt der Sammlung angezeigt, wenn man den entsprechenden Menüpunkt in der Aufgabenliste wählt. Die gewünschten Übergänge werden wie zuvor die Bilder einfach in die Zeitleiste gezogen. Die Auswahl von Videoeffekten funktioniert auf die gleiche Weise.

Im Vorschaufenster (4) kann man sich jederzeit Filmsequenzen oder auch den ganzen Film ansehen. Wenn die Regisseure mit ihrem Projekt zufrieden sind, wird der Film abschließend gespeichert. Dazu wird in der Aufgabenliste die erforderliche Funktion gewählt. Der auf diese Weise erstellte Film lässt sich dann mit jedem Videowiedergabeprogramm abspielen.

4.1.2 Weiterführende Literatur

Assmann, Jan: Ägypten. Eine Sinngeschichte, Frankfurt a.M. 1999

Assmann, Jan: Ma'at. Gerechtigkeit und Unsterblichkeit im Alten Ägypten, 2. Aufl., München 1995

Champdor, Albert: Das Ägyptische Totenbuch, Bern/München/Wien 1977

Hagen, Rose-Marie und Hagen, Rainer: Meisterwerke im Detail, 2 Bände, Köln 2005

Hornung, Erik: Altägyptische Jenseitsbücher. Ein einführender Überblick, Darmstadt 1997

Nack, Emil: Ägypten und der Vordere Orient im Altertum, Wien und Heidelberg 1977

4.2 Wer nicht weiß, was richtig ist, nimmt Kurs auf Narragonien – Hieronymus Bosch: Das Narrenschiff

4.2.1 Das Bild

Abb. 12: Hieronymus Bosch: Das Narrenschiff, zwischen 1480 und 1516, Öl auf Holz, 57,8 x 32,5 cm, Musée National du Louvre, Paris

Verkleidete Menschen feiern eine wilde Party auf einem Schiff – so mag dem heutigen Betrachter das Gemälde von Hieronymus Bosch auf den ersten Blick erscheinen. Bosch malte dieses Bild zwischen 1480 und 1516, in einer Zeit also, die wir heute als das ausgehende Mittelalter oder die beginnende Neuzeit bezeichnen. Unter der Titelbezeichnung „Das Narrenschiff" kann man das kleinformatige Bild heute im Louvre in Paris betrachten.

Viele von Hieronymos Boschs Gemälden zeichnen sich durch ihre überaus hohe Detaildichte und ihre komplexe Bildsprache aus. Unmengen von merkwürdigen Wesen bevölkern beispielsweise Bosch „Garten der Lüste" (um 1500, Madrid, Prado). Das „Narrenschiff" gehört, gemessen an Boschs anderen Werken, zu den weniger detailreichen. Dennoch ist es voll von symbolischen Bedeutungen.

Das Narrenschiff im Detail

Boschs Narrenschiff lässt sich im Rahmen einer Unterrichtseinheit „Menschenbild im Wandel" (Klassenstufe 10) einsetzen. Möglich ist auch die Verwendung im Themenbereich „Vom Mittelalter zur Neuzeit" (Klassenstufe 7 oder 8). Unter dem großen Themenkomplex „Mittelalter" werden Aspekte von Frömmigkeit und Guten Taten untersucht. Die Rahmenrichtlinien schlagen u.a. die Auseinandersetzung mit Frömmigkeit anhand von Sebastian Brants (1457–1521) „Narrenschiff" vor. Das Boschgemälde kann auch hier zum Einsatz kommen.[101]

Die Kunst des Mittelalters und der Frühen Neuzeit bediente sich einer mehr oder weniger feststehenden Bildsprache. Boschs Zeitgenossen waren es gewohnt, in der Zusammenstellung von Bildelementen einen Sinn zu suchen. Um sich der Aussage des Bildes heute zu nähern, kommt man um zeitintensives Nachschlagen, Lesen und Vergleichen nicht herum. Unterrichtszeit jedoch ist knapp bemessen – nur selten steht genügend Zeit zur Verfügung, in der Schülerinnen und Schüler sich intensiv der Bildinterpretation widmen können. Daher wird die Lehrkraft den Schülerinnen und Schülern Informationen über das Bild geben müssen. Das methodische Problem besteht darin, dass unter Umständen mit diesen Zusatzinformationen schon das vorweggenommen wird, was sich die Schülerinnen und Schüler eigentlich selbst erarbeiten sollten. Ein von der Lehrkraft erstelltes Glossar ist eine gute Möglichkeit, Informationen in dosierter Form zur Verfügung zu stellen und dennoch genügend Raum für die Mutmaßungen der Schülerinnen und Schüler zu lassen.[102] Die Symbolerläuterungen helfen den Schülerinnen und Schülern dabei, die einzelnen Bildelemente zu verstehen.

Verstanden werden kann das Bild jedoch erst dann, wenn die Einzelbedeutungen miteinander in Beziehung gesetzt werden. In einem „PowerPoint-Film“ lassen sich die Bezüge als Interpretationsweg durch das Bild aufzeigen.

Mit der Motivlupe werden zunächst die Bildausschnitte ausgewählt und in ein Foliendrehbuch eingezeichnet. Mit Hilfe des Glossars (S. 144) lässt sich der Erscheinungssinn von Bildelementen und Bildausschnitten erschließen. Folgende Bildausschnitte könnten z.B. gewählt werden:

Abb. 13: Auswahl von Bilddetails, Foliendrehbuch

Baum, in der christlichen Symbolik ein Symbol des gottgewollten Lebens. Sein Durchlaufen des Jahreszyklus' weist auf Leben, Tod und Auferstehung hin, der abgestorbene oder unfruchtbare Baum hingegen auf den Sünder. Im Paradies stand der „Baum der Erkenntnis“.
Maibäume stehen vermutlich im Zusammenhang mit der Weltpfeiler-Vorstellung und verkörpern die im Frühling erwachenden Kräfte der Natur. Das Erklettern weist auf das Streben nach „höherem Lohn“ hin. An Maibäume gebundene Gegenstände wurden in Spielen abgeschnitten. Der Schlaraffenbaum, an dem Nahrungsmittel wachsen, ist eine Metapher für die Sünde der Völlerei. Am Mastbaum eines Schiffes werden die Segel befestigt.

Becher, wurde beim Trinken von Hand zu Hand gereicht. Symbol der Zusammengehörigkeit. Ein Würfelbecher verweist auf das verrufene Würfelspiel und damit auf das Laster der Spielsucht.

Berg, *Fels*, galt wegen seiner Dauerhaftigkeit als Symbol des Unverrückbaren, Bleibenden und Festen und damit als göttliches Zeichen. Wird als Verbindung zwischen Himmel und Erde gedeutet.

Eule, scheint dem Menschen wie mit einem weise abwartenden, in sich gekehrten Blick ausgestattet, nachdenklich und grüblerisch, überdies mit der Fähigkeit begabt, im Dunkel zu sehen. Die Eule ist ein Symbol für die das Dunkel durchschauende Gelehrsamkeit, für das Wissen und die Weisheit. Im Volksglauben ist die Eule wegen ihrer nächtlichen Lebensweise, ihrer Ungeselligkeit, ihres lautlosen Fluges und ihrer klagenden Stimme negativ besetzt. Sie wird als Totenvogel oder Leichenhuhn bezeichnet. Damit repräsentiert sie die Abkehr vom geistigen Licht, bei positiver Auffassung hingegen Jesus Christus in der „Nacht des Leidens und des Todes“.

Fass, *Krüge*, Hinweis auf Trunkenheit.

Mondsichel, Feldzeichen der Türken. Seit den Kreuzzügen ist der einen Stern umschließende Halbmond zu einem allgemeinen Emblem der islamischen Welt geworden. Die Mondsichel ist in den Staatswappen vieler islamischer Länder vertreten. Manchmal wurde sie im Mittelalter auch als Kennzeichen für psychisch Kranke benutzt.

Fisch, Symbol für Christus und so auch Sinnbild der geistigen Nahrung. Steht symbolisch dem Wasser als Lebenselement nahe. Darin hat er die Eigenschaft, sich schnell und geschickt fortzubewegen.

Früchte, *Beeren* oder *Kirschen*, Symbole der Fruchtbarkeit und körperlichen Liebe.

Laute, Symbol für das weibliche Geschlecht. Hinweis auf Unzucht.

Löffel, Hinweis auf Völlerei, manchmal Zeichen von Armut: Umherziehende trugen einen Löffel für den Brei, den sie sich erbettelten, bei sich.

Mönchsgewand, Kutte, Symbol für Armut, Weltabgeschiedenheit und Zugehörigkeit zu einer religiösen Gemeinschaft

Nacktheit, stellt im symbolkundlichen Sinn den Menschen im „Urzustand" dar, ohne soziale und hierarchische Unterscheidungsmerkmale. Adam und Eva werden in ihrer „Ur-Unschuld" im Paradies vor dem Sündenfall nackt dargestellt. Zeichen für Zügellosigkeit und Sünde.

Narr, in vielen Märchen und Sagen erscheinende Gestalt, die mit den Hofspaßmachern alter Herrscherhöfe in Verbindung steht. Diese hatten „Narrenfreiheit" und durften straflos die Wahrheit sagen, wenn sie in Maske von Scherz, Satire und Schabernack gekleidet vorgetragen wurde. Hofnarren trugen groteske Kleider mit bunten Farben und auf dem Kopf eine Narrenkappe, an der manchmal „Eselsohren" angebracht waren. Das Narrenkostüm war mit Schellen besetzt. In den Händen hielten sie häufig ein Narrenzepter oder Narrenkolben. Die Narrenattribute sind Zeichen von Dummheit und unkontrollierter Sinnlichkeit. Till Eulenspiegel, der Schalksnarr der Volksbücher, ist seit dem 16. Jahrhundert populär.
Im Mittelalter wurden Geisteskranke als „Narren" bezeichnet und mussten eine kennzeichnende Tracht (Narrenkittel, Narrenkappe und Schellen) tragen. Damit genossen auch sie Narrenfreiheit und konnten für angerichteten Schaden nicht verantwortlich gemacht werden.

Pfannkuchen, Hinweis auf Völlerei.

Schiff, Sinnbild für Reise und Überfahrt und damit auch Symbol für das Leben, die Lebensfahrt. Oft wird der Glaube oder die Kirche als Schiff symbolisiert, das durch die Wogen der weltlichen Gefahren sicher zum himmlischen Ziel trägt (Kirchenschiff). Manchmal ist das Schiff auch ein Symbol für den Staat.

Totenschädel, verweist als Todessymbol auf die Vergänglichkeit des irdischen Lebens.

Wasser, sehr vielseitiges Symbol. Lebenselement. Als reinigendes oder erneuerndes Element kann es von Sünde reinwaschen (Taufe). Es bedeutet aber auch Gefahr, Bedrohung und Sünde, da es nicht fassbar ist und als unergründbar galt. Das Wasser trägt ein Schiff, kann es aber auch zum Kentern bringen. Häufig wird Wasser im Zusammenhang mit Wahnsinn gesehen.

Die weitere Interpretation verlangt die Einbeziehung des historischen Hintergrundes.

Man weiß nicht viel über den Künstler Hieronymos Bosch (um 1450–1516).[103] Die wenigen Nachrichten über sein Leben stammen hauptsächlich aus Rechnungsbüchern der Bruderschaft „Unserer Lieben Frauen“, welcher Bosch angehörte.[104] Er war der Sohn eines Malers, dessen Vorfahren sich im späten 14. oder frühen 15. Jahrhundert im niederländischen ‘s-Hertogenbosch niedergelassen hatte, dem Ort, dem Bosch auch seinen Namen verdankt.

Zu Boschs Zeiten war die holländische Stadt ‘s-Hertogenbosch eine blühende Handelsstadt mit einem regen kulturellen und religiösen Leben. Hier gab es mehr Klöster als in vielen anderen Städten. Die Klöster erwirtschafteten ihren eigenen Unterhalt und häuften darüber hinaus beträchtliche Reichtümer an. Die wirtschaftliche Konkurrenz, die die Klöster für die Stadt darstellten, beschwor immer wieder Feindseligkeiten zwischen den Bürgern und den Orden herauf. Vor allem die Vorwürfe der Wollust und Völlerei, ohnehin schon seit langem als charakteristisch klösterliche Laster verschrien, mussten sich die Orden während des 15. Jahrhunderts mit zunehmender Häufigkeit gefallen lassen. Die sichtbare Verderbtheit der Kirche ließ viele Menschen an den Grundfesten ihres Daseins zweifeln. Dennoch wurde von den Zeitgenossen die moralische Autorität der Kirche nicht ernsthaft in Frage gestellt. Religiöses Denken durchdrang das alltägliche Leben und bestimmte die Politik.

Die steigende wirtschaftliche Macht der Städte bedeutete auch einen Aufschwung des Bürgertums. Mit dem aufkommenden Handelskapitalismus änderten sich viele Sitten. Die damit verbundene Aufkündigung tradierter Lebensformen wertete man vielerorts als Abfall von Gott. Viele Zeitgenossen waren davon überzeugt, dass die Sünden der Menschheit sich in jüngster Zeit so vermehrt hätten, dass in Kürze das Jüngste Gericht stattfinden werde. Man muss die Vorstellung vom Jüngsten Gericht einbeziehen, um die Hoffnungen und Ängste des ausgehenden Mittelalters zu verstehen. Am Tag des endzeitlichen Gerichts Gottes werden die Toten aus ihren Gräbern auferstehen und Christus wird wiederkehren, um alle Menschen nach ihren Taten zu richten. In Vorbereitung auf den jüngsten Tag lehrte die Kirche, dass allein für die Frommen Hoffnung bestand, auf die Sünder hingegen furchtbare Strafen warteten, die in allen schauerlichen Details in Schriften, Gemälden und Predigten dargestellt wurden.

Es herrschte eine allgemeine Endzeitstimmung am Ende des 15. Jahrhunderts. Prophezeiungen vom nahen Ende der Welt trafen auf offene Ohren. In Seuchen und Epidemien, in Naturkatastrophen und politischen Ereignissen – in allem suchte und fand man die Zeichen göttlichen Zorns, mit denen sich der jüngste Tag gemäß der Apokalypse ankündigte. In diesem Sinne deutete man beispielsweise die Pest, die ein Jahrhundert zuvor Europas Bevölkerung um die Hälfte reduziert hatte, und nun im 15. Jahrhundert immer wieder ausbrach. Im Klima der Angst vor dem schwarzen Tod gediehen Astrologie, Hexerei und Ketzerei. Der Gedanke, dass sich der Teufel doch als ebenbürtiger Gegner Gottes erweisen könnte, schürte die Furcht vor dem ewigen Tod ohne Hoffnung auf Erlösung. Diese Angst fand ihren Ausdruck nicht zuletzt in den Hexenverfolgungen, die mit der Veröffentlichung des so genannten Hexenhammers (1487) ungeahnte Ausmaße annahmen. Im Jahr 1453, kurz vor Boschs Geburt, fiel Konstantinopel an die Türken. Die Türken galten als Inbegriff der Christenfeinde. Nun führten sie von Konstantinopel aus immer wieder Angriffe auf Europa durch.

Die Sünden, die man im 15. und 16. Jahrhundert anprangerte, waren genau jene Verhaltensweisen, die man auf sozialpolitischer Ebene durch „Policeiordnungen" scharf bekämpfte. Diese Sozialdisziplinierung zeigte sich beispielsweise in Verordnungen gegen „übermäßige Kleidung und Zehrung" oder in Reglementierungen für Feiern und Erlässen gegen maßlosen Alkoholgenuss. In den sündigen Verhaltensweisen sah man die Ursachen der Kriminalität, woraus sich die politisch verordnete Gottesfurcht erklärt. Abweichungen vom durch die Obrigkeit normierten Tugendpfad wurden als Blasphemie aufgefasst und mit drakonischen Strafen geahndet. Vor diesem Hintergrund sind bildliche Darstellungen von Lastern und Sünden nicht bloß als fromme Ermahnungen zu sehen. „[I]n Übereinstimmung mit diesen neuen Rechtsvorstellungen [entfalteten] sie eine abschreckende und einschüchternde Wirkung."[105]

Die Vorstellung von einem Schiff voller Narren war gegen Ende des Mittelalters sehr verbreitet.[106] Bei Karnevalsumzügen beispielsweise wurden Narrenschiffe auf Rädern durch die Stadt gezogen. Ungefähr zur selben Zeit, als Hieronymus Bosch sein Gemälde fertigte, war gerade Sebastian Brants (1457–1521) Buch mit dem Titel „Das Narrenschiff"[107] erschienen (1494). Es wurde in mehrere Sprachen übersetzt und war ein richtiger „Bestseller", vielleicht hatte auch Bosch es gelesen. Der Autor schildert darin über einhundert verschiedene Narren und närrische, das heißt nicht gottgefällige und sündhafte Verhaltensweisen. Narren definierten sich durch die Unfähigkeit, in Selbsterkenntnis das sündhafte Tun zu überwinden. Die Botschaft des Buches: Die diesseitige Welt besteht nur noch aus Narren, den Lastern gänzlich verfallenen Menschen, und allein das apokalyptische Strafgericht kann die Apokatastasis (Wiederherstellung des vorherigen Zustands) herbeiführen. Die beliebte Narrensatire erscheint so als ein letzter Versuch, die Menschen zur Umkehr und Buße zu bewegen.[108]

Die Figur des Narren, in seiner Gottesferne dem Teufel nahe, stand gemeinhin für Vanitas und Tod. Als Synonym für die Angst vor Kontrollverlust, mahnte er zum gottgefälligen und sündenfreien Leben. In dieser Funktion sah man auch den Hofnarren an den Herrscherhöfen. Ursprünglich galt der Hofnarr als ein Repräsentant des Bösen. So wurde er dem Herrscher zur Seite gestellt, um diesen ständig an die menschliche Unzulänglichkeit und die Abhängigkeit von Gott zu erinnern und ihn zu mahnen, seiner Pflicht nachzukommen, die Untertanen davon abzuhalten, sich dem Teufel auszuliefern.[109] Was die Hofnarren für die Herrscher, das waren die Stadtnarren für die Bürger: Auch ihnen schrieb man eine mahnende Rolle zu.

Gegen Ende des Mittelalters gewinnt die Gestalt des Narren eine andere, neue Bedeutung. In Narren- und Possenspielen nimmt der Narr nicht mehr nur die Rolle des Außenseiters ein, sondern wird zum Hauptakteur. Er ist nicht mehr der armselige Sünder, der nicht weiß, was richtig und falsch ist, sondern er denkt und handelt selbst. Vor allem in der Figur des Till Eulenspiegel findet der neue Narrentyp seine literarische Entsprechung. Mit Geschick versteht es dieser, die Menschen zu erziehen und der Gesellschaft einen Spiegel vorzuhalten. In der neuen Narrenfigur treten soziale und moralische Kritik neben die traditionell-religiösen Sinngehalte.[110] Auch der Hofnarr durchlebte diesen Deutungswandel. Er verlor seine moralisch begründete Sonderstellung und wurde zu einem gelehrten Narren mit Angestelltenstatus, an dessen satirisch vorgetragener Kritik sich der Hof solange erfreute, wie der Narr keinen Hofklatsch an die Öffentlichkeit brachte.[111]

Der Narrenbegriff des Mittelalters umfasste neben denjenigen Personen, die nicht gottgefällig und gegen die Regeln des Zusammenlebens lebten, auch die psychisch Kranken. Man unterschied in „künstliche Narren“ und „natürliche Narren“, wobei dem Unterschied allerdings keine große Bedeutung beigemessen wurde. Beide Gruppen waren unfähig, sich auf den rechten Weg Gottes zu begeben, sie waren gleichermaßen Sünder. Den psychisch Kranken jedoch räumte man eine größere Chance auf Vergebung ein.

Die Anzahl der Narren innerhalb der Stadtmauern versuchte man dennoch überschaubar zu halten. Gelegentlich beauftragte man Fischer oder Schifffahrer damit, die stadtfremden Narren aus der Stadt zu bringen. Auf diese Weise stellte man sicher, dass die Ausgewiesenen weit fortgebracht wurden, und zugleich vermied man, dass sich die Narren ständig vor den Mauern der Stadt aufhielten. Die Vertreibung, insbesondere die Fahrt über Wasser, besaß über die pragmatische Effektivität hinaus auch symbolische Bedeutung. Vom Wasser erhoffte man sich sündenreinigende Wirkung für die Geisteskranken. Stadteigene Narren wurden nicht verjagt. Nur wenn sie sich gar zu auffällig verhielten oder Bürger belästigten, „verwahrte“ man sie in der „Torenkiste“ oder steckte sie ins „Narrenhaus“.[112]

Die Narren, vor allem die „natürlichen“ unter ihnen, waren in die Gesellschaft des ausgehenden Mittelalters integriert. Man war auf die Bevölkerungsgruppe der psychisch Kranken angewiesen. Sie besaßen eine wichtige religiöse Funktion: An ihnen konnten die Gesunden Gutes tun. Almosen, Stiftungen und tätige Nächstenliebe häuften den eigenen Seelenschatz an und wurden für den Eintritt ins Himmelreich gutgeschrieben.

An der Schwelle vom Mittelalter zur Frühen Neuzeit schwand die religiöse Funktion der Narren, Bettler und Krüppel in dem Maße, wie sich reformatorisches Gedankengut ausbreitete. Gute Taten stellten demnach keine unbedingte Vorbedingung mehr für die Heilserlangung dar. Vielmehr sollten sie als selbstverständliche Früchte des christlichen Glaubens allein auf Nächstenliebe beruhen. Die Idee des uneigennützigen Helfens ließ sich nur bedingt praktisch durchsetzen. So wandelten sich die Narren, von ihrer religiösen Funktion entbundenen, allmählich von notwendigen zu unerwünschten Personen, die man zunehmend auszusondern begann.

Im 16. Jahrhundert nahm dann die Zahl der Gefängnisse und Arbeitshäuser zu. Zusammen mit Dieben und Straftätern wurden die psychisch Kranken aus dem öffentlichen Leben entfernt. Dieser Aussonderungsprozess muss wiederum im Zusammenhang mit der gesellschaftsumformenden Sozialdisziplinierung gesehen werden. „Das Zucht- und Arbeitshaus, das den Disziplinierungsgedanken institutionalisierte und gegen Unter- und Randschichten richtete, war eine Erfindung der niederländischen Ständerepublik; von dort aus trat es seinen Siegeszug im absolutistischen Europa an. [...] Disziplinierung wurde zum Signum des Zeitalters.“[113]

Die praktische Umsetzung als PowerPoint-Film

Die Schülerinnen und Schüler einigen sich auf eine Reihenfolge der Bildausschnitte und formulieren unter Zuhilfenahme des Glossars kurze interpretierende Sprechertexte zu den einzelnen Bilddetails. Die Szenenreihenfolge wird im Foliendrehbuch vermerkt, die Sprechertexte werden in einem schriftlichen Drehplan festgehalten. Der von den

Schülerinnen und Schülern so konstruierte Interpretationsweg wird anschließend als „PowerPoint-Film" umgesetzt. Auch Dokumenten- und Zeitsinn können in die Deutung des Gemäldes einbezogen werden. Zusätzliche Überschriften für die einzelnen Bilddetails, die sich einfach in PowerPoint integrieren lassen, gliedern später den Film. Sie werden ebenfalls in den schriftlichen Drehplan geschrieben. Vorüberlegungen zur Kameraführung sind für die Erstellung einer PowerPoint-Bildverfilmung nicht nötig.

Tabelle 5: Auszug aus dem Drehplan für die Beispielpräsentation

Nr./Detail	Sprechertext	Überschrift
1 Gesamtbild	Verkleidete Menschen feiern eine wilde Party auf einem Schiff – so erscheint dieses Bild auf den ersten Blick. Der niederländische Maler Hieronymus Bosch malte es vor etwa 500 Jahren …	Hieronymus Bosch: Das Narrenschiff, zwischen 1480 und 1516
2 Köpfe von Mönch und Nonne	Etwas läuft falsch, wenn sich Mönch und Nonne gemeinsam vergnügen …	Allerlei Sünden auf dem Schiff
3 Laute hinzu	Die Nonne zupft eine Laute – ein Musikinstrument, das …	Allerlei Sünden auf dem Schiff
4 Früchte hinzu	Auch die Früchte – vermutlich sind es Kirschen – deuten…	Allerlei Sünden auf dem Schiff
5 Becher hinzu	Der Becher verweist auf das verrufene Würfelspiel…	Allerlei Sünden auf dem Schiff
6 …	…	…

Die Gestaltung der PowerPoint-Präsentation lässt sich ohne großen Aufwand umsetzen. Der Effekt gleicht der oben beschriebenen Variante mit der beweglichen Projektionsfläche. Jeweils das Bilddetail, das im Zentrum der Aufmerksamkeit stehen soll, wird in seiner originalen Farbigkeit beibehalten, während der Rest des Bildes, in Farbigkeit und Kontrast reduziert, wie hinter Milchglas erscheint. Relationen und Komposition bleiben also erhalten, die Bildausschnitte erscheinen im Film nicht aus ihrer Umgebung losgelöst. Zu jeder Einblendung eines Bildausschnittes wird der Sprechertext abgespielt. Die Überschriften erscheinen neben dem Bild. Auf diese Weise erhält man eine audiovisuelle Präsentation, die den Zuschauern den Eindruck eines Films vermittelt.

Bei der Erstellung des PowerPoint-Films wurde folgendermaßen vorgegangen. Das unbearbeitete Gesamtbild wird in eine neue Folie eingefügt und auf die gewünschte Größe zurechtgezogen. Über die Grafiksymbolleiste können Farbigkeit, Helligkeit und Kontrast des Bildes geändert werden. Mit diesen Funktionen wird das Gemälde in ein dezentes Schwarzweiß- oder Milchglasbild umgewandelt. Anschließend fügt man das Originalbild ein zweites Mal in dieselbe Folie ein und legt es genau über das zuvor bearbeitete Bild. Aus der Grafiksymbolleiste wählt man dann das Werkzeug „Zuschneiden“. An den Seiten des Bildes erscheinen Markierungen, die sich mit der Maus nach innen schieben lassen. Man verschiebt diese Punkte solange, bis das Bilddetail die gewünschte Größe erhält, das heißt, bis genau der ausgewählte Bildausschnitt entsprechend dem Foliendrehbuch sichtbar ist. Unter dem farbigen Original kommt das farbreduzierte Bild wieder zum Vorschein.

Um die folgenden Folien mit den entsprechenden Bildausschnitten zu erstellen, wird die fertige Folie einfach kopiert und wieder in die Präsentation eingefügt. Dann wird erneut mit Hilfe der Markierungen der nächste Bildausschnitt festgelegt. Dies wiederholt man, bis alle Bilddetails in der gewünschten Reihenfolge als Folien erstellt sind. Nun können die einzelnen Folien mit den Sprechertexten versehen werden. Das Programm ermöglicht es, einen Audiokommentar direkt aufzunehmen und der Folie sofort zuzuordnen (Über Symbolleiste → Einfügen → Film und Sound → Sound aufzeichnen). In einem weiteren Schritt werden den Folien die Überschriften beigefügt.

Bei dieser Art der Präsentationen muss man bedenken, dass sich nicht auf Filmeffekte zurückgreifen lässt, die es ermöglichen, auch bei längeren Sprechertexten das Publikumsinteresse zu erhalten. Die Texte sollten daher möglichst knapp formuliert werden.

4.2.2 Weiterführende Literatur

Brant, Sebastian: Das Narrenschiff, Basel 1494, Faksimile der Erstausgabe, hrsg. v. Dieter Wuttke, Baden-Baden 1994

Bosing, Walter: Hieronymus Bosch um 1450-1515. Zwischen Himmel und Hölle, Köln 2004

Foucault, Michel: Wahnsinn und Gesellschaft. Eine Geschichte des Wahns im Zeitalter der Vernunft, 10. Aufl. Frankfurt a.M. 1993

Hagen, Rose-Marie, und Hagen, Rainer: Meisterwerke im Detail, 2 Bände, Köln 2005

Hergemöller, Bernd-Ulrich: Randgruppen der spätmittelalterlichen Gesellschaft, 2. neubearb. Aufl., Warendorf 1994

Holländer, Hans: Hieronymus Bosch. Weltbilder und Traumwerk, Köln 1988

Koldeweij, Jos: Hieronymus Bosch in seiner Stadt 's-Hertogenbosch, in: ders./Vandenbroeck, Paul/Vermet, Bernard (Hrsg.): Hieronymus Bosch. Das Gesamtwerk, Stuttgart 2001

4.3 Zeitvertreib mit Spritzbüchse und Schweinsblase – ein visueller Spielekatalog: Pieter Bruegel d.Ä., Kinderspiele, 1560

4.3.1 Das Bild

Abb. 14: Pieter Bruegel d.Ä.: Kinderspiele, 1560, Öl auf Holz, 118 x 161 cm, Kunsthistorisches Museum Wien.

Der Blick auf einen heutigen Schulhof während der großen Pause weist gewisse Ähnlichkeiten mit Bruegels Gemälde auf. Mehr als 250 Kinder tummeln sich dort auf einem Platz. In kleinen Grüppchen, zu zweit oder allein gehen sie den verschiedensten Spielen und Freizeitvergnügen nach. Insgesamt sind 91 verschiedene Spiele und Tätigkeiten dargestellt. Pieter Bruegel der Ältere (um 1525–1569) war der erste Maler, der solch einen visuellen Spielekatalog anfertigte. Gezeigt wird eine reichhaltige Palette an Spielen: Kampf- und Wettspiele, Geschicklichkeits- und Ratespiele, Fang- und Abschlagspiele, Nachahmung alltäglicher und festtäglicher Handlungen, Blindekuh, Reiterkampf, Seifenblasen, Topfschlagen, Klettern, Turnen, Balancieren, Schwimmen, Kegeln, Schaukeln, Kreiseln, Puppenspiel, Stelzenlaufen u.v.a. Welchen Titel der

Maler selbst seinem Bild gab, ist unbekannt. Ebenso wenig weiß man über seinen Entstehungshintergrund. Seit dem 17. Jahrhundert wird das Gemälde unter der Titelbezeichnung „Kinderspiele“ geführt. Das 118 x 161 cm große Ölgemälde aus dem Jahr 1560 ist heute in der Gemäldegalerie des Kunsthistorischen Museums Wien zu besichtigen.

Mit einem Blick auf Bruegels Bild fühlt man sich sofort an die großformatigen Wimmelbilderbücher, die auch den Schülerinnen und Schülern bekannt sein werden, erinnert. Die vielen Personen und Tätigkeiten im Einzelnen zu beschreiben, wäre ein aussichtsloses Unterfangen. Es liefe auf eine endlose Aufzählung hinaus, ermüdend und langweilig, die zudem den Unterrichtsrahmen sprengen würde.

Bruegel hat in den „Kinderspielen“ die bildnerischen Mittel so geschickt eingesetzt, dass seine Betrachter fasziniert sind, ohne dass sie gleich sagen könnten warum.[114] Gerade jüngere Schülerinnen und Schüler fesselt das Bild aber wegen seines Inhalts: Kinderspiele. Nur wenige Themen des Geschichtsunterrichts betreffen die unmittelbare Lebenswelt heutiger Kinder und Jugendlicher. Schülerinnen und Schüler verbringen jedoch einen Großteil ihrer Freizeit mit Spielen. Die Spielewelt heutiger Kinder und Jugendlicher unterscheidet sich in vielem von jener der Kinder aus Bruegels Zeit. Zur heutigen Kinderwelt gehören Unmengen von Produkten der Spielzeugindustrie; selten findet Spielen ohne die Aufsicht von Erwachsenen statt; häufig wird drinnen gespielt. Dennoch werden etliche der Spiele in Bruegels Bild den Schülerinnen und Schülern geläufig sein, manche haben sie sicherlich selbst schon einmal gespielt. Andere lassen sich aus dem Bild erkennen, sind aber heute nicht mehr üblich. Wieder andere sind vollends in Vergessenheit geraten.

Motivsuche

Das Bild eignet sich für den Einsatz in den unteren Klassenstufen. Bildinterpretation ist eine kulturelle Kompetenz, die erst erlernt werden muss. Das visuell Wahrgenommene in Worte fassen zu können, ist Voraussetzung und Bestandteil von Bildinterpretation. In diesem Sinne sollen die Schülerinnen und Schüler die Details in Bruegels Bild entdecken und beschreiben. Aus ihrem eigenen Erfahrungsschatz und ihrer Fantasie leiten sie die Spielregeln für die von ihnen ausgewählten Kinderspiele ab und erläutern sie. Bei bekannten Spielen wird ihnen dies leichter fallen, bei unbekannten Spielen ist mehr Einfallsreichtum gefragt.

Die von den Schülerinnen und Schülern gemutmaßten Spielregeln lassen sich mit den Ergebnissen der kulturhistorischen Forschung vergleichen und um sie ergänzen. Jeanette Hills hat die Regeln fast aller bruegelschen Spiele rekonstruiert.[115] Womöglich unterscheiden sich die Mutmaßungen der Schülerinnen und Schüler von den Forschungsergebnissen. So erfahren sie, dass Interpretationen nicht nach dem Muster „richtig oder falsch", sondern nach „plausibel oder unplausibel" beurteilt werden können. Vielleicht ist die Diskussion über die Spielregeln so motivierend, dass sich der Vorschlag, das eine oder andere Spiel selbst einmal in der Hofpause auszuprobieren, schon fast erübrigt.

Im Unterricht können zunächst einige Bilddetails gemeinsam mit der Schwenkarmmethode angesehen werden. Hier bietet sich die effektvolle Variante vor schwarzer Projektionsfläche an. Gezielt wird so die Aufmerksamkeit der Schüler auf einige Bilddetails gelenkt. Gemeinsam kann dann überlegt werden, wie die ausgewählten Spiele oder Freizeittätigkeiten wohl abgelaufen sein könnten. Da der Großteil des Bildes bei dieser Betrachtungsmethode noch im Dunkeln bleibt, gibt es anschließend noch viel zu entdecken.

Für die gemeinsame erste Betrachtung sollten sowohl bekannte als auch unbekannte Spiele gewählt werden. Exemplarisch wurden drei Bilddetails ausgewählt:

Abb. 15: Durch die offene Tür im linken Gebäude kann man zwei Mädchen sehen, die mit ihren Puppen beschäftigt sind. Die eine scheint ihre Puppe anzuziehen, die andere stellt vielleicht gerade eine Puppe aus Tuchresten her (Lumpenpuppe). Im Hintergrund befinden sich auf einem Regal weitere Gegenstände, die offensichtlich zum Puppenspiel gehören: eine schwarzgekleidete Puppe, eine kleine Wiege und andere kleine Dinge, vielleicht Puppenkleidung oder Stoffreste.

Abb. 15: Detail 1

Kinder, vor allem Mädchen, haben scheinbar zu allen Zeiten mit Puppen gespielt. Sogar in vorgeschichtlichen Gräbern hat man Puppen gefunden, von denen man annimmt, dass mit ihnen gespielt wurde. Babypuppen wurden erst im 19. Jahrhundert hergestellt. Bis dahin stellten Puppen Erwachsene (meist junge Frauen) dar. Besonders kunstvoll hergestellte Puppen waren in der Regel nicht für das Kinderspiel bestimmt.

Jeanette Hills führt ein Zitat aus dem Jahre 1693 an. Es wird klar zwischen Jungen und Mädchenspiel unterschieden:

> „Dem Frauenvolk klebt eine sonderliche Zuneigung gegen den Kindern an. Das siehet man an den kleinen Töchterlein, welche, obwohl sie noch nit wissen, ob sie Mägdlein seind, noch viel minder, warumb sie solche seind, dannoch in ihren Kinderspielen aus Lumpen zusammengemachte Docken (Puppen) herumtragen, wiegen, einfätscheln (wickeln) und versorgen; dahingegen die Knaben mit Häusle bauen, Steckenreiten, Degen und Bixen (Büchsen), auch Altärlein machen beschäftigt seind."[116]

Abb. 16: Detail 2

Abb. 16: Vier Kinder haben sich zu einer Taufprozession zusammengetan. Auffallend ist, dass sie sich ihre Röcke oder in einem Zipfel verknotete Tücher über den Kopf gestülpt haben. Sie ahmen eine damals weit verbreitete ländliche Sitte nach: die Umhänge bieten Schutz vor bösen Geistern. Auch die Bildung der Reihe ist ein magischer Abwehrbrauch. Vermutlich deutet das letzte Kind dem kleinen Mädchen vor sich, keine Lücke einreißen zu lassen. Aufgrund der Kenntnis der damaligen Taufriten lassen sich die Rollen der einzelnen Kinder genauer benennen. Vornweg geht die Hebamme, die den Säugling trägt. Er ist, ebenfalls zum Schutz vor Geistern, vollständig in ein Tuch gehüllt. Dahinter folgt die Mutter. Den Schluss bilden die Pateneltern, die gewöhnlich kleine Geschenke mitführen.[117]

Abb. 17: Detail 3

Abb. 17: Heutige (Stadt-)Kinder würden wohl kaum mit den beim Schlachten anfallenden Tierprodukten spielen wollen. Im rechten Bildvordergrund ist ein Kind zu sehen, das eine Schweins- oder Rinderblase aufbläst. Um die Hüfte trägt es eine ihm zu lange Schürze, die an jene der Fleischer erinnert, dazu Pantoffeln, die ihm offensichtlich viel zu groß sind und eine eigenartige Kopfbedeckung – vielleicht wollte der Junge den Fleischerberuf nachspielen, bevor ihm die Idee kam, die Schweinsblase zum Lärminstrument zu machen. In einem holländischen Gedicht aus dem 14. Jahrhundert ist von bösen Knaben die Rede, die eine Blase aufpusten und mit Erbsen füllen, womit sie dann Lärm machen.[118]

Weitere Spiele sollen die Schülerinnen und Schüler selbst entdecken. Mit Hilfe einer Motivlupe begeben sie sich auf Motivsuche durch das Gemälde. Da Bruegel sehr viele Spiele dargestellt hat, ist es sinnvoll, die Motivsuche mit „Suchanweisungen" einzuschränken. Aufgabenstellungen könnten folgendermaßen lauten:[119]

- Findet drei Spiele, die ihr kennt oder deren Regeln ihr leicht aus dem Bild erraten könnt. Beschreibt genau, was die Kinder auf dem Bild tun und erläutert die Spielregeln.
- Gibt es Spiele oder Freizeitbeschäftigungen, die ihr nicht kennt? Findet drei euch unbekannte Spiele. Überlegt, wie sie abgelaufen sein könnten. Beschreibt die Spielregeln so, wie ihr sie euch vorstellt. Notfalls kann euch eure Lehrerin/euer Lehrer mit Informationen weiterhelfen.
- Sucht zwei Spiele, die man ganz ohne Spielmaterial spielen kann und zwei, für die man Spielzeug braucht. Beschreibt die Spielmaterialien genau und überlegt, woher sie kommen und wer sie hergestellt hat.
- Was lernen die Kinder im Spiel? Überlegt, welche Erfahrungen die Kinder in den einzelnen Spielen sammeln.

Abb. 18: Bruegel: Kinderspiele, nummeriert

Sämtliche Spielbezeichnungen lassen sich der folgenden Tabelle entnehmen, die sich auf das nummerierte Gemälde (Abb. 18) bezieht.

Tabelle 6: Spielbezeichnungen

Nr.	**Spielbezeichnung**
1	Fangsteinchenspiel, Knöchelspiel
2	Mit Puppen spielen
3	Pfarrer spielen, Altärleinmachen
4	Eine Maske tragen, Erschrecken
5	Schaukeln
6	Mit einer Art Jojo spielen
7	Seifenblasen machen
8	Binsenhüte tragen
9	Mit einem gefangenen Vogel spielen
10	Ein „Tier" (Ziegelstein) an der Leine
11	Mit einem Kreisel spielen
12	Mit der Spritzbüchse („Wasserpistole") spielen
13	Vogelhaus
14	Taufprozession spielen
15	Steckenpferd reiten
16	Trommel schlagen und Flötenspiel
17	Mit dem Stock im Kot rühren
18	Reifenschlagen
19	Schweins- oder Rinderblase aufpusten
20a, b	Kaufladen spielen
21	„Bock steh' fest" (Geschicklichkeitsspiel für Reiter und bockbildende Gruppe)
22	„Hobeln" (Strafe für Fehlschläge beim Spielen)
23	Messerwerfen
24	Aus Ziegeln ein Haus oder einen Brunnen bauen

25a, b Auf einem Fass schaukeln und in das Fass rufen

26 Engeltragen (Kleine Kinder lernen spielerisch aufs Töpfchen zu gehen. Ein Töpfchen steht am unteren Bildrand.)

27 Blinde Kuh

28 „Gerad oder Ungerad" (Anzahl verborgener Dinge erraten)

29 Reitkampf, Seilziehen

30 Hammelsprung, Bocksprung

31 Spießrutenlauf, Gassenlauf

32a-c Turnübungen machen: Knoten, Kopfstand, Purzelbaum

33a, b Auf dem Zaun klettern und reiten

34 Hochzeitsumzug spielen

35 Topfschlagen

36 Auf Stelzen laufen

37 „Lauf Mond, lauf!" „Mütze durch die Beine werfen"

38 Haare zupfen oder „Birnenschütteln"

39 Insekten jagen und töten

40 Eine Patensemmel (großes Gebäck, Geschenk v. Paten) herumtragen

41 Plumpsack

42 Nüssespiel (Haufen des Gegners treffen)

43 Am Reck turnen

44 Einen Besen balancieren

45 Teil des Versteckspiel (Der Entdeckte wurde gefangen und muss den Suchenden zur Strafe auf dem Rücken tragen)

46 Mit einer Klapper oder Ratsche spielen

47 Turnier, mit Windmühlen kämpfen

48 Im Sand spielen

49 Burgspiel (erhöhten Platz verteidigen)

50 Mühlendrehen (sich im Kreis drehen und dann hinhocken)

51 Schwimmen

52 Baumklettern

53 Mutter Rose (Feilschen um Lämmer/Kinder)

54 „Anschlagen" (Kugel des Gegners mit der eigenen treffen)

55 Notdurft verrichten

56 Kreiselschlagen (auch 11)

57 Ein Band im Wind flattern lassen

58 Einen Korb aus dem Fenster hängen

59 Papierfähnlein

60 Kegeln

61 Sauball (Kugel in Grube schlagen)

62 Murmelspiel

63 Bärentreiber, „Teufel an der Kette" (zwei Kinder mit Seil versuchen die Mitspieler zu fangen)

64 Eine Wand hochlaufen

65 Ringkampf, sich prügeln

66 Münzen werfen

67 Mütze auf einem Stock herumwirbeln

68 Laternenumzug

69 Hinten-Anhängen (Singespiel mit Festhalten am Vordermann)

70 Singespiel mit Bewegungen

71 Im Gänsemarsch laufen

72 Von der Bank drängen

73 Handwerk erraten (Pantomime)

74 Huckepacktragen

75 „Fuchs ins Loch" (Besen nach hinten durchgeben)

76 Kindergruppe (?)

77 Freudenfeuer machen

78 Fingerziehen (?)

(Spielebezeichnungen nach: Hills: Kinderspielbild; Flachmann, Heike: „Alles warumb die Menschen rennen, kann man billich Kinderspiel nennen". Was Bilder über Kinderspiele in früheren Jahrhunderten erzählen, in: Gl (1988) H. 5, S. 31-41)

Die Schülergruppen stellen anschließend die von ihnen ausgesuchten Details der Klasse vor. Sie können sich dazu der Motivlupe auf der Overhead-Folie oder der Schwenkarmmethode bedienen. Motive und Spielregeln werden mit eigenen Worten beschrieben. Es kann auch, vielleicht in Form von Spielempfehlungen, eine Bewertung der Spiele vorgenommen werden.

Statt der Motivlupenvariante können die ausgesuchten Bilddetails auch am Computer aus dem Gesamtbild ausgeschnitten werden und in einer PowerPoint-Präsentation vorgestellt werden. Die Bezeichnung des Spiels wird als Bildüber- oder -unterschrift in die Folien eingebettet. Anstelle eines Schülervortrags lassen sich die erklärenden Texte zu den Bilddetails in PowerPoint einfach als Audiokommentar aufnehmen und zum Bild abspielen. Der Text kann auch, wie hier im Beispiel, in schriftlicher Form den Bilddetails zugeordnet werden. So lässt sich sogar ein kleiner, bebilderter Spielekatalog als Regelwerk zum Nachspielen zusammenstellen. Die PowerPoint-Folien können einfach ausgedruckt werden.

In der Präsentationsphase können Überlegungen zu den speziellen Spielformen (Bewegungsspiel, Wettspiel, Rollenspiel, Partner-, Gruppen- oder Einzelspiel) und zu den möglichen pädagogischen Aspekten der Spiele (Vorbereitung auf das Erwachsenenleben, Körpertraining...) einbezogen werden. Weiterführend lassen sich dann Dokumentensinn und Zeitsinn des Bildes erarbeiten.

Kindheit und Spiel als neues Bildthema

Der Blick auf Kinder war zu Bruegels Zeit ungewöhnlich. In der Malerei wurde bis dahin nur ein einziges Kind immer wieder dargestellt: der kleine Jesus Christus, zumeist auf dem Schoß seiner Mutter Maria sitzend. Wenig Kindliches ist in den Jesus-Christus-Bildern des Mittelalters zu entdecken. Häufig erscheint der Gottessohn als verkleinerter Erwachsener.

Der mittelalterlichen Gesellschaft fehlte das Verständnis von Kindheit als spezieller Lebensphase mit eigenen Bedürfnissen.[120] Es gab keine bewusste Wahrnehmung jener kindlichen Besonderheiten, die das Kind grundsätzlich vom Erwachsenen unterscheidet. Nicht dass Kinder vernachlässigt wurden; sobald sie aber ohne die ständige Fürsorge der Mutter oder Amme zurechtkamen, zählte man sie unterschiedslos zur Gesellschaft der Erwachsenen. Entsprechend dieser Einstellung zur Kindheit, sind in der Malerei des Mittelalters Kinder für gewöhnlich keine Motive der Darstellung. Dies änderte sich allmählich während der Renaissance. So zeugen die zahlreichen niedlichen Putten-Figuren auf

Renaissancegemälden von einem zunehmenden Interesse am Kind und an der Kindheit. Auch Bruegels Bild ist ein Zeugnis für diesen Einstellungswandel.

In ihrer Darstellungsweise entsprechen Bruegels Figuren allerdings noch der mittelalterlichen Kindheitsauffassung. Kindheit galt als Vorstufe zum Erwachsensein. Man behandelte Kinder wie kleine Erwachsene und kleidete sie dementsprechend: die Kleider, Schürzen und Hauben der Mädchen glichen denen ihrer Mütter, die Hosen, Wämse, Kutten der Jungen sahen genauso aus wie die der Väter.[121] Extra gefertigtes Spielzeug für Kinder gab es kaum. Spielmittel wurden vor allem für adlige oder bürgerliche Erwachsene gestaltet. Die meisten der Kinder im Bild kommen ohne Spielzeug aus. Manche spielen mit Dingen, die sowieso vorhanden waren: Schweinsblasen, Holzstückchen, Knochen, Obstkerne, Ziegelsteine, Fässer. In der Neuzeit nehmen die Belege für Kinderspielzeug zu. Einige sind bei Bruegel zu entdecken: Steckenpferd, Reifen mit Schellen, Kreisel, Murmeln, Puppen, Lärminstrumente. Aus den verwendeten Spielmitteln lassen sich sowohl Aspekte der sozioökonomischen Bedingungen als auch die Wertmaßstäbe und Erziehungsnormen der Gesellschaft und Epoche herleiten. „Damit werden Spielmittel zu einer mentalitätsgeschichtlichen Quelle, denn sie spiegeln nicht allein den realen Zustand einer Gesellschaft, sondern die teils bewusste, teils unterschwellige Idealvorstellung, die eine Gesellschaft von sich selbst entwickelt hat."[122]

Zwar brachte man den Kindern auch im Mittelalter Zuneigung entgegen, doch währte diese zärtliche Phase nicht lange und war wohl nicht vergleichbar mit der emotionalen Zuwendung von Eltern und Verwandten gegenüber Kindern in heutigen Kleinfamilien. Zu viele Kinder wurden geboren und zu viele starben bald nach der Geburt. Der humanistisch gebildete Schriftsteller und Philosoph Montaigne (1533–1592) schrieb in einem Essay: „Ich habe zwei oder drei Kinder im Säuglingsalter verloren, und dies zwar nicht ohne Bedauern, aber doch ohne Verdruß."[123]

Im Vergleich zu heute begegnete man Kindern mit einer gewissen Gefühlsdistanz, einem Maß an Desinteresse. Dies scheint sich auch in Bruegels Bild niedergeschlagen zu haben. Aus den Gesichtern der Kinder spricht nichts Kindliches, ebenso wenig wird das Kindliche im Körperbau betont. Kaum eines der Kinder lacht, viele wirken dumpf, die Gesichter sind alterslos. Ganz anders begegnen uns da die Kinderdarstellungen der nachfolgenden Jahrhunderte.[124] Von deren Verklärung, die mit der allgemeinen Aufwertung des Gefühls einherging, ist bei Bruegel noch nichts zu spüren.[125]

In Definitionen von Spiel wird vor allem der Freiwilligkeitscharakter der spielerischen Tätigkeit betont. Nach der anerkannten Definition von Johan Hiuzinga ist Spiel „eine freiwillige Handlung oder Beschäftigung, die innerhalb gewisser festgesetzter Grenzen von Zeit und Raum nach freiwillig angenommenen, aber unbedingt bindenden Regeln verrichtet wird, ihr Ziel in sich selber hat und begleitet wird von einem Gefühl der Spannung und Freude und einem Bewusstsein des ‚Andersseins' als das ‚gewöhnliche Leben'".[126] Spielen ist also ein menschliches Grundbedürfnis, das nicht nur Kindern eigen ist.

Der spielerische Zeitvertreib ist nicht gänzlich zweckfrei. Im Spiel trainieren die Kinder ihre Körper, in der Nachahmung bereiten sie sich spielerisch auf ihre Rollen in der Welt der Erwachsenen vor. Während die Humanisten der Renaissance bereits die erzieherischen Möglichkeiten, die im Spiel stecken, erkannten, legte die Kirche zu dieser Zeit noch eine Haltung der absoluten Missbilligung an den Tag. Die freie und lustbetonte Beschäftigung wurde mit äußerster Skepsis und als Form der Gotteslästerung betrachtet. Von dieser „Spieleächtung" zeugen die zahlreich erlassenen Spielverbote in Schulen und Klöstern.[127] Womöglich hat das Sprichwort vom Teufel, der seine Hand im Spiel hat, hier seine Ursprünge. In diesem Sinne kann Bruegels Bild auch als Mahnung vor allem an die Erwachsenen seiner Zeit verstanden werden. Sie sollen ihr Leben nicht wie im kindlichen Spiel mit unnützem Zeitvertreib und Müßiggang vertun.

In der emblematischen Literatur, die zu Bruegels Zeit in den Niederlanden gerade populär wurde, wird nutzlose Anstrengung durch Kinder illustriert, die mit Reifen spielen – ähnlich denen am unteren Bildrand des Bruegelschen Gemäldes. Das Reifenspiel bedeutete zudem, dass aus demjenigen, der seine Zeit in solcherart Spiel vertut, nichts Anständiges werden kann. Für viele der Bruegelschen Spiele und Spielgeräte lassen sich ähnliche, mit Vanitas und Memento Mori verbundene Bedeutungsbezüge finden. Die zwei Kirchtürme unterstützen diese religiösmoralische Deutung: Ein Turm ragt am Ende der breiten Straße, die in die Stadt hineinführt, auf, der andere erhebt sich aus der eher dörflich geprägten Gegend am Horizont der linken Bildhälfte.

Kunsthistoriker haben in den letzten Jahrzehnten zahlreiche plausible und unplausible Interpretationen zu Bruegels Kinderbild vorgelegt. Die meisten von ihnen kreisen mehr oder weniger eng um die oben erwähnte Deutung, das Bild sei eine Anprangerung menschlicher Torheiten.[128] Einige Kunsthistoriker hingegen vertreten die Auffassung, Bruegel habe lediglich einen Tatsachenkatalog, eine Bestandsaufnahme von volkstümlicher Kultur geschaffen, „die zu dieser Zeit schon nicht mehr selbstverständlich ihr Existenzrecht beanspruchen konnte, sondern sich vielmehr in einem Zustand der Herausforderung oder des Angegriffenseins, in einer Krise befand".[129] Die unterschiedlichen Interpretationen müssen einander nicht zwangsläufig ausschließen. Guido Bouloullé sieht gute Gründe in der Hinwendung zur Volkskultur im 16. Jahrhundert.[130] Demnach richtet sie sich gegen die zunehmende Kontrolle, Reglementierung, Reformierung und Unterdrückung der traditionellen Sitten, Feste und Gebräuche des Volkes durch Adel, städtisches Patriziat und Kirche in jener Zeit. Die Obrigkeit bekämpfte, unter anderem „mit theologischen Argumenten der Reformation, die eine rigide politische Moral postulierten",[131] die Riten des Volkes, in denen sie „nur schwer kontrollierbare, daseinsfreudige und zügellose Lebensformen [sahen], die sich mit der zunehmend auf asketische Arbeitsethik fundierten christlichen Lehre nicht in Einklang bringen ließen".[132] Diese so genannte Sozialdisziplinierung, deren Hauptziel in der Schaffung eines homogenen Untertanenverbandes bestand, stellte in ganz Europa einen Trend in der gesellschaftlichen Entwicklung dar.[133]

Eine andere Art kontrollierenden Zugriffs auf die Lebensbereiche des Volkes war den Humanisten zu eigen, die in ihren lexikalischen Sammlungen auf Vollständigkeit, sinnvolle Anordnung und gelehrte Kommentierung des gesammelten Materials aus waren.[134] Bruegel unterhielt Kontakte zu bekannten Humanisten, und dürfte deren Weltanschauung nahe gestanden haben. Als sich Ende der 50er Jahre des 16. Jahrhunderts die Auseinandersetzungen der Niederländer mit den Spaniern im Land zuspitzten, unterstützten die Humanisten den Widerstand gegen die Fremdherrschaft. Die fast schon enzyklopädische Sammlung von Kinderspielen in Bruegels Gemälde weist Merkmale humanistischer Sammeltätigkeit auf. In der Hinwendung zur niederländischen Volkskultur lässt sich eine antispanische Haltung Bruegels ablesen. In der Volkstümlichkeit seiner Darstellung allerdings unterscheidet sich Bruegel von den humanistischen Gelehrten. „Die Humanisten übertragen die Kinderspiele in die dürre Welt der Wörterbücher und gelehrten Abhandlungen. Bruegel bewahrt ihnen ihre pralle Lebendigkeit."[135]

Der Blick auf den Lebensabschnitt Kindheit ist bei Bruegel einerseits noch in den mittelalterlichen Auffassungen verhaftet. Andererseits zeigt sich bereits humanistisches Gedankengut, was auf die Bildzukunft verweist: Die eigentliche Entdeckung der Kindheit erfolgte erst im Zuge der Aufklärung im 17. und vor allem im 18. Jahrhundert. Mit der Aufklärung stieg das Interesse am Kind und seinem Spiel. Das kindliche Spiel erfuhr eine zunehmende „Pädagogisierung". Man erkannte die (kindliche) Lust am Spiel als menschliches Grundbedürfnis. Gleichwohl etablierte sich die Auffassung, dass nur pädagogisch wertvolle Spiele geeignet seien. Man vermutete, dass kindliche Spiele keineswegs nur unschuldige Vergnügen seien, sondern undiszipliniertes Verhalten begünstigten, frühzeitige Verinnerlichung sittlicher Normen verhinderten und schamlose Freude am lustvollen Treiben förderten.[136] Didaktisch-moralisierende Ratgeberliteratur und visuelle Darstellungen „guter" Spiele verbreiteten diese Erziehungsvorstellungen hauptsächlich im dafür empfänglichen Bürgertum.[137] Nicht unbedingt Spielerealität zeigt sich dort, sondern eher Wunschbilder humanistischer und aufgeklärter Pädagogen. Die Spielewelt bei Bruegel hat noch keine solche pädagogische Zensierung erfahren, wohl aber den Blick auf die Kinder gelenkt.

Bruegels Bild dokumentiert eines der ersten Kinderspiele im 16. Jahrhundert. Sein Dokumentensinn besteht in der sich langsam wandeln-

Abb. 19: Pieter de Hooch: Unterricht im Laufen, um 1665/70

den Einstellung zur Kindheit. Ebenso ließe sich der Dokumentensinn in einer Art romantisierender Verklärung überschwänglicher Volkskultur sehen – ein Gegenentwurf zur aufkommenden Sozialdisziplinierung.

Der Zeit- bzw. Erzählsinn, bezogen auf die Thematisierung der Kindheit, lässt sich anhand ergänzender Bilder von Bildvergangenheit und Bildzukunft aufzeigen (Abb. 19). Die Geschichte der Kindheit und des Spiels lässt sich bis in die Gegenwart verfolgen: Was bedeutet Kindheit heute? Welche Rolle nimmt Spielen im Leben heutiger Kinder- und Jugendlicher ein? Was, womit und wo wird heute gespielt? Was sind „pädagogisch wertvolle" Spiele, und muss Spielen immer „pädagogisch wertvoll" sein? Gibt es gar Spiele, die man verbieten sollte?[138]

Einzelne Bilddetails können herausgegriffen und hinsichtlich ihrer symbolischen Bedeutungen untersucht werden. Dies ermöglicht einen Einblick in das frühneuzeitliche, christlich geprägte Denken. Die Schülerinnen und Schüler erkennen, dass viele Bildelemente symbolische Bedeutungen enthalten, die nicht offensichtlich sind und sich nur durch gründliche Recherche herausfinden lassen.

Die Variante als PowerPoint-Präsentation ermöglicht es, die Ergebnisse der Bildarbeit auch in anderen Klassen, beispielsweise als Einstieg, einzusetzen. Während die unteren Klassen das Bild hauptsächlich unter kulturgeschichtlichen Gesichtspunkten betrachten, kann in Klassenstufe 10 im Rahmen einer Unterrichtseinheit „Der Wandel des Menschenbildes bis zum 18. Jahrhundert"[139] noch einmal auf Bruegels Bild Bezug genommen werden. Es eignet sich auch für den Einsatz unter dem Aspekt der Sozialdisziplinierung. Die von den unteren Klassenstufen erstellten PowerPoint-Präsentationen lassen sich durchaus als Grundlage für die weiterführende Erarbeitung in den oberen Klassen heranziehen.

Die praktische Umsetzung als PowerPoint-Präsentation

Es empfiehlt sich, den Schülergruppen das Layout für die Präsentation in PowerPoint mit einem Folienkopf sowie den entsprechenden Feldern für die Bilder und Texte schon vorzugeben. Die Schülerinnen und Schüler öffnen die vorbereitete Präsentation mit den noch leeren Folien. Die zuvor aus dem Gesamtbild ausgeschnittenen und gespeicherten Bilddetails werden in die Folien eingefügt und die Überschriften und Texte getippt.[140]

Gesprochener Text lässt sich unter dem Menüpunkt „Einfügen" → „Film und Sound" → „Sound aufzeichnen" über ein Mikrofon aufnehmen, das am Computer angeschlossen ist. Ein kleines Lautsprechersymbol erscheint dann in der Folie, der Ton wird abgespielt, sobald auf das Symbol geklickt wird.

Abb. 20: Screenshots Microsoft PowerPoint, Bilddetails werden in die vorbereiteten Folien eingefügt und mit geschriebenem oder gesprochenem Text ergänzt

4.3.2 Weiterführende Literatur

Ariès, Philippe: Geschichte der Kindheit, München 1978

Boulboullé, Guido: Die Kinderspiele. Warum Pieter Bruegel d. Ä. 91 verschiedene Kinderspiele vorstellt, in: Journal für Geschichte 1986, Heft 3, S. 17-24

Hagen, Rose-Marie und Rainer: Pieter Bruegel d.Ä. (um 1525-1569). Bauern, Narren und Dämonen, Köln 2004

Flachmann, Heike: „Alles warumb die Menschen rennen, kann man billich Kinderspiel nennen". Was Bilder über Kinderspiele in früheren Jahrhunderten erzählen, in: Geschichte lernen (1988) H. 5, S. 31-41

Grosch, Waldemar: Spielzeug, in: Pandel, Hans-Jürgen und Schneider, Gerhard (Hrsg.): Handbuch Medien im Geschichtsunterricht, Schwalbach/Ts. 1999, S. 619-669

Hills, Jeanette: Das Kinderspielbild von Pieter Bruegel d. Ä. Eine volkskundliche Untersuchung, Wien 1957 [ND 1998]

Huizinga, Johan: Homo ludens. Vom Ursprung der Kultur im Spiel, Reinbek 1994

4.4 Zwischen Aberglaube und Medizin – zahnärztliches Spektakel unter freiem Himmel: Jan Steen, Der Zähnezieher, 1651

4.4.1 Das Bild

HUMORVOLLE UND MORALISCHE KUNST FÜR DAS BREITE PUBLIKUM – GENREGEMÄLDE IM 17. JAHRHUNDERT

In den wirtschaftsstarken Niederlanden erlebte die Genremalerei im 17. Jahrhundert ihre Blütezeit. Die Alltagsszenen erfreuten sich außerordentlicher Beliebtheit. In ihnen spiegelt sich „die Vorstellungswelt des niederländischen Protestantismus, der das religiöse Bild aus der Kirche verbannt hatte und bestimmte Typen des profanen Blicks ermöglicht".[141] Genrebilder sind Produkte eines neuen anonymen Kunstmarktes, der das Gemälde zur Ware werden ließ. Man versuchte den Geschmack des breiten Publikums zu treffen. Auch weniger Begüterte konnten sich den Erwerb der Bilder leisten. Die Maler verdienten nicht besonders gut an ihren Bildern. 1676 wurde der Wert eines Gemäldes von Jan Steen (1626–1679) auf 15 Gulden geschätzt, was dem damaligen Lohn eines gelernten Amsterdamer Arbeiters für zwei Wochen entsprach.[142]

Die detailgetreuen Bilder vermitteln einen Einblick in die Lebens- und Arbeitswelt verschiedener sozialer Gruppen. Nicht individuelle

Abb. 21: Jan Steen: Der Zähnezieher, 1651, Öl auf Leinwand, 33 x 26,5 cm, Den Haag, Mauritshuis

Personen, sondern typische Charaktere sind in ihnen dargestellt. Viele Bilder lassen einen humoristischen, fast karikaturistischen Einschlag erkennen. Sie beziehen, einmal mehr und einmal weniger offensichtlich, Stellung zu fast allen Erscheinungen des privaten und öffentlichen Lebens: zu Festen und Spielen, zu Haus und Familie, zu Arbeit und Zeitvertreib.

Geradezu fotorealistisch wirken viele der niederländischen Genregemälde. Einige Kunsthistoriker und Historiker sahen diese Malerei als Ausdruck einer „Sehkultur", der es vor allem um eine objektive Darstellung des Sichtbaren gehe.[143] Demzufolge „ist die niederländische Kunst nicht mimetisch: Sie will nicht etwas nachahmen, sondern wiedergeben, wie es ist“.[144] Zweifelsohne sind Genrebilder reichhaltige Quellen für die materielle Kultur Hollands im 17. Jahrhundert. Die meisten Interpretationen gehen jedoch davon aus, dass die Genremalerei nur auf den ersten Blick ein Kompendium des Lebens und Treibens der Menschen ist. Hinter den vermeintlichen Alltagsdarstellungen vermuten sie einen tieferen Sinn.[145] Tatsächlich lässt sich vor allem mit Hilfe zeitgenössischer Emblemliteratur für fast jedes der Bildelemente ein versteckter Sinngehalt ermitteln.[146] Demnach haben viele Bilder religiös-moralisierende Bedeutungen: Genusssucht und Leichtsinn werden angeklagt, es wird vor der Kurzlebigkeit der Vergnügungen gewarnt und an die Vergänglichkeit des Lebens erinnert. Ob dies vom Künstler so beabsichtigt war und ob es den Zeitgenossen überhaupt in den Sinn kam, die Darstellungen symbolisch oder allegorisch zu deuten, oder ob die Szenen tatsächlich nach dem Leben gestaltet sind, lässt sich nicht mit Sicherheit sagen. Allerdings waren Emblembücher, in denen Sprichwörter und Weisheiten illustriert und erklärt sind, bei Künstlern und Bevölkerung im 17. Jahrhundert überaus beliebt. Diese volkstümliche Literatur war in hoher Auflage verbreitet, sodass die Vermutung nahe liegt, dass sie den Genremalern durchaus als Inspirationsquelle diente. Bezieht man sich bei der Interpretation jedoch ausschließlich auf diese Sinnbildliteratur, läuft man Gefahr, die Gemälde lediglich als kunstvolle Buchillustration, als gemaltes Emblem oder als die grafische Umsetzung einer calvinistischen Predigt mit verdrießlicher moralischer Mahnung zu sehen. „Für das zeitgenössische Publikum“, so der niederländische Kunsthistoriker Christopher Brown, „verdiente ein Genrebild zuerst und vor allem wegen seiner illusionistischen Qualitäten Bewunderung, wegen der exakten Wiedergabe von Menschen, Situationen und vertrauten Dingen des täglichen Lebens. Die in einem Genrebild ausgedrückten Gedanken mochten in vielen Fällen Binsenwahrheiten und abgedroschene Sprichwörter sein, aber in dieser neuen bildlichen Form wirkten sie wieder frisch und aufregend“.[147]

Der holländische Maler Jan Steen (1626–1679) gilt als typischer Vertreter der Genremalerei. Das kleinformatige Ölgemälde (32,5 x 26,7 cm, Leinwand) mit dem Titel „Der Zähnezieher“ (manchmal auch: „Der Zahnarzt“) entstand im Jahr 1651 und befindet sich heute im Mauritshuis in Den Haag. Auf einem Marktplatz – im Hintergrund sieht man ein Verkaufszelt – hat ein Zähnezieher seine „Ambulanz“ aufgebaut. Während einem Patienten gerade ein Zahn gezogen wird, hat sich um diese Szene eine Zuschauermenge versammelt (Abb. 21).

Der Zähnezieher im Detail

Mit der Motivlupe kann Jan Steens Bild in Details zerlegt werden. Die ausgewählten Motivgruppen lassen sich einzeln betrachten und interpretieren:[148]

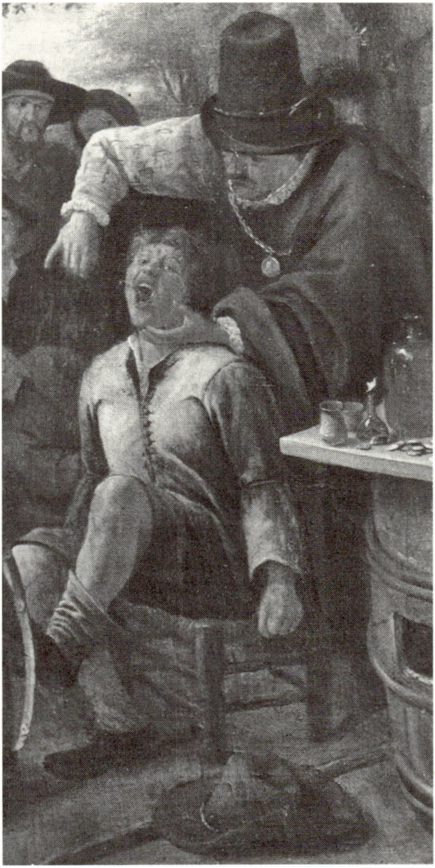

Abb. 22: Detail 1

Abb. 22: Ein junger Mann befindet sich gerade in zahnärztlicher Behandlung. Der behandelnde Zahnzieher trägt auffällige, teure Kleidungsstücke, die darauf schließen lassen, dass er nicht unvermögend ist: ein Gewand mit gekrausten Hals- und Ärmelabschlüssen, einen großzügig geschnittenen Mantel, eine Kette mit einem Medaillon. Die auffallende Kleidung verfolgte den Zweck, die Aufmerksamkeit der Marktbesucher auf sich zu ziehen und so Kundschaft anzulocken. Manchmal übernahmen eine extra dafür angestellte attraktive „Werbeassistentin", ein Musiker oder Jongleure diese Aufgabe. Der Zahnarzt im Bild kommt ohne zusätzliches Spektakel aus. Ein hoher Hut war seit dem Mittelalter das Erkennungszeichen für fahrendes Volk. Hier ist er möglicherweise auch als ärztliches Attribut zu verstehen – Jan Steen malte mehrmals Arztfiguren mit ähnlicher Kopfbedeckung. Häufig stecken diese in theatralischen Fantasiekostümen, in denen allerlei modische Elemente gleich mehrerer

Jahrhunderte vereint sind. Trotzdem entspricht die Kleidung dem Auftreten der ständischen Berufe im 17. Jahrhundert.[149] Das selbstbewusste Erscheinungsbild des Zähnereißers im Gemälde muss also keine Übertreibung sein. Hut und Kleidung lassen auch Rückschlüsse auf die Selbsteinschätzung der reisenden Zähnezieher zu.

Fahrende Heiler, die auf den Marktplätzen Behandlungen wie Zahnreißen, Starstechen oder Bruchschneiden offerierten und Arzneien anboten, gehörten zur Lebens- und Erfahrungswelt der Leute im 17. Jahrhundert. Die Spezialisten für Zahnextraktionen trugen die Berufsbezeichnung Zahnbrecher oder Zahnreißer. Zwar hatte man seit der Renaissance neue Erkenntnisse in der Zahnmedizin erlangt, in der operativen Technik aber hatten sich seit dem Mittelalter kaum bemerkenswerte Fortschritte vollzogen. Auch setzten sich die neuen Erkenntnisse nur langsam durch. Als Allheilmittel galt das Zähneziehen. Oft wurde dabei aber lediglich die Zahnkrone abgebrochen und der Patient litt weiterhin unter Schmerzen, welche Folgebehandlungen nach sich zogen.

Steens Zahnarzt hantiert reichlich ungelenk im geöffneten Mund seines Patienten herum: Zaghaft stützt er mit der Linken den Unterkiefer, in der Rechten hält er, den kleinen Finger dabei vornehm abgespreizt, eine Zahnzange. Unter den verschiedenen Zahnzangen war die ihrer Form wegen „Pelikan“ genannte die beliebteste.[150] „Mit dieser Zang pflegen die jetzige Chirurgi fürnemlich die Stock-Zähn (Backenzähne) ohne Mühe außzureissen“,[151] schrieb der Ulmer Arzt und Chirurge Scultetus 1666. Der Blickwinkel des Zähneziehers im Bild lässt bezweifeln, dass er den erkrankten Zahn seines Patienten überhaupt richtig sehen, geschweige denn gezielt behandeln kann.

Der Patient hat vor Schmerz das linke Knie krampfhaft angewinkelt, die Hand ist zur Faust geballt. Mehr als dies kann er in seiner Situation auch nicht gegen die schmerzhafte Behandlung ausrichten – ihm sind sprichwörtlich die Hände gebunden. Mit kräftigen Stricken hat man seine Arme an die Rückenlehne des Stuhls gefesselt. Um den Blick in seinen Mund freizugeben, hat der jugendliche Patient Stock und Hut abgelegen müssen. Symbolisch steht der Hut für Kopf und Verstand seines Trägers. Der auf dem Boden liegende breitkrempige Hut, könnte andeuten, dass der Patient, der vor Schmerzen außerstande ist, noch irgendeinen klaren Gedanken zu fassen, in seiner Not auf einen Scharlatan oder Quacksalber hereingefallen ist.

Wie viele seiner Zeitgenossen hielt der Maler vermutlich nicht viel von den fahrenden Heilern; zumindest bediente er mit seinem Gemälde das gängige Klischee vom schlecht ausgebildeten Chirurgen. Das Ungeschick des Zahnarztes hat Steen fast bis zur Karikatur getrieben.[152] Komisch erscheint aber auch der Patient: Angesichts des (scheinbar) kleinen chirurgischen Eingriffs wirkt sein (angeblich) heftiger Schmerz übertrieben.[153] Pointiert wird dies zusätzlich dadurch, dass der kräftig gebaute Körper des jungen Mannes für die Operation gefesselt werden musste. Diese Diskrepanz fordert die Bildbetrachter geradezu zur Schadenfreude heraus. Die lachenden Kinder machen es ihnen vor.

Abb. 23: Detail 2

Abb. 23: Manche erfolgreiche Zahnärzte eröffneten eigene Geschäfte, die meisten allerdings gingen ihrem Beruf dort nach, wo am leichtesten Publikum anzulocken war: auf den Marktplätzen der Städte und Dörfer. Neben dem Stuhl mit Binsengeflecht steht der „Operationstisch“: ein leeres Fass mit einer Abdeckplatte, auf dem oberen Drittel des Fasses ist das Wappen der Stadt Leiden zu erkennen. Auf diesem Tisch hat der Zähnereisser seine Instrumente und Requisiten angeordnet.

Das Geld hat er sicherlich als Bezahlung für die Zahnbehandlung bekommen. Es könnte auch der Erlös aus dem Verkauf diverser Schmerz-, Heil- und Wundermittel sein. Auch Naturalien wurden als Bezahlung akzeptiert. Es gab keine geregelte Ausbildung für Barbierchirurgen, zu denen die Zahnärzte zählten. Seit der Erfindung des Buchdrucks stieg die Zahl der medizinischen Literatur. Mittels Kupferstichen ließen sich anatomische Details darstellen. Bald gab es Bücher, welche sich direkt an die Zahnheiler richteten. Darin ging es beispielsweise um Behandlungsmethoden wie das Anbohren kariöser Zähne mit anschließender Gold- oder Bleifüllung, um allgemeine Mundhygiene, die Entfernung von Zahnstein oder die Extraktionen von Zähnen. Neben solcher dentalmedizinischen Literatur fanden vor allem solche Werke weite Verbreitung, in denen sich allerlei, aus heutiger Sicht absurde, Behandlungsvorschläge bei Zahnleiden finden. Richtige Bestseller waren Bücher rund um die so genannte „Dreckapotheke“, worin die Herstellung von Medikamenten, deren Grundlage tierische und menschliche Exkremente bildeten, beschrieben wurde. Es waren keineswegs nur Scharlatane oder Quacksalber, die auf die Anwendung solcher Mittel schworen. In der praktischen Zahnheilkunde mischten sich Volksmedizin und naturwissenschaftliches Denken in durchaus guter Absicht.

Die Glasgefäße des Zahnarztes im Bild enthalten womöglich medizinische Mittel, von denen man sich Linderung bei Zahnschmerzen erhoffte. Eher unwahrscheinlich ist es, dass sich darin Mittel zum „Stillstellen" des Patienten während der Operation befinden. Narkotika waren zwar bekannt, gerieten aber seit dem 16. Jahrhundert in Vergessenheit und wurden in der Regel nicht bei chirurgischen Eingriffen, schon gar nicht von fahrenden Heilern, eingesetzt. Dem Verabreichen von Arzneien begegnete man mit allgemeiner Skepsis. Man lebte mit Schmerzen und sah sie als gottgewollte Prüfung.[154] Der Volksmund riet im 16. und 17. Jahrhundert: „Rast das Übel in toller Wut, dann sollst du dich davor hüten, Arznei zu geben. Es gehört sich nicht, bei großem Schmerz trösten zu wollen, wohl aber dann, wenn das Leid kleiner wird."[155] Vom Zahnschmerz allerdings sagte man, er sei der „heftigste und grausamste aller Schmerzen, die nicht zum Tode führen".

Nicht ganz undenkbar ist es, dass eines der Gefäße aus dem Repertoire des Zahnarztes zur Durchführung einer Harn- oder Urinschau diente. Auch bei Zahnschmerzen machte man bisweilen von diesem Diagnoseverfahren zum Erkennen jeglicher Krankheitsursachen Gebrauch. Als Urheber von Zahnschmerzen glaubte man lange Zeit einen Wurm, der sich durch die Zähne frisst. Die verbreitete Vorstellung vom Zahnwurm bot einfallsreichen Scharlatanen zahlreiche Gelegenheiten zu effektvollen Auftritten. Aus den Mündern eingeweihter falscher oder ahnungsloser echter Patienten zogen sie vor staunendem Publikum eindrucksvoll große Würmer oder Maden, die sie zuvor darin platziert hatten. Mediziner und Barbierchirurgen des 17. Jahrhunderts zweifelten in der Regel nicht an der Zahnwurmtheorie. Den Beweis der Nichtexistenz erbrachte erst der niederländische Naturforscher und Begründer der anatomischen Mikroskopie Antoni van Leeuwenhoek (1632–1723) rund zwei Jahrzehnte nachdem Steen das Bild des Zähneziehers gemalt hatte. Im Jahr 1675 berichtete er, mit dem Mikroskop im Zahnbelag kleine Tierchen – Bakterien – entdeckt zu haben.

Trotz des Glaubens an Zahnwürmer, ahnte man den Zusammenhang zwischen Zahnreinigung und Kariesentstehung. Aus Holzstäbchen, die an einem Ende ausgefranst und dann in Kräutertinkturen getaucht wurden, stellte man „Zahnbürsten" her. Im Bild steht auf dem Kästchen, das wohl zur Aufbewahrung von Arzneien und Instrumenten diente, eine Schüssel mit einem länglichen Gegenstand darin. Dies könnte ein Pinsel oder ähnliches zum Verrühren von Tinkturen sein, vielleicht ist es aber auch ein solches Reinigungsstäbchen.

Auf dem Tisch liegt ein Schriftstück mit Siegel. Manche Städte, so z.B. Bordeaux und Lyon, verlangten Mitte des 17. Jahrhunderts von den fahrenden Heilern den Nachweis theoretischer und praktischer Kenntnisse sowie die Entrichtung einer Gebühr, bevor man ihnen erlaubte, auf den Märkten ihre Dienstleistungen anzubieten. Die chirurgischen Fähigkeiten ließen sich die Heiler gerne schriftlich attestieren, dienten solche Schriftstücke doch auch der Untermauerung ihrer Glaubwürdigkeit und zur Überzeugung des Publikums. Schriftstücke mit Siegeln finden sich auch in Emblembüchern. Das Motto wird mitgeliefert: „Dat cera fidem" (Ein Siegel schenkt Vertrauen). Der dazugehörige Text erläutert, dass sich Gutgläubige leicht von Papieren mit offiziellem Anstrich hinters Licht führen lassen.[156] Steen könnte damit auf die gängige Praxis der Urkundenfälschung in Quacksalberkreisen hingewiesen haben. Die Körperhaltung des Zahnarztes jedenfalls gibt zu verstehen, dass es mit seinem chirurgischen Geschick nicht weit her sein kann. Aus heutiger Sicht meint man in der Ungeschicktheit des Heilers Kritik am damaligen Gesundheitssystem entdecken zu können. Zu jener Zeit wurde derartige Kritik an der Laienmedizin zwischen Magie und Wissenschaft insbesondere aus akademischen Ärztekreisen laut. Auch in höchsten Regierungsstellen erwachte das Interesse nach einer geregelten Ausbildung für Chirurgen und Zahnärzte. In Preußen führte man 1685 staatliche Prüfungen für Zahnheilkundler ein. Andere Länder trafen bald ähnliche Regelungen und erließen Medizinalordnungen, die die Tätigkeiten der Heiler regelten. Das staatliche Interesse an der Gesunderhaltung der Bevölkerung stand in engem Zusammenhang mit dem aufblühenden Merkantilismus, der zur Produktionssteigerung nicht zuletzt nach möglichst gesunden Arbeitskräften verlangte. Allerdings ließen sich die Vorschriften zum Schutz vor gesundheitsschädigenden Behandlungen vor allem in ländlichen Gegenden nur bedingt durchsetzen.[157]

Mit der Emblemliteratur lässt sich auch das ausgediente, leere Fass erklären, dem im Bild die Verwendung als Tisch zukommt.[158] Fässer sind sowohl in den holländischen Genrebildern als auch in der emblematischen Literatur außerordentlich häufig vertreten. Die in den Emblembüchern aufgezeigten moralischen Bezüge erscheinen uns heute bisweilen recht weit hergeholt, ob sie den Zeitgenossen Steens geläufiger waren, ist schwer einzuschätzen. In der weitverbreiteten Emblemata wird beispielsweise eine Person, die frei von irdischen Gedanken ist, mit einem leeren Fass verglichen: Ein leeres Fass ist aufnahmebereit für göttliche Gedanken, und diese verheißen ein gutes Leben. Dagegen kann ein mit törichten, also weltlichen Gedanken gefülltes Fass allenfalls überlaufen. Auf dem Fass im Bild liegt eine Tischplatte. Das Hineinfüllen göttlicher Gedanken ist damit unmöglich. Zudem hat das Fass ein Loch, durch das der Inhalt herauslaufen würde. Ein Fass, das leer bleibt, steht in der emblematischen Literatur symbolisch auch für Charakterlosigkeit und Dummheit.[159] Derartige Deutungen können sowohl auf den Zähnezieher, der im Licht eines Halsabschneiders und Scharlatans erscheint, als auch auf die Bevölkerung, die auf den Quacksalber hereinfällt, bezogen werden.

Abb. 24: Die Menschen haben ihre Tagesroutine unterbrochen, um Zeugen der Zahnoperation zu werden. Eine bangende ältere Frau, feixende Kinder, denen die Schadenfreude geradezu ins Gesicht geschrieben steht, ein skeptisch schauendes Paar im Hintergrund sowie ein Neugieriger, welcher sich halsreckend von links der Szene nähert und eine Frau, die dem Treiben aus dem Fenster zuschaut, sind zugegen. Eine Zahnextraktion war ein kleines Spektakel, dass man sich nicht entgehen ließ.

Abb. 24: Detail 3

Mitleidig hat die Alte die Hände zum hoffnungsvollen Gebet gefaltet und beugt sich mit angsterfülltem Gesicht dem Patienten zu. Vielleicht leidet sie selbst unter Zahnschmerzen und fürchtet sich vor der Behandlung. Im

Korb, den sie über dem Arm trägt, könnten sich Früchte, Eier oder sonstige Naturalien als Bezahlung für die anstehende Operation befinden. Die Frau könnte auch die Mutter des Patienten sein, die mit ihrem Sohn leidet. Außer vor der schmerzvollen Zahnbehandlung fürchtete man die weiteren Konsequenzen des Zahnverlusts. Schrieb man doch Zähnen den Symbolsinn von Vitalität und Potenz zu. Dementsprechend glaubte man, dass mit dem Verlust der Zähne auch der Verlust der allgemeinen Lebensvitalität und der Zeugungsfähigkeit einherginge. In einer Gesellschaft, in der Kinderkriegen zugleich Versorgung und Fortbestand der Familie bedeutete, war dies wahrhaft eine beängstigende Vorstellung. Vor allem die Landbevölkerung war in abergläubischen Denkmustern verhaftet und suchte zunächst lieber den Weg über magische, religiöse, astrologische oder sonstige Heilmittel, bevor man sich in die Hände des Zähnereißers begab.

Die Kinder haben offensichtlich Spaß am Zuschauen: Ein Junge versucht, einen Blick in den offenen Mund des Patienten zu erhaschen. Vielleicht machen die Kinder Witze auf Kosten des Patienten oder haben ein Spottlied über die herumziehenden Heiler angestimmt. In Zedlers „Universal-Lexikon" aus dem Jahre 1732 findet sich folgendes Spottgedicht abgedruckt:

> „Ein jeder Idiot verlangt ein Arzt zu seyn,
> Ein Priester, Jude, Mönch, und was sonst den Schein
> Vom alten Weibe hat, ein Kaufmann, Gerber, Bauer,
> Ein Becker, Pferde-Schmidt, ein jeder loser Lauer,
> Ja selbst der Hencker auch, die Säugamm, der Soldat
> Und wer nur sonsten wo ein Apothegen hat."[160]

Die Kinder haben (noch) gut lachen, vermutlich haben sie Zahnschmerzen noch nicht am eigenen Leib erfahren müssen.

Im Vordergrund steht ein dem Betrachter den Rücken zuwendender Junge. Außer ihm befinden sich alle anderen Zuschauer in einem Zustand der Spannung: die Frau beugt sich vor, Neugierige recken die Hälse, ein Kind verrenkt seinen Oberkörper. Der Junge im Bildvordergrund hat sein Spiel mit Reifen und Peitsche unterbrochen und verfolgt nun mit auffallend gelassener Ruhe vom besten Sichtplatz aus die Zahnbehandlung. Ein ähnlicher Junge, fast immer mit Reifen, taucht auch in anderen Gemälden Steens auf. In der emblematischen Literatur illustriert ein reifenspielender Junge das Sprichwort „Besser still gestanden". Im erläuternden Text heißt es dazu: „Es ist besser, still zu stehen, als daß man sich müde macht mit schwitzender Arbeit, die doch nirgends nützlich ist."[161] Fasst man den Zähnezieher als betrügerischen

Scharlatan auf, so lässt sich dieses Sprichwort auf dessen Tätigkeit beziehen. Es könnte hingegen auch als Appell an das gutgläubige Volk gewertet werden, das durch mühsame Arbeit Erwirtschaftete nicht für die nutzlose Behandlung eines Quacksalbers auszugeben.

Mit dem Fass am Bildrand ist ein Hinweis auf die Herkunft des zum Spielen genutzten Reifens des Jungen gegeben. Fässer, die ausgedient offensichtlich noch als TischVerwendung fanden, kommen außerordentlich häufig in der Genremalerei vor. Nur wenn alle Einzelteile eines Fasses vorhanden sind, ist es für seinen eigentlichen Zweck brauchbar. Fehlt ein Reifen, so bricht es bald auseinander. Ähnlich, so meinte man, ergeht es denjenigen, die ihre Zähne verlieren oder sich herausreißen lassen müssen: Der Zahnverlust ist ein Zeichen körperlichen Verfalls und damit ein Schritt auf dem unvermeidlichen Weg ins Grab. Wiederholt erinnert der Künstler hier den Betrachter an seine irdische Vergänglichkeit.

Das Paar im Hintergrund schaut skeptisch-interessiert. Trotz der Skepsis, die den Zahnärzten gemeinhin entgegengebracht wurde, änderte sich im 17. Jahrhundert allmählich die Einstellung ihnen gegenüber. Zahnärzte wurden immer häufiger gebraucht. Der Aufstieg dieses Berufszweiges verläuft parallel mit dem Siegeszug eines heute alltäglichen Nahrungsmittels – des Zuckers.[162] In der „Neuen Welt“ bauten die Unternehmen der großen Handelsgesellschaften im großen Stil Zuckerrohr an und verschifften es nach Europa. Die Holländer gehörten zu den Marktführern; sie betrieben erfolgreiche Plantagen auf den Karibikinseln und in Brasilien; in den überseeischen und heimischen Hafenstädten etablierten sich hunderte von Raffinerien, in denen das Zuckerrohr verarbeitet wurde. Während in anderen europäischen Ländern Zucker noch als Gewürz der Wohlhabenden galt, war er im wirtschaftstarken und reichen Holland bereits in ausreichenden Mengen vorhanden und zu verhältnismäßig günstigen Preisen von Jedermann zu erwerben. Im Laufe des Jahrhunderts stieg der Zuckeranteil in der Ernährung der europäischen Bevölkerung immens an und damit wuchs auch die Zahl der durch Zucker geschädigten Zähne, was wiederum den Bedarf an zahnärztlichen Behandlungen erhöhte. 1633 warnt ein Arzt vor dem „unmäßige[n] Gebrauch von Zucker, wie übrigens auch von Konfekt und Bonbons“. Neben vielen anderen Wirkungen, so jener Gelehrte, lässt Zucker „die Zähne schwarz werden und faulen und verursacht oftmals einen ekelhaft riechenden Atem. Besonders junge Menschen seien deshalb davor gewarnt, sich allzu sehr mit dem Zucker einzulassen.“[163]

Zahnschmerzen sind ein altes Menschheitsleiden. Dass sich das Motiv des Zähneziehers in der Genremalerei des 17. und 18. Jahrhunderts so großer Beliebtheit erfreute, zeugt von der zunehmenden Häufigkeit von Zahnproblemen, die den neuen Ernährungsgewohnheiten geschuldeten waren. Es scheint, als vertraute man wenig auf die ärztliche Kunst. In den Genregemälden erscheinen Ärzte und Zahnärzte in demselben ungünstigen Licht, in Theaterstücken waren sie bevorzugte Objekte des Spotts. Der ungeschickte Zähnezieher spielt die Rolle einer lieb gewonnenen volkstümlichen Witzfigur.

Natürlich boten Volksaberglaube und die nichtakademische medizinische Versorgung weiter Bevölkerungsteile vielerlei Möglichkeiten zu Betrug und Scharlatanerie, jedoch ist „[d]as gängige Bild von der betrügerischen Quacksalberei [...] wohl eher als konstruierter Negativentwurf einer akademischen Medizin zu verstehen, die seit dem 16. Jahrhundert beginnt, sich immer stärker als monopolistische Ordnungsmacht im Gesundheitswesen zu etablieren.“[164] Vielen der fahrenden Heiler lag der Betrug ihrer Patienten fern. Sie waren von der Wirksamkeit ihrer Behandlungsmethoden und Arzneimittel überzeugt und wendeten sie in guter Absicht an. Volksmedizin und neue medizinische Erkenntnisse waren einerseits von Gegensätzlichkeiten charakterisiert, andererseits ergänzten sie sich in der praktischen Anwendung. Auch wenn Steen seiner Darstellung spöttischen Charakter verlieh, so ist sie doch ein Dokument der zeitgenössischen (allmählich verschwindenden) zahnärztlichen Praxis. Mit der Aufklärung werden Mundhygiene und Zahnpflege „populär“, und die Zahnmedizin vollzieht allmählich den Schritt heraus aus dem nichtakademischen Bereich und entwickelt sich zu einem anerkannten Zweig der Medizin und Chirurgie: Aus Zähneziehern werden Zahnärzte. Die nichtakademischen wandernden Heiler verschwinden aus der Lebenswelt der Menschen. Das beliebte Zähneziehermotiv hält sich noch so lange, wie es als ein mit drastischer Komik versehener Gegenentwurf zum professionellen Zahnarzt dient. Im 18. Jahrhundert verschwindet es dann allmählich ganz aus der Kunst.[165]

Die praktische Umsetzung als Bildverfilmung

Die Interpretation des Bildes lässt sich in eine Unterrichtseinheit „Medizin in der Gesellschaft“ (Klassenstufe 9 oder 10) unter den Schlagworten „Professionalisierung“ und „Spezifizierung“ von Heilberufen einordnen.

Die mit der Motivlupe ausgewählten Bilddetails wurden in einem Foliendrehbuch eingezeichnet und einzeln interpretiert. Für die Bildverfilmung legt man nun eine Reihenfolge fest, in der die Bildausschnitte gezeigt werden sollen.

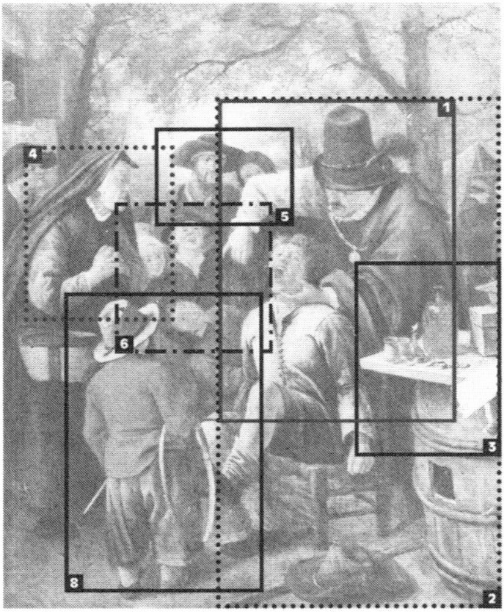

Abb. 25: Foliendrehbuch, Steen: Zähnezieher

Die Interpretation des Bildes lässt sich in einem Film präsentierten: In Bild und Ton werden dem Zuschauer die Details des Bildes Stück für Stück erschlossen, bis sich schließlich die Sicht auf das Gesamtbild eröffnet. Die Vertonung kann in Form eines sachlichen Kommentars umgesetzt werden. Die Sprechertexte würden dann, in gekürzter Form, den obigen Ausführungen zu den Bilddetails ähneln. Bei Steens Gemälde ist es besonders reizvoll, die

Tab 6: Auszug aus dem Drehplan für den Beispielfilm

Szene	Kamera	Sprechertext
1 Zähnezieher und Patient (Oberkörper)	Von engem Bildausschnitt langsam wegzoomen zu (2)	(Schmerzerfüllter Schrei. Erklingt im Hintergrund immer wieder mal. Wimmern) *Zähnezieher:* „Halte er mir doch stille! Er macht den Schmerz doch nur ärger, wenn er so herumzappelt. Meine Schuld ist's nicht, wenn am Ende der falsche Zahn gezogen ist. Erst gestern, auf dem Markt in Den Haag, hab ich …"
2 Zähnezieher und Patient, Ganzkörper)	Davon weiter langsam wegzoomen zu (3)	*Patient:* „Er sei ein Spezialist, der sein Handwerk verstehe, hat der Zähnereißer versichert, und dass er über die neusten Kenntnisse verfüge und im Besitz der besten Instrumente sei. Mir schwant jedoch, ich hab mich täuschen lassen von diesem angeblichen Spezialisten ..."
3 Zähnezieher und Patient (Ganzkörper) und Hut auf Boden	Standbild, dann Kameraschwenk und Verengung des Bildausschnitts auf (4)	(weiter Stimme Patient) „Oh, diese Schmerzen! Es ist, als raubten sie einem den Verstand! Jawohl – als hätte ich meinen Kopf gleichsam mit dem Hut abgesetzt… Und wenn es stimmt, was die Alten sagen, so geht mir heute nicht allein der Zahn verloren …"
4	…	…

dargestellten Personen selbst im Film sprechen zu lassen. Der Bildinhalt lässt sich so aus der Perspektive der verschiedenen Personen darstellen. Die Schülerinnen und Schüler müssen Sprechtexte für die Bildfiguren verfassen. Diese können in Monologform ihre Gedanken ausdrücken oder sich im Dialog mit den anderen Figuren austauschen. Wichtig ist, dass in den Sprechertexten die Ergebnisse der Einzelinterpretationen der Detailbilder verarbeitet werden, auch wenn das im Resultat nicht immer wie im „echten Leben" klingt. So sollte beispielsweise der Patient mehr als Schmerzschreie äußern. Die Schülerinnen und Schüler müssen wie Regisseure die Art der Kameraführung und der Bildübergänge festlegen. Das hier verwendete Programm zur Filmerstellung setzt diesbezüglich kaum Grenzen. Sprechertexte und Kameraführung werden in einer Tabelle, dem Drehplan, vermerkt. Nach diesem und dem Foliendrehbuch erfolgt nun die Filmerstellung am Computer.

Auszug aus dem Drehplan für den Beispielfilm

Das ägyptische Totenbuch wurde mit dem Computerprogramm Movie Maker zu einem Film verarbeitet. Der Movie Maker bietet allerdings nur Grundfunktionen zur Filmerstellung. Professionellere Programme ermöglichen die Arbeit mit mehreren Tonspuren, die Überlagerung von Vordergrund- und Hintergrundbildern sowie die beliebige Transformation und Bewegung von Bildausschnitten. Bereits bei der Filmplanung sind Schnitt- und Effekttechnik kaum Grenzen gesetzt. Für die Verfilmung des Zähnezieher-Bildes von Steen wurde das Programm Pinnacle Studio 10 genutzt. Die vielfältigen Funktionen erweisen sich besonders dann als sinnvoll, wenn die einzelnen Filmszenen mit verhältnismäßig viel Text versehen werden sollen. Das Publikumsinteresse lässt sich auch bei einem länger gezeigten Bildausschnitt aufrechterhalten, indem man es mit Zoom oder Kamerafahrt „manipuliert". Anhand von Abbildung 26 wird die Filmerstellung erläutert.

Der Programmaufbau ist fast identisch mit dem des schon vorgestellten Windows Movie Maker. Über die Schaltflächen am oberen Bildrand und die Symbole links (1) können alle Programmfunktionen ausgewählt werden. Die Schaltflächen bieten die Auswahl zwischen den Schritten „Aufnahme", „Bearbeiten" und „Film fertig stellen". Die „Aufnahme"-Funktion ist für die Bildverfilmung nicht relevant. Man beginnt im Menü „Bearbeiten". Die Symbole auf der linken Seite ermöglichen den Zugriff auf folgende Funktionen: Bild- und Tonimport, die Auswahl von Videoeffekten und Übergängen, das Einfügen von Vor- und Abspann sowie von Zwischentexten. Die jeweils dazu gehörigen Sammlungen werden im mit (2) gekennzeichneten Feld angezeigt.

Abb. 26: Screenshot Pinnacle Studio 10

Daraus lassen sich Bilder, Effekte, Sprechertexte etc. per Drag'n Drop in die Zeitleiste (3) einfügen. Ganz analog zum Windows Movie Maker kann man dann die einzelnen Elemente in der Zeitleiste arrangieren. Auch Pinnacle Studio hat im oberen rechten Bildschirmteil ein Vorschaufenster, über welches jederzeit die Filmsequenzen angeschaut werden können. Der wesentliche Unterschied des Programms besteht in der Videotoolbox, die sich nach einem Doppelklick auf das zu bearbeitende Element in der Zeitleiste öffnet. Diese Videotoolbox tritt dann an die Stelle des Sammlungsbereichs (2), wie Abbildung 27 zeigt.

In der Videotoolbox lassen sich alle Möglichkeiten der Animation des Bildes wie Kamerafahrten und Zooms etc. umsetzen. Man aktiviert den Animationsmodus und wählt dann den Startpunkt der Animation. Dazu kann das Bild vergrößert, verkleinert oder verschoben werden. Danach wird auf die gleiche Weise der Endpunkt der Animation festgelegt und anschließend die Dauer bestimmt. Das Programm realisiert die benutzerdefinierte Animation dann im Film. Auf diese Weise

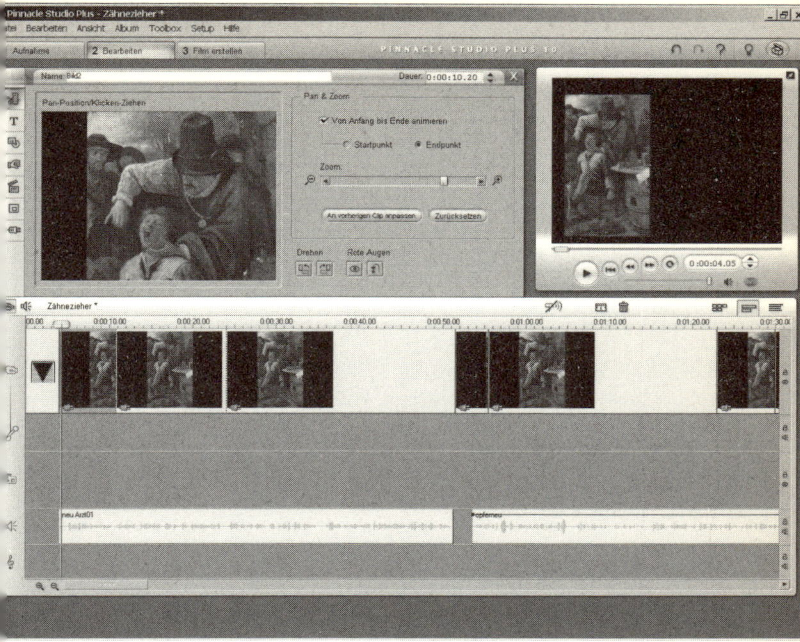

Abb. 27: Screenshot Pinnacle Studio 10. Der obere Teil zeigt die geöffnete Videotoolbox

lassen sich auch Tonspuren bearbeiten (Lautstärke, Balance, Verzerrung, Tonschnitt, Geschwindigkeit etc.). Ist der Drehplan zufriedenstellend in der Zeitleiste umgesetzt, wählt man in Bereich (1) das Menü „Film fertig stellen“ aus und das Programm erstellt den Film in dem gewünschten Format.

4.4.2 Weiterführende Literatur

Brown, Christopher: Holländische Genremalerei im 17. Jahrhundert, München 1984

Dirnberger, Sabine: Der Pelikan. Die Geschichte eines alten Extraktionsinstruments, Würzburg 2001

Eckart, Wolfgang U.: Geschichte der Medizin, 3. überarb. Aufl., Berlin/Heidelberg u.a. 1998

Emblemata. Handbuch zur Sinnbildkunst des XVI. und XVII. Jahrhunderts, hrsg. v. Henkel, Artur und Schöne, Albrecht, (Taschenausgabe) 1967/1966 Stuttgart/Weimar

Koch-Hillebrecht, Manfred: Diffuse Signale – Probleme der Interpretation niederländischer Gemälde des 17. Jahrhunderts, in: Schuster, Martin u. Woschek, Bernhard P. (Hrsg.): Nonverbale Kommunikation durch Bilder, Stuttgart 1989
Lässig, Heinz E. und Müller, Rainer A.: Die Zahnheilkunde in Kunst- und Kulturgeschichte, Köln 1999
Mintz, Sidney W.: Die süße Macht. Kulturgeschichte des Zuckers, Frankfurt a.M./New York 1992
Pandel, Hans-Jürgen: Gesundheit und Krankheit. Ein Thema zwischen Biologie und Geschichte, in Gl 30 (1992), S. 28-29
Ring, Malvin E.: Geschichte der Zahnmedizin, Köln 1997
Wasserfuhr, Maria Elisabeth: Der Zahnarzt in der niederländischen Malerei des 17. Jahrhunderts, 2. Aufl. Köln 1977

4.5 Symbolische Gestalten, symbolische Farben, symbolische Situationen – der visuell gedeutete Holocaust: Israel Bernbaum, Jüdische Kinder in Ghettos und Vernichtungslagern, 1981

4.5.1 Das Bild

Der jüdische Maler Israel Bernbaum wurde in Warschau geboren und lebte während der nationalsozialistischen Herrschaft im jüdischen Ghetto. Er konnte fliehen, kurz bevor das Ghetto im Jahr 1941 mit einer Mauer abgeriegelt wurde. Heute lebt Bernbaum in den USA, wo er zwischen 1979 und 1982 den Bilderzyklus „Warschauer Ghetto 1943“ schuf. Die sechs großformatige Ölbilder umfassende Bildserie entstand im Anschluss an zahlreiche Diskussionen, die der Maler mit Schülerinnen und Schülern geführt hatte. Er betrachtet seine Gemälde als seinen Beitrag zur moralischen Verpflichtung, vom Holocaust zu berichten. 1985 publizierte der Maler seine Bilder in einem Kinderbuch, welches im Jahr 1990 mit dem deutschen Jugendliteraturpreis Sachbuch ausgezeichnet wurde.[166] Jeweils ein Gemälde steht im Zentrum eines jeden Kapitels des Buches. Mit Texten und zusätzlichen Bildmaterialien werden die Bilder kommentiert und erläutert. Bernbaum versteht seine Bilder symbolisch: „Meine Gemälde sollen nicht als Illustrationen einzelner Ereignisse aufgefasst werden. Ich verwende symbolische Gestalten, symbolische Farben und symbolische Situationen.“[167] Durch den hohen Grad an Symbolisierung und Stilisierung werden so zeitlich und/oder räumlich auseinander liegende Ereignisse und Schauplätze simultanisiert.

Die bildende Kunst der Holocaustüberlebenden

Die Gemälde Bernbaums sind Nachholocaustbilder. Wie viele andere

Abb. 28: Israel Bernbaum: Jüdische Kinder in Ghettos und Vernichtungslagern, 1981, Öl auf Leinwand, 177 x 200 cm

Überlebende setzt er sich in seiner Kunst retrospektiv mit dem Holocaust auseinander. Diese Bilder unterscheiden sich grundlegend von jenen, die während des Holocausts in den Ghettos und Konzentrationslagern von inhaftierten Künstlern zumeist heimlich gemalt wurden. Die Unterschiede lassen sich nicht allein auf die grundsätzlich anderen Produktionsbedingungen zurückführen. Die „Lagerbilder" wirken, als „registrieren [sie] kühl und distanziert, was sich ereignet. Es scheint dem notierenden Zeichenstift nicht nötig, die Schwere des Verbrechens noch zu deuten oder zu denunzieren [...]. Der Bericht aus der Zeit fixiert die sichtbare Spur dessen, was passiert. Er scheint nicht um Bedeutung bemüht, das Geschehen selbst setzt sich so weit von Europas Zivilisation ab, dass jede interpretierende Maßnahme diesen Sachverhalt banalisieren würde."[168] Lagerbilder hatten vor allem ein Ziel: Sie wollten durch Abbilden der Realität Zeugnis von den Verbrechen der Nazis ablegen.

Wenige feststehende Motive aus der Lagerwelt beherrschten diese Bilder.[169] Das „Deutungsunvermögen“ der kunstschaffenden Häftlinge erklärt sich aber vor allem auch daraus, dass sie auf keine Erfahrung zurückgreifen konnten: Ihre Situation ließ sich nicht mit etwas Bekanntem, schon einmal Dagewesenem vergleichen. Für die Opfer gab es kein bereits existierendes kognitives System, in welches sie ihre Lage hätten einordnen können. Eine symbolische Bedeutung erwächst den Bildzeichen erst in den Nachholocaustbildern. In diesen wird die Vergangenheit des Holocausts in ein visuelles Netzwerk – ein mehr oder minder feststehendes System von immer wiederkehrenden Symbolen – eingeordnet.[170]

In der Kunst der Überlenden, die den Holocaust deutet, lassen sich zwei primäre Wege des Themenzugangs ausmachen. Der eine führt über die individuellen Erinnerungen, der zweite besteht in der künstlerischen Verarbeitung von Zeugnissen Anderer. Auf diese Weise finden Texte, Berichte, Bilder und Fotografien Eingang in die Kunstwerke, durch die der Holocaust bereits in unserem kollektiven visuellen Gedächtnis präsent ist.

Israel Bernbaum geht beide Wege: Er verarbeitet in seinen Bildern eigene Erinnerungen an die Zeit im Warschauer Ghetto und ergänzt sie durch die Zeugnisse anderer Opfer. Vor allem bekannte Fotomotive finden sich in Bernbaums Bildern wieder: das Portrait von Anne Frank, Aufnahmen von Inhaftierten, die unmittelbar nach der Befreiung von alliierten Soldaten gemacht wurden oder die Fotografien aus dem Bericht des SS-Generals Jürgen Stroop über die Niederschlagung des Warschauer Ghettoaufstandes 1943 (Abb. 29, S. 189). Es sind die Fotos von Menschen, von denen viele den Holocaust nicht überlebten. Einige der verwendeten Motive lassen sich unter dem von Cornelia Brink geprägten Begriff der „Ikonen der Vernichtung“ fassen.[171] Im Zentrum des ausgewählten Bildes „Jüdische Kinder in Ghettos und Vernichtungslagern“ befindet sich das bekannte Motiv der Kinder mit erhobenen Armen aus dem Stroop-Bericht. Das Bild verlangt, trotz und wegen seiner künstlerischen Umformung, nach der Beschäftigung mit dem ursprünglichen Vorlage-Foto. Entstehungsgeschichte, Veröffentlichung und Rezeption müssen analysiert werden. Das ursprüngliche Foto ist ein Täterfoto, das in stigmatisierender Absicht und als Erfolgsnachweis der „Endlösung“ gefertigt wurde. Unverhohlen blickt ein Soldat in die Kamera, während er sein Gewehr auf das Kind richtet, ein anderer scheint sogar zu lächeln – sie haben es nicht nötig, den Blick zu senken, sind sie doch stolz auf ihre fragwürdige Heldentat und wollten diese gern im Foto dokumentiert wissen. Bernbaum übernimmt das Motiv, reduziert es aber auf die beiden Kinder. Kein Soldat bedroht sie mehr unmittelbar mit der Waffe. Stattdessen tauchen die vom Foto übernommenen Soldaten an anderer Bildstelle wieder auf: Überlebensgroß und gesichtslos haben sie die gesamte Szene im Schussfeld. Durch die Anonymisierung erfahren die Soldaten eine Entmenschlichung, ganz so, wie sie es in den Konzentrationslagern den Juden gegenüber praktizierten. Mit dieser Umkehrung erringt der Künstler für sich und seine Leidensgenossen einen nachträglichen symbolischen Sieg. Das ursprüngliche Täterfoto wird aufgrund der Bedeutungsumformung in die Opferperspektive integriert. Die Sichtweise als Triumph-Foto wird so in Bernbaums Bild ausdrücklich ausgeschlossen.[172]

Die Auseinandersetzung mit den aus bekannten Dokumenten übernommenen Bildmotiven in Bernbaums Gemälde bedeutet auch eine Auseinandersetzung mit den Inhalten unseres visuellen Gedächtnisses zum Holocaust. Dies hat nicht zuletzt seine besondere Relevanz in Bezug auf das Bildmaterial unserer Schulbücher, in denen der Holocaust noch immer fast ausschließlich mit Fotografien aus dem Stroop-Bericht und dem Lili-Jakobs-Album illustriert ist.[173] Die (visuelle) Opferperspektive findet erst in jüngster Zeit vermehrt Eingang in die Lehrbücher und über diesen Weg auch in unser kollektives Bildgedächtnis. Auch Bernbaums Gemälde repräsentiert die Opferperspektive. Es ist kein Abbild des Holocausts, sondern nachträgliche Deutung der Wirklichkeit aus der Sicht eines Überlebenden.

Kinder in Ghettos und Vernichtungslagern

Jedes Motiv in Bernbaums Gemälde steht für ein Schicksal, ein Ereignis, eine Personengruppe, eine Erinnerung, ein Verbrechen etc. Anhand der Bilddetails lässt sich die Geschichte des Holocausts erzählen und deuten. Zwei Bildelemente (Kinder mit erhobenen Armen und Soldaten) wurden bereits oben exemplarisch kurz beleuchtet. Aufgrund der Detailfülle des Bildes ist es an dieser Stelle nicht möglich, auf weitere Bilddetails ausführlich einzugehen. Für die weiterführende Analyse des Bildes wird im Folgenden in den historischen Hintergrund eingeführt.

Unmittelbar nach der Besetzung Polens durch die deutsche Wehrmacht wurden in verschiedenen polnischen Städten Ghettos für die jüdische Bevölkerung eingerichtet. Im Warschauer Ghetto wurden etwa 400 000 Juden auf einer Gesamtfläche von 4 km^2 unter unmenschlichen Bedingungen und bei völlig unzureichender Versorgung zusammengepfercht. Am 20. Januar 1942 wurde auf der Wannseekonferenz die „Endlösung der Judenfrage“ beschlossen. Von nun an rollten fast täglich Transporte, manchmal mit mehr als 1000 Menschen, in das Vernichtungslager Treblinka. Alte, Kranke und Kinder des jüdischen Waisenhauses wurden zuerst deportiert.

In den eigens eingerichteten Konzentrations- und Vernichtungslagern wurde der systematisch geplante Massenmord industriell durchgeführt.[174] Im KZ Buchenwald gab es einen eigenen „Kinderblock", in dem Kinder und Jugendliche im Alter zwischen 10 und 17 Jahren inhaftiert waren.

Wolfgang Benz hält fest: „Die Lebensbedingungen im Ghetto unterschieden sich von denen im KZ; der Unterschied war freilich gering und die Übergänge waren fließend. Angesichts des Endes der meisten Ghettobewohner durch Deportation in die Vernichtungslager mag es müßig erschienen, die Unterschiede zwischen Ghetto-Leben und KZ-Dasein zu betonen, für die überlebenden Kinder waren sie indessen wichtig. Im Ghetto blieben wenigstens die Familien beisammen, die gewohnten sozialen Strukturen erhielten sich für einige Zeit und boten noch ein bißchen emotionale Geborgenheit, ein wenig Schutz. Im KZ war es schlimmer. Im „Kinder-KZ" war es am schlimmsten."[175] Offiziell hießen solche Lager „Jugendschutzlager". Es gab sie in Mohringen bei Göttingen für Jungen, in der Uckermarck für Mädchen und eines unter der Bezeichnung „Polen-Jugendverwahrlager Litzmannstadt", das im Herbst 1942 auf dem Gelände des Ghettos Lodz eingerichtet wurde. 3000 bis 4000 Kinder im Alter zwischen zwei und sechzehn Jahren wurden dort in der Zeit von 1942 bis 1945 gefangen gehalten und auf unvorstellbare Weise misshandelt. „Das System der Konzentrationslager mit Appellstehen, Häftlingskleidung, Schwerarbeit wurde einfach übernommen, aber gegenüber Kindern war man noch barbarischer als gegen Erwachsene, da die Kinder physisch und psychisch wehrloser waren."[176]

In den KZs Auschwitz, Ravensbrück, Sachsenhausen und Neuengamme wurden Kinder zu pseudowissenschaftlichen Experimenten missbraucht. Das Ziel der grausamen und wissenschaftlich sinnlosen Experimente an Zwillingen durch den SS-Arzt Mengele in Auschwitz war es, einen Weg zu finden, wonach jede deutsche Mutter Zwillinge gebären solle. In unvorstellbaren Prozeduren wurden Kinder bei lebendigem Leib seziert. In Ravensbrück waren Kinder Objekte von Sterilisationsversuchen, in Neuengamme experimentierte man mit Tuberkulose-, in Sachsenhausen mit Gelbsuchterregern.

Die Zahl der jüdischen Kinder, die dem Rassenkrieg zum Opfer fielen, wird auf 1,2 Millionen geschätzt. In der gleichen Größenordnung liegt die Zahl der polnischen Kinder und Jugendlichen, die Opfer des NS-Systems wurden.

Viele Bildelemente sprechen aufgrund ihrer besonderen emotionalen Wirkung, ihrer offensichtlichen Symbolisierung und ihrer krassen Farbigkeit die Schülerinnen und Schüler unmittelbar an. Hier wird das Vorwissen der Lernenden zum Thema Holocaust aktiviert und ihre Neugier bezüglich der (noch) unverstandenen Bildteile provoziert.

In ähnlicher Weise, wie Israel Bernbaum in seinem Kinderbuch von Bildausschnitt zu Bildausschnitt durch das Bild führt, können Schülerinnen und Schüler das Gemälde selbst erschließen. In einer Bildverfilmung lässt sich ihr Interpretationsweg aufzeigen.

Das Bild lässt sich besonders gut am Ende einer Unterrichtseinheit „Holocaust" (Klassenstufe 9) einsetzten. Die Schülerinnen und Schüler haben sich dann bereits intensiv mit dem Thema „Holocaust" auseinander gesetzt und verfügen über eine Menge Hintergrundwissen, das ihnen bei der Erschließung des Bildes hilft. Dennoch stellt eine Verfilmung desselben mehr als nur eine Zusammenfassung der Lernergebnisse dar. Hier wird die rückblickende und deutende Auseinandersetzung mit dem Ereignis Holocaust in der bildenden Kunst thematisiert.

Eine Bildverfilmung kann aber durchaus auch am Beginn eines Unterrichtskomplexes zum Thema „Holocaust" stehen. In diesem Fall können die Schülerinnen und Schüler zwar in geringerem Maße auf ihr Vorwissen zurückgreifen, der Bildeinsatz als Einstieg lässt sich dennoch gut begründen. Der Holocaust ist in seinen Ausmaßen nicht vorstellbar. Der millionenfach geplante industrialisierte Völkermord übersteigt das

Abb. 29: Nach der Niederschlagung des Warschauer Ghettoaufstandes werden Juden ins Vernichtungslager deportiert, 1943

Abb. 30 linke Seite oben: Ins Gas

Abb. 31 linke Seite unten: Kinder hinter Stacheldraht, 1945.[177]

Abb. 33 links: Foto Anne Frank

Abb. 34 unten: Abtransport von jüdischen Kindern, 1942?

menschliche Vorstellungsvermögen. Kunstbilder über den Holocaust sind Darstellungen des Nichtdarstellbaren. In der Kunst aber ist das Ereignis Holocaust durch Bearbeitung vom „Original“ entfernt. Die Bilder bilden das Ereignis nicht bloß ab, sondern sind Zeugnisse der Auseinandersetzung mit der Tatsache. Angesichts der bekannten und erschreckenden Fotos, die die nationalsozialistischen Täter von ihren Opfern machten, fällt es vielen Schülerinnen und Schülern zunächst schwer, sich mit der Judenvernichtung auseinanderzusetzen. Das Grauen kann überwältigen und Beklemmung auslösen. Der Themenzugang über künstlerische Darstellungen fällt da manchmal leichter. Kunst macht das Grauen anschaubar. Mit Trivialisierung hat dies nichts zu tun!

Für die Verfilmung des Gemäldes wird die folgende Herangehensweise vorgeschlagen. Mit der größenvariablen Motivlupe gehen die Schülerinnen und Schüler auf Motivsuche. Die ausgesuchten Bildausschnitte werden in einem Foliendrehbuch eingezeichnet. Es ist sinnvoll, die Anzahl der auszuwählenden Szenen auf fünf bis zehn zu beschränken. Die Bildausschnitte lassen sich einzeln betrachten und erschließen. Die im Bild verarbeiteten Fotovorlagen sollten zusätzlich zur Verfügung stehen.

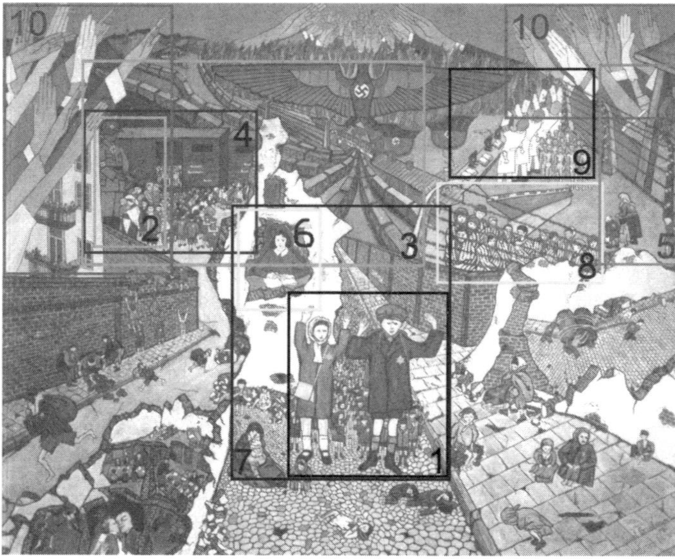

Abb.34: Foliendrehbuch, Bernbaum: Jüdische Kinder in Ghettos und Vernichtungslagern.

Diese Fotomotive lassen sich leicht im Gemälde wieder finden und in die Bildanalyse einbeziehen. Später finden sie als ergänzende „Bildkommentare“ in der Verfilmung Verwendung. Aus zusätzlichen Quellentexten lassen sich Zitate entnehmen, die in den Sprechertext eingefügt werden können.[178] Auch können die erläuternden Texte des Künstlers aus dem Jugendbuch herangezogen werden. Nach der interpretativen Erschließung der gewählten Bildausschnitte erfolgt im nächsten Schritt die Festlegung der Reihenfolge, in der die Detailbilder später im

Film gezeigt werden sollen. Die Bildrahmen werden dementsprechend im Foliendrehbuch nummeriert. Die „Regisseurinnen" und „Regisseure" müssen sich nun auch darüber verständigen, an welchen Stellen die zusätzlichen Fotos zum Einsatz kommen sollen.

Nun wird die Filmplanung in einem schriftlichen Drehplan präzisiert. In einer Tabelle werden die einzelnen „Szenen" vermerkt. Auf Grundlage der vorangegangenen interpretativen Erschließung werden nun die Sprechtexte in Form von Sachkommentaren zu den Bilddetails formuliert und in den Drehplan geschrieben. Die nachstehende Tabelle ist ein Auszug aus dem Drehplan für den Beispielfilm.

Tabelle 7: Auszug aus dem Drehplan für den Beispielfilm.

Bildausschnitt/ Foto	**Sprechertext**
Gesamtbild	1,2 Millionen jüdische Kinder, so schätzt man, fielen dem Holocaust zum Opfer. Dem jüdischen Künstler Israel Bernbaum gelang als Kind die Flucht aus dem Warschauer Ghetto – er überlebte den nationalsozialistischen Rassenkrieg. Sein Gemälde, das er rund vier Jahrzehnte nach dem Ende des Holocausts fertigte, zeigt jüdische Kinder im Ghetto und in Vernichtungslagern. Bernbaum hat die Wirklichkeit nicht einfach nur abgemalt – in seinem Gemälde haben jedes Bildmotiv, jede Farbe, jede Anordnung eine symbolische Bedeutung. Für viele Bilddetails nutzte der Maler bekannte Fotomotive als Vorlage.
1 Kinder mit erhobenen Armen	Im Zentrum des Bildes stehen ein Junge und ein Mädchen mit erhobenen Armen. Das Motiv stammt aus dem Bericht des SS-Generals Jürgen Stroop über die Niederschlagung des Warschauer Ghettoaufstandes 1943.
Foto: Junge nach Warschauer Ghetto-Aufstand	
1 Kinder mit erhobenen Armen	Die beiden stehen symbolisch für die vielen Opfer. Die unvorstellbar hohe Zahl der Kinder lässt sich im Bild nur schwer darstellen. Hier reihen sich hinter den beiden Kindern unzählige weitere, die alle gleich aussehen.
2 Soldat (hell hervorgehoben, dann näher, so dass „Gesicht" besser sichtbar)	Der Soldat aus dem Foto taucht in dem Gemälde an anderer Stelle wieder auf. Er ist so platziert, dass jeder Teil des Bildes, all die vielen gemalten Kinder, sich in seinem Schussfeld befinden – überlebensgroß erscheint er als allgegenwärtige Bedrohung. Der Maler hat ihm kein Gesicht gegeben – er hat ihn entmenschlicht. Die grausamen Verbrechen machen es unmöglich, die Täter noch als Menschen zu sehen. Ganz so wie sie es in den Konzentrationslagern den Juden gegenüber

	praktizierten, hat der Künstler den Tätern damit ihre Individualität genommen, ein nachträglicher symbolischer Sieg für die Opfer.
3 Züge und Tor	Zu den ersten Opfern der im Januar 1942 beschlossenen „Endlösung der Judenfrage" gehörten die jüdischen Kinder. Der jüdische Arzt Adolf Abraham Bermann erinnert sich an die Vernichtungsaktionen im Warschauer Ghetto: „Ich werde nie vergessen, wie SS-Leute [...] sich mit einer geradezu unvorstellbaren Barbarei auf die Kinder stürzten und sie auf die Wagen zerrten. [...] Noch heute höre ihr Weinen und ihre Hilfeschreie [...]. In jenen Tagen sah man lange Kolonnen von Kindern [...] marschieren. [...] Den kleinsten wurde erzählt, dass sie einen Ausflug machen würden; [...] einige Stunden später waren sie alle in die Todeswaggons eingepfercht [...]."[1] Aus allen Richtungen strömen die Züge durch das Tor der Todesfabrik Auschwitz, über dem zynisch der Spruch „Arbeit macht frei" steht.
4 ...	...

[1] Deutschkron: Hölle, S. 126-127.

Die praktische Umsetzung der Verfilmung erfolgt mit dem einfachen Videobearbeitungsprogramm Windows Movie Maker.

Zunächst werden die gewünschten Bilddetails dem Foliendrehbuch entsprechend in einem Bildbetrachtungsprogramm aus dem Gesamtbild freigestellt und als Einzelbilder gespeichert. Diese Detailbilder werden dann in den Windows Movie Maker importiert (unter Aufgaben → 1. Video aufnehmen → Bilder importieren). Die importierten Bilder werden im Programm dann in der „Sammlung" als Miniaturen angezeigt. Von da lassen sie sich in der gewünschten Reihenfolge mit der Maus einfach in das Storyboard bzw. in die Zeitleiste am unteren Bildschirmrand ziehen. Auf die Bilder können dann, ebenfalls durch Ziehen mit der Maus, Videoeffekte und Bildübergänge gelegt werden. Die Übergänge und Effekte finden sich unter dem Menüpunkt „Aufgaben → 2. Film bearbeiten". Da die Möglichkeiten der Effekte und Bildübergänge durch das Programm begrenzt sind, hat es sich als günstig erwiesen, diese erst während der praktischen Bildverfilmung und nicht schon während des Drehplanschreibens auszusuchen. Viele der verfügbaren Effekte und Übergänge eigenen sich für die Bearbeitung von Urlaubsvideos, sind aber eher unpassend für die Bildverfilmung. Allzu viel „Effektfeuerwerk" mindert den Blick auf das verfilmte Gemälde und überlagert den Inhalt des Films.

Das Programm ermöglicht die Aufnahme der Sprechertexte. Dazu wird die Wiedergabeanzeige in der Zeitachse auf den Beginn einer Szene gezogen. Klickt man dann auf das kleine Mikrofon in der Symbolleiste direkt über der Zeitachse, kann man über ein an den Computer angeschlossenes Mikrofon den Sprechertext für die gewählte Szene aufnehmen. Es ist günstig, den Sprechertext nicht als einen fortlaufenden Text aufzunehmen. So lassen sich spätere Änderungen einbringen und eventuelle Fehler leichter beseitigen. Durch die Länge des Sprechertextes wird die Dauer der jeweiligen Filmszene bestimmt. Sprechertext und Bildszene lassen sich in Übereinstimmung bringen, indem man mit der Maus auf das Bild in der Zeitleiste klickt und die Szene dann der Textlänge entsprechend zusammenschiebt oder in die Länge zieht. Der entstehende Videofilm kann jederzeit über den Vorschaumonitor angesehen werden. Der fertige Film wird als Filmdatei gespeichert.

4.5.2 Weiterführende Literatur

Israel Bernbaum: Jüdische Kinder in Ghettos und Vernichtungslagern, 1981

Benz, Wolfgang: Rassenkrieg gegen Kinder in Ghetto und KZ, in: ders. (Hrsg.): Jahrbuch für Antisemitismusforschung 1, Frankfurt a.M. und New York 1992, S. 182-190

Meines Bruders Hüter, Der Holocaust mit den Augen eines Malers gesehen, 2. Aufl. München 1990

Brink, Cornelia: Ikonen der Vernichtung. Öffentlicher Gebrauch von Fotografien aus nationalsozialistischen Konzentrationslagern nach 1945, Berlin 1998

Deutschkron, Inge: „... denn ihrer war die Hölle." Kinder in Ghettos und Lagern, Köln 1979

Hoffmann, Detlef: Aktuelle Symbolisierungsstrategien im Umgang mit dem System Auschwitz, in: Kramer, Sven (Hrsg.): Die Shoah im Bild, Augsburg 2003, S. 176-177

Hoffmann, Detlef: Auschwitz im visuellen Gedächtnis. Das Chaos des Verbrechens und die symbolische Ordnung der Bilder, in: Fritz-Bauer-Institut (Hrsg.): Auschwitz. Geschichte, Rezeption und Wirkung. Jahrbuch 1996 zur Geschichte und Wirkung des Holocaust, 2. Aufl., Frankfurt a.M./New York 1997, S. 223-257

Ossenberg, Ursula: Sich von Auschwitz ein Bild machen? Kunst und Holocaust. Ein Beitrag für die pädagogische Arbeit (= pädagogische Materialien; Nr. 4), Frankfurt a.M. 1998

Sommer, Wilhelm: Kinder und Jugendliche im Nationalsozialismus (= Tempora Lesehefte Geschichte für die Sekundarstufe I), Stuttgart 2002

Anmerkungen

1 Lessing, Gotthold Ephraim: Laokoon. Entwurf des zweiten Theils. Nebst zugehörigen Stücken, in: ders., Sämtliche Werke, Bd. 4, hrsg. von Gosche, Richard, Berlin 1882, S. 322

2 Hahne, Robert: Wege zur Kunst. Begriffe und Methoden für den Umfang mit Bildern, Braunschweig 2006

3 Es handelt sich hier mit großer Wahrscheinlichkeit um ein selbstproduziertes Problem, das Lehrer aufgrund ihrer fachwissenschaftlichen Ausbildung aufbauen. Es ist eine Folge der hohen Spezialisierung in der Geschichtswissenschaft. Kein Fachhistoriker, der heute ein hochgradiger Spezialist in einem eng begrenzten Bereich ist, vertritt noch „die ganze" Geschichte. Aber gerade das, was kein Fachhistoriker heute mehr kann, sollen Geschichtslehrer und Geschichtsunterricht leisten. Vielleicht ist es auch nur der Lehrerkollege, der einen solchen Druck erzeugt, weil er andere Ereignisse erwartet. Manche Lehrpläne verkünden im Vorwort, dass sie nur sechzig Prozent der Unterrichtstunden verplant hätten. Rechnerisch stimmt das sogar. In der Praxis werden aus den sechzig aber immer wieder hundert Prozent. Hier wäre eine lohnende Fragestellung für die Unterrichts- und die Lehr- und Lernforschung. Die Zeit für eine intensiveren Beschäftigung mit Bildern, aber auch mit schriftlichen Quellen ist vorhanden.

4 Pandel, Hans-Jürgen: Bildinterpretation, Schwalbach/Ts. 2008, S. 131 ff.

5 Lessing, Gotthold Ephraim: Laokoon. Entwurf des zweiten Theils. Nebst zugehörigen Stücken, in: ders., Sämtliche Werke, Bd. 4, hrsg. von Gosche, Richard, Berlin 1882, S. 322.

6 White, Hayden: Die Bedeutung der Form. Erzählstrukturen in der Geschichtsschreibung, Frankfurt/M. 1990, S. 22

7 Schöne, Wolf: Wie Familie M. verändert wurde, in: sozialmagazin 2 (1977) Nr. 5, S. 12-21

8 Günter, Roland: Fotografie als Waffe. Geschichte der sozialdokumentarischen Fotografie, Hamburg 1977 S. 79 ff.

9 Zeitenwende. Portraits aus Ostdeutschland 1986-1998. Photographien von Bernd Lasdin, Bremen: Edition Temmen 1998

10 Vgl. Memminger, Josef: Schüler schreiben Geschichte. Kreatives Schreiben im Geschichtsunterricht zwischen Fiktionalität und Faktizität, Schwalbach/Ts. 2007

11 Schnackertz, Hermann Josef: Form und Funktion medialen Erzählens, München 1980, S. 116

12 Coarelli, Filippo: Rom. Ein archäologischer Führer, Freiburg 1975, S. 116.

13 Kuder, Ulrich: Der Teppich von Bayeux oder: Wer hatte die Fäden in der Hand? Frankfurt/M. 1994

14 Duglas, David C.: Wilhelm der Eroberer. Herzog der Normandie, 2. Aufl. München 1995, S. 371

15 Olsen, Lars-Hendrik: Stich um Stich, Würzburg 1990

16 Katalog: Monumenta Judaica 1963 Nr. B 294
17 Boockmann, Hartmut: Die Stadt im späten Mittelalter, München 1986, S. 429
18 Katalog: Monumenta Judaica 1963, Nr. B 294
19 Schreiber, W.L.: Holz und Metallschnitte des 15. Jahrhunderts, 3. Aufl. Stuttgart 1979, S. 108, Nr. 1965
20 Bei Rohrbach/Schmidt ist ein Flugblatt aus dem späten 19. Jahrhundert abgedruckt, das sich nur in wenigen Details von dem von 1495 unterscheidet.
21 Rohrbacher, Stefan/Schmidt, Michael: Judenbilder. Kulturgeschichte antijüdischer Mythen und antisemitischer Vorurteile, Reinbek 1991, S. 291
22 Graus, Judenfeindschaft S. 32-37
23 Bei Rohrbacher/Schmidt ist ein Gemälde aus dem 18. Jahrhundert von diesem Ereignis abgedruckt: Rohrbacher/Schmidt, Judenbilder.
24 Rohrbacher/Schmidt, Judenbilder S. 360 ff.
25 Wacker, Gisela: Ulrich Richentals Chronik des Konstanzer Konzils und ihre Funktionalisierung im 15. und 16. Jahrhundert, Diss. Tübingen 2002, S. 120, Fußnote 591
26 Wacker, Richental, S. 121
27 Am 30. Mai 1416 wird Hieronymus von Prag ebenfalls als Ketzer verbrannt. Er war einer der radikalsten Anhänger von Hus.
28 Schelle, Klaus: Das Konstanzer Konzil. Eine Reichstadt im Brennpunkt europäischer Politik, Konstanz 1996, S. 27
29 Schelle, Konzil S. 51
30 Hilsch, Jan Hus, S. 269.
31 Zitiert nach Hilsch, Hus, S. 287
32 Herkommer, Hubert: Die Geschichte vom Leiden und Sterben des Jan Hus als Ereignis und Erzählung, in: Grenzmann, Ludger/Stackmann, Karl (Hrsg.): Literatur und Laienbildung im Spätmittelalter und in der Reformationszeit, Stuttgart 1984, S. 114-146; hier S. 115
33 Herkommer, Geschichte S. 119
34 Herkommer, Geschichte S. 121
35 Herkommer, Geschichte S. 121
36 Herkommer, Geschichte S. 125
37 Wacker, Ulrich Richentals Chronik S. 122
38 Wacker, Ulrich Richentals Chronik
39 Pesci, David: Amistadt, Bergisch Gladbach 1998.
40 Haley, Alex: Wurzeln „Roots“, Frankfurt a.M. 1994.
41 Haley, Alex: Wurzeln “Roots”, Frankfurt a.M. 1994, S. 7
42 Haley, Wurzeln, S. 152 f.
43 Haley, Wurzeln, S. 155.
44 Haley, Wurzeln, S. 156 f.
45 Haley, Wurzeln, S. 157.
46 Haley, Wurzeln, S. 157 f.
47 Haley, Wurzeln, S. 158
48 Haley, Wurzeln, S. 169

49 Haley, Wurzeln, S. 195 f.
50 Vgl. Pandel, Hans-Jürgen: Bildinterpretation 1, Schwalbach/Ts. 2008, S. 194 ff.
51 Hogarth, William: Beer Street an Gin Lane. Lehrtafeln zur britischen Volkswohlfahrt, herausgegeben von Hinz, Berthold, Frankfurt/M. 1984; Coffey, Timothy G.: Beer Street - Gin Lane. Aspekte des Trinkens im 18. Jahrhundert, in:. Völger G./Welck, K. (Hrsg.): Rausch und Realität, Bd. 1, S. 192 ff.
52 Vgl. Heggen, Alfred: Alkohol und bürgerliche Gesellschaft im 19. Jahrhundert, Berlin 1988, S. 88 ff.
53 Harrison, Brian: Drink and the Victorians, London 1971
54 Heggen, Alkohol S. 96
55 Bilder und Texte sind bereits einmal in der Zeitschrift „Geschichte lernen" veröffentlicht worden: Pandel, Hans-Jürgen: Amerikaauswanderung im 19. Jahrhundert, in: Geschichte lernen 6 (1993) H. 33, S. 37-43
56 Johann Bauer am 11. Mai 1854 an seine Eltern, in: Helbich, Wolfgang u. a. (Hrsg.), Briefe aus Amerika. Deutsche Auswanderer schreiben aus der Neuen Welt 1830-1940, München 1988, S. 150 f.
57 Brief von C. Engelhard über seine Überfahrt von Bremerhaven nach New York 1846, in: Auf Auswandererseglern. Berichte von Zwischendecks- und Kajüt-Passagieren, Bremerhaven 1976, S. 46
58 Johannes Beilstein aus Lützelbach an Eltern und Freunde (11.3.1831), in: „... wir ziehen nach Amerika". Briefe Odenwälder Auswanderer aus den Jahren 1830 bis 1833, o.O. und o.J., S. 26
59 Brief von C. Engelhard, S. 46
60 Friedrich Gerstäcker, Reise von Leipzig nach New York. Brieftagebuch einer Überfahrt im Zwischendeck 1837, in: Auf Auswandererseglern. Berichte von Zwischendecks- und Kajüt-Passagieren, Bremerhaven 1976, S. 15 f.
61 Minna Praetorius: Als Kajüt-Passagier nach Amerika. Brieftagebuch ihrer Reise von Bremerhaven nach New Orleans, in: Auf Auswandererseglern. Berichte von Zwischendecks- und Kajüt-Passagieren, Bremerhaven 1976, S. 59
62 Brief von C. Engelhard, S. 40 f.
63 Peter Horn aus Balkhausen an seine Familie und Freunde (26.10.1830), in: „... wir ziehen nach Amerika". Briefe Odenwälder Auswanderer aus den Jahren 1830 bis 1833, o.O. und o.J., S. 54
64 Gerstäcker, Reise S. 40
65 Tagebuch einer Ozeanfahrt, Lemanhill bis Philadelphia, 10. Dezember 1806, in: Schelbert, Leo und Rappolt, Hedwing (Hrsg.), Alles ist ganz anders hier, Olten 1977, S. 153
66 Gerstäcker, Reise
67 Schelbert, Leo/Rappolt, Hedwig (Hrsg.): Alles ist ganz anders hier, Freiburg 1977, S. 336
68 Gerstäcker, Reise
69 Schelbert, Leo/Rappolt, Hedwig (Hrsg.), Alles ist ganz anders hier, Freiburg 1977, S. 336
70 Johann Bauer am 10.6.1855 an seine Eltern, in: Helbich, Wolfgang u.a.

(Hrsg.), Briefe aus Amerika. Deutsche Auswanderer schreiben aus der Neuen Welt 1830-1930, München 1988, S. 152 f.

71 Schelbert, Leo/Rappolt, Hedwig (Hrsg.), Alles ist ganz anders hier, Olten 1977, S. 374

72 Johannes Klein am 8.10.1831 an seine Mutter, in: „... wir ziehen nach Amerika". Briefe Odenwälder Auswanderer aus den Jahren 1830 bis 1833, o.O. und o.J., S.

73 Ausführlich (dort in Bezug auf Textquellen) vgl.: Pandel, Hans-Jürgen: Quelleninterpretation. Die schriftliche Quelle im Geschichtsunterricht, 2. Aufl. Schwalbach/Ts. 2007, S. 150-157; Vgl. grundlegend auch: Goertz, Hans-Jürgen: Umgang mit Geschichte. Eine Einführung in die Geschichtstheorie, Reinbek bei Hamburg 1995, hier insbes. S. 105-108.

74 Hagen, Rose-Marie und Hagen, Rainer: Bildbefragungen. Alte Meister im Detail, Köln 1994, Klappentext.

75 Ausführlich vgl.: Pandel, Hans-Jürgen: Bildinterpretation. Die Bildquelle im Geschichtsunterricht, Schwalbach/Ts. 2008, S. 114-119.

76 Pandel: Quelleninterpretation, S. 151.

77 Hagen/Hagen: Bildbefragungen, S. 7.

78 Vgl.: Pandel: Quelleninterpretation, S. 151.

79 Gadamer, Hans-Georg: Wahrheit und Methode. Grundzüge einer philosophischen Hermeneutik, 3. Aufl., Tübingen 1972, S. 283.

80 Pandel: Quelleninterpretation, S. 152.

81 Ausführlich vgl. Pandel, Bildinterpretation, S. 119-122.

82 Ausführlich ebenda, S. 122-128.

83 Ausführlich ebenda, S. 128-136.

84 Die Rahmenrichtlinien dieser Fächer sehen die Erstellung und Vertonung von Filmen vor. Grundlegende und hilfreiche Informationen kann man den von den Landesbildungsanstalten für die Fächer „Neue Medienwelten" zusammengestellten Materialien entnehmen. Im Internet z.B.: *http://www.learn-line.nrw.de/angebote/litweb_medien/modul/download/ wie_ein_film_entsteht.pdf#search=%22wie%20ein%20film%20entsteht%20medienwelten%22.*

85 Vgl: Scholz, Freimut, und Wendnagel, Bruno: Bilder erleben, Regensburg 1989, S. 3

86 Sauer, Michael: Bilder im Geschichtsunterricht, Seelze-Velber 2000, S. 14; vgl. auch: Wiedemann, Dieter: Film und Fernsehen, in: Sachs-Hombach, Klaus (Hrsg.): Bildwissenschaft. Disziplinen, Themen, Methoden, Frankfurt a.M. 2005, S. 365-380, hier S. 378; Wiedemann wirft die Frage auf, ob in den immer internationaler und entsprachlichter werdenden, heutigen Lebenswelten Bildkompetenz nicht schon wichtiger als Lesekompetenz geworden sei und plädiert angesichts der hohen Bedeutung, die Bilder und Bildsymbole in unserem Leben haben, für eine frühzeitige Ausbildung von Bildkompetenz.

87 Vgl.: Buntz, Herwig und Erdmann, Elisabeth: Fenster zur Vergangenheit. Bilder im Geschichtsunterricht, Bd. 1: Von der Frühgeschichte bis zum Mittelalter, Bamberg 2004, S. 29.

88 Die Erläuterungen zu den Bildausschnitten beziehen sich auf: Champdor, Albert: Das Ägyptische Totenbuch, Bern/München/Wien 1977; Hagen/Hagen: Meisterwerke, S. 8-13; Nack, Emil: Ägypten und der Vordere

Orient im Altertum, Wien und Heidelberg 1977, bes. S. 130-140; Buntz/ Erdmann: Fenster, S. 28-31; Wagener, Elmar: An der Schranke zur Ewigkeit. Das Totenbuch des Schreibers Hunefers, in: Praxis Geschichte 4 (1995), S. 27-30; Hornung, Erik: Altägyptische Jenseitsbücher. Ein einführender Überblick, Darmstadt 1997; Für einführende und weiterführende Information ist die Internetseite *www.selket.de* empfehlenswert.

89 Ein Ausschnitt aus solch einem Sündenbekenntnis findet sich im folgenden Abschnitt.

90 Vgl.: Nack: Ägypten, S. 89; Assmann, Jan: Ägypten. Eine Sinngeschichte, Frankfurt a.M. 1999, S. 180.

91 Assmann: Ägypten, S. 180; vgl. auch: ders.: Ma'at. Gerechtigkeit und Unsterblichkeit im Alten Ägypten, 2. Aufl., München 1995, S. 128.

92 Assmann: Ägypten, S. 183.

93 Ebenda, S. 190.

94 Ebenda, S. 193.

95 Ebenda.

96 Ebenda, S. 194.

97 Ebenda, S. 184.

98 Ebenda, S. 195.

99 Assmann: Ma'at, S. 122.

100 Für den Beispielfilm wurde ein Titel aus einer Entspannungs-CD verwendet: Rival de Loop. Zauberwelt der Berge – Entspannungsmelodien zum Wohlfühlen, Delta Music 1999, Titel 9. Für musikalische Untermalung von Bildverfilmungen, denen Bilder späterer Epochen zugrunde liegen, lassen sich authentische Titel finden. Hier sollte durch die Musik primär eine Stimmung vermittelt werden.

101 Vgl.: Rahmenrichtlinien Gymnasium Sachsen Anhalt. Geschichte Schuljahrgänge 5-12, Magdeburg 2003, S. 53.

102 Vgl.: Sauer, Bilder im Geschichtsunterricht, S. 18-19. Weitere Nachschlagewerke sollten den Schülerinnen und Schülern dennoch zur Verfügung stehen.

103 Zu diesem Kapitel vgl.: Hagen/Hagen: Meisterwerke, S. 122-127 u. 134-145; Bosing, Walter: Hieronymus Bosch um 1450–1515. Zwischen Himmel und Hölle, Köln 2004, bes. S. 7-16; Koldeweij, Jos: Hieronymus Bosch in seiner Stadt 's-Hertogenbosch, in: ders./Vandenbroeck, Paul/ Vermet, Bernard (Hg.): Hieronymus Bosch. Das Gesamtwerk, Stuttgart 2001, S. 20-83; Holländer, Hans: Hieronymus Bosch. Weltbilder und Traumwerk, Köln 1988; vgl. auch die beiden ausführlichen Kapitel über Bosch in: Foote, Timothy: Bruegel und seine Zeit um 1525–1569, o.O. 1971, S. 41-53 u. 54-68.

104 Vor einiger Zeit sorgten Thesen, wonach Bosch einer häretischen Sekte angehörte, für beträchtlichen Publikumserfolg von Veröffentlichungen aller Art über den Maler und seine Werke, z.B. der historische Roman von Peter Dempf: Das Geheimnis des Hieronymus Bosch, Frankfurt a.M. 1999.

105 Held, Jutta u. Schneider, Norbert: Sozialgeschichte der Malerei vom Spätmittelalter bis ins 20. Jahrhundert, Köln 1993, S. 70-71.

106 Vgl. zu diesem Kapitel: Hagen/Hagen: Meisterwerke, S. 134-139.

107 Brant, Sebastian: Das Narrenschiff, Basel 1494, Faksimile der Erstausgabe, hrsg. v. Dieter Wuttke, Baden-Baden 1994. Aus Brants Werk stammt auch

der Begriff „Narragonien“, der hier in der Überschrift verwendet wurde. Brant verwendet ihn mehrmals im Text, in den z.T. von Albrecht Dürer stammenden Holzschnitten, die das Buch illustrieren, taucht er mehrmals in der latinisierten Form auf.

108 Vgl.: Held/Schneider: Sozialgeschichte, S. 69.

109 Vgl.: Petrat, Gerhardt: Die letzten Narren und Zwerge bei Hofe. Reflexionen zu Herrschaft und Moral in der Frühen Neuzeit, Bochum 1998, S. 16.

110 Vgl.: Foucault, Michel: Wahnsinn und Gesellschaft. Eine Geschichte des Wahns im Zeitalter der Vernunft, 10. Aufl. Frankfurt a.M. 1993, S. 32.

111 Vgl. die Beispiele in: Petrat: Narren, S. 121-182.

112 Vgl.: Foucault: Wahnsinn, S. 25-31; Hagen/Hagen: Meisterwerke, S. 135-139.

113 Schilling, Heinz: Aufbruch und Krise. Deutschland 1517–1648, Berlin 1994, S. 365.

114 Vgl. zu Komposition und Perspektive dieses Bildes: Hagen, Rose-Marie und Rainer: Pieter Bruegel d. Ä (um 1525-1569). Bauern, Narren und Dämonen, Köln 2004, S. 33-34. Besonders auffallend ist beispielsweise, dass sich die Figurengruppen an keiner Stelle überlagern. Wird dadurch die Assoziation mit einem visuellen Katalog hervorgerufen?

115 Hills, Jeanette: Das Kinderspielbild von Pieter Bruegel d. Ä.. Eine volkskundliche Untersuchung, Wien 1957 [ND 1998].

116 Hills: Kinderspielbild, S. 16.

117 Vgl.: Boulboullé, Guido: Die Kinderspiele. Warum Pieter Bruegel d. Ä. 91 verschiedene Kinderspiele vorstellt, in: Journal für Geschichte 1986 Heft 3, S. 17-24, hier bes. S. 18; Hills: Kinderspielbild, S. 24.

118 Vgl. Hills: Kinderspielbild, S. 29.

119 Weitere Fragestellungen und Diskussionsansätze lassen sich ableiten aus: Grosch, Waldemar: Spielzeug, in: Pandel, Hans-Jürgen und Schneider, Gerhard (Hrsg.): Handbuch Medien im Geschichtsunterricht, Schwalbach/Ts. 1999, S. 619-669, hier S. 637.

120 Zu diesem Abschnitt vgl.: Ariès, Philippe: Geschichte der Kindheit, München 1978, bes. S. 209-218. Kritisch gegenüber Ariès äußert sich: Roeck, Bernd: Das historische Auge. Kunstwerke als Zeugen ihrer Zeit. Von der Renaissance bis zur Revolution, Göttingen 2004, S. 181-182. Die Kritik bezieht sich auf Ariès' These von der eigentlichen Entdeckung der Kindheit im 17. Jahrhundert und gegen Ariès' Methode, seine These auf die fehlenden bildlichen Darstellungen von Kindern vor dem 16. Jahrhundert zu stützen. Für die ab dem 16. Jahrhundert zunehmenden Kinderdarstellungen formuliert Roeck: „Die Bilder zeigen nur, daß ein Bedarf für solche Szenen entstand, man das Familien- und Kinderbild zu schätzen begann – wie andere neue Bildgattungen. Was Ariès beschreibt, ist nicht die „Entdeckung der Kindheit“, sondern die Entstehung einer diskursiven Praktik, die eben auch die Kunst einschließt. Damit ist nur sehr indirekt etwas über die Sache selbst ausgesagt. Jedenfalls bedarf die Beziehung zwischen Kunst und „Wirklichkeit“ weiterer Klärung.“

121 Vgl.: Hagen/Hagen: Pieter Bruegel, S. 31.

122 Grosch: Spielzeug, S. 620.

123 Montaigne, Essais, II, 8, zit. nach: Ariès: Kindheit, S. 210.

124 Vgl. z.B. das Gemälde von Francois Boucher: Das Frühstück (1739). (Ein Vorschlag zur Verfilmung dieses Bildes findet sich in: Pandel, Bildinterpretation, S. 194-200); das in dieser Arbeit (Abb.) abgedruckte Gemälde von Pieter de Hooch: Unterricht im Laufen [die Apfelschälerin], um 1665/70. De Hooch hat oft alltägliche Momente aus dem Familienleben, insbesondere dem Verhältnis von Mutter und Kind festgehalten. Solche Szenen galten vorher nicht als „bildwürdig", weil sie banal waren.

125 Vgl.: Hagen/Hagen: Pieter Bruegel, S. 31.

126 Huizinga, Johan: Homo ludens. Vom Ursprung der Kultur im Spiel, Reinbek 1994, S. 37.

127 Vgl.: Ariès: Kindheit, S. 156-160.

128 Vgl. dazu: Boulboullé: Kinderspiele, S. 22; Aufgezählt werden folgende Interpretationen: Allegorie der Infantia; Sinnbild des Sommers im Rahmen eines Zyklus jahreszeitlicher Vergnügungen; Allegorie der verkehrten Welt; Allegorie der törichten und sündhaften Welt; alchemistisches Sinnbild; politisches Sinnbild herrschaftsfreien Zusammenlebens; Allegorie der Torheit der Ehe.

129 Held/Schneider: Sozialgeschichte, S. 90; vgl. auch: Boulboullé: Kinderspiele, S. 24.

130 Vgl.: Boulboullé: Kinderspiele, S. 24.

131 Held/Schneider: Sozialgeschichte, S. 90.

132 Ebenda.

133 Vgl. dazu z.B.: Burkhardt, Johannes: Frühe Neuzeit, in: Fischer Lexikon Geschichte, hrsg. v. Richard van Dülmen, Frankfurt a.M. 1990, S. 364-385, hier bes. S. 372-373 u. 383.

134 Vgl.: Boulboullé: Kinderspiele, S. 24.

135 Ebenda; vgl. auch: Held/Schneider: Sozialgeschichte, S. 89-92.

136 Vgl.: Boulboullé: Kinderspiele, S. 23.

137 Vgl.: Ariès: Kindheit, S. 215-218. Auf Pieter de Hoochs Gemälde (Abb.) wird das Kind am Gängelband geführt. Auf dem Kopf trägt es einen Reifen zum Schutz vor einem Sturz. Das Gängelband kann symbolisch als Kontrolle, der Schutzreifen als Überbehütung verstanden werden. Das heiligenscheinähnliche Aussehen des Reifens deutet auf die (neue) Hochschätzung der Kinder in der bürgerlichen Republik Holland im 17. Jahrhundert.

138 Vgl. zu dieser und den vorhergehenden Frageanregungen: Grosch, Waldemar: Computerspiele im Geschichtsunterricht. Geschichte am Computer, Bd. 2, Schwalbach/Ts. 2002, bes. Kap. 3 und 4.

139 Vgl.: RRL Sachsen-Anhalt, S. 107.

140 Das Freistellen und Speichern von Bilddetails wurde anhand des ägyptischen Totenbuches beschreiben. Einige grundlegende Tipps zum Erstellen von PowerPoint-Präsentationen finden sich in: Pellmann, Fedor: PowerPoint-Präsentationen im Geschichtsunterricht, in: Gl 89 (2002), S. 62-65.

141 Brown, Christopher: Holländische Genremalerei im 17. Jahrhundert, München 1984, S. 7.

142 Vgl.: Johannsen, Rolf H.: 50 Klassiker-Gemälde. Die wichtigsten Gemälde der Kunstgeschichte, 4. überarb. Aufl., Hildesheim 2005, S. 123.

143 So beispielsweise: Alpers, Svetlana: Kunst als Beschreibung. Holländische Malerei des 17. Jahrhunderts, Köln 1985, zit. nach: Roeck: Bernd: Das

historische Auge. Kunstwerke als Zeugen ihrer Zeit. Von der Renaissance zur Revolution, Göttingen 2004, S. 153.

144 Roeck: Das historische Auge, S. 153.

145 Grundsätzlich dazu vgl.: Koch-Hillebrecht, Manfred: Diffuse Signale – Probleme der Interpretation niederländischer Gemälde des 17. Jahrhunderts, in: Schuster, Martin u. Woschek, Bernhard P. (Hrsg.): Nonverbale Kommunikation durch Bilder, Stuttgart 1989, S. 73-80; Vgl. auch die an Gemälden von Jan Steen aufgezeigten Interpretationsansätze von: Criegern, Axel v.: Bilder interpretieren, 2. Aufl., Düsseldorf 1990.

146 Emblematische Literatur als digitale Faksimile finden sich bspw. auf den Internetseiten der Universität Mannheim: *www.uni.mannheim.der/mateo/start2.html*; in Buchform z.B.: Emblemata. Handbuch zur Sinnbildkunst des XVI. und XVII. Jahrhunderts, hrsg. v. Henkel, Artur und Schöne, Albrecht, (Taschenausgabe) 1967/1966 Stuttgart/Weimar.

147 Brown: Holländische Genremalerei, S. 50.

148 Zu den nachfolgenden Kapiteln vgl.: Ring, Malvin E.: Geschichte der Zahnmedizin, Köln 1997, bes. S. 144-155; Lässig, Heinz E. und Müller, Rainer A.: Die Zahnheilkunde in Kunst- und Kulturgeschichte, Köln 1999, bes. S. 64-73 u. S. und S. 169-193.

149 Vgl.: Brown: Holländisch Genremalerei, S. 98; Johannsen: 50 Klassiker, S. 122.

150 Vgl.: Dirnberger, Sabine: Der Pelikan. Die Geschichte eines alten Extraktionsinstruments, Würzburg 2001; Wasserfuhr, Maria Elisabeth: Der Zahnarzt in der niederländischen Malerei des 17. Jahrhunderts, 2. Aufl. Köln 1977, S. 7 u. 9. Während ein Schenkel des Pelikans auf einen gesunden Nachbarzahn gestützt wurde, sollte der andere Schenkel durch Stöße den zu extrahierenden Zahn lockern. Das Instrument war sehr gefährlich, da der Stützzahn häufig zerbrach.

151 Scultetus, J.: Wund-Artzneyisches Zeug-Hauß, Frankfurt a.M. 1666 [Neuauflage Stuttgart 1988], zit. nach: *www.uni-tuebingen.de/uni/qvo/38dinge/dinge33.html*. Auf dieser Internetseite der Kunst- und Naturwissenschaftlichen Sammlungen der Universität Tübingen finden sich zudem Fotografien von zahnärztlichen Instrumenten.

152 Vgl.: Brown: Holländische Genremalerei, S. 98.

153 Vgl.: Wasserfuhr: Zahnarzt, S. 62.

154 Vgl.: Pandel, Hans-Jürgen: Gesundheit und Krankheit. Ein Thema zwischen Biologie und Geschichte, in Gl 30 (1992), S. 28-29.

155 Emblemata, Sp. 1060.

156 Visschers, Roemer: Sinnepoppen (Puppen des Geistes), Amsterdam 1614, zit. nach: Brown: Holländische Genremalerei, S. 44.

157 Vgl.: Eckart, Wolfgang U.: Geschichte der Medizin, 3. überab. Aufl., Berlin/Heidelberg u.a. 1998, S. 204-207.

158 Sowohl der Junge mit Reifen als auch das umfunktionierte Fass finden sich in anderen Genrebildern wieder. So in Jan Steen: Die kleine Almosensammlerin (1663-65) oder in einer Radierung von Adriaen Ostade: Der Quacksalber II (1648).

159 Vgl.: Emblemata, Sp. 1386-1387 und 1399.

160 Art. Agyrta, in: Zedler, Johann-Heinrich: Großes vollständiges Universal-

Lexikon, Bd. 1, Graz 1961, Sp. 846 [faksim. Nachdr. d. Ausgabe Halle/Leipzig 1732], zit. nach: Eckart, Wolfgang U.: Europäische Medizin von der Antike bis ins 20. Jahrhundert, in: Gl 30 (1992), S. 18-27, hier S. 24.

161 Emblemata, Sp. 1311-1312.

162 Vgl. dazu: Mintz, Sidney W.: Die süße Macht. Kulturgeschichte des Zuckers, Frankfurt a.M./New York 1992; Merki, Christoph Maria: Zucker gegen Saccharin. Zur Geschichte der künstlichen Süßstoffe, Frankfurt a.M./New York 1993, bes. S. 30.

163 Mintz: Die süße Macht, S. 136.

164 Eckart: Europäische Medizin, S. 24; vgl. auch: ders.: Geschichte der Medizin, 3. überab. Aufl., Berlin/Heidelberg u.a. 1998, S. 205.

165 Vgl.: Wasserfuhr: Zahnarzt, S. 1; vgl. dazu auch die Bildbeispiele in: Ring: Geschichte der Zahnmedizin; Lässig/Müller: Die Zahnheilkunde.

166 Bernbaum, Isreal: Meines Bruders Hüter, Der Holocaust mit den Augen eines Malers gesehen, 2. Aufl. München 1990.

167 Ebenda, S. 14.

168 Hoffmann, Detlef: Auschwitz im visuellen Gedächtnis. Das Chaos des Verbrechens und die symbolische Ordnung der Bilder, in: Fritz-Bauer-Institut (Hrsg.): Auschwitz: Geschichte, Rezeption und Wirkung. Jahrbuch 1996 zur Geschichte und Wirkung des Holocaust, 2. Aufl., Frankfurt a.M./New York 1997, S. 223-257, hier S. 240-241.

169 Vgl.: Amisha-Maisels, Ziva: Description and Interpretation. The Influence of the Holocaust on the Visual Arts, Oxford 1993, S. 131, zit. nach: Hoffmann, Detlef: Aktuelle Symbolisierungsstrategien im Umgang mit dem System Auschwitz, in: Kramer, Sven (Hrsg.): Die Shoah im Bild, Augsburg 2003, S. 176-177, hier S. 182. Ziva Amisha-Maisels hat sieben „Primary Holocaust Symbols“ zusammengestellt: „Barbed Wire, The Crematorium, Chimney, Mother and Children, The Child alone, The Scream, The Relics und Memento Mori“. Vgl. auch: Ossenberg, Ursula: Sich von Auschwitz ein Bild machen? Kunst und Holocaust. Ein Beitrag für die pädagogische Arbeit (= pädagogische Materialien; Nr. 4), Frankfurt a.M. 1998, S. 35.

170 Vgl.: Hoffmann: Symbolisierungsstrategien, S. 176-177; ders.: Auschwitz, S. 223-257.

171 Vgl.: Brink, Cornelia: Ikonen der Vernichtung. Öffentlicher Gebrauch von Fotografien aus nationalsozialistischen Konzentrationslagern nach 1945, Berlin 1998; Wiedenmann, Nicole: „So ist das, was das Bild dokumentiert, das Gegenteil dessen, was es symbolisiert.“ Holocaustfotografie im Spannungsfeld zwischen Geschichtswissenschaft und Kulturellem Gedächtnis, in: Crivellari, Fabio/Kirchmann, Kay/Sandl, Marcus/Schlögl, Rudolf (Hrsg.): Die Medien der Geschichte. Historizität und Medialität in interdisziplinärer Perspektive, Konstanz 2004, S. 317-349.

172 Zu diesem Foto vgl.: Sauer, Michael: Fotos im Geschichtsunterricht, Geschichte lernen 91 (2002), S. 10.

173 Zu dieser Problematik siehe: Pandel, Bildinterpretation, S. 159-160.

174 Vgl. zu diesem Kapitel: Benz, Wolfgang: Rassenkrieg gegen Kinder in Ghetto und KZ, in: ders. (Hrsg.): Jahrbuch für Antisemitismusforschung 1, Frankfurt a. M. und New York 1992, S. 182-190.

175 Benz: Rassenkrieg, S. 185.

176 Ebenda, S. 185-186.

177 Im Schulgeschichtsbuch Zeitlupe II, hrsg. v. Hans-Jürgen Pandel, Braunschweig 2004, S. 114-115 wird eine ähnliche Aufgabenstellung formuliert. Dort findet sich auch eine Zusammenstellung von Fotos. Das Foto von den Kindern mit erhobenen Armen ist beschnitten, das kleine Mädchen ist darauf nicht zu sehen.

178 Z.B.: Aussage des Dr. Adolf Abraham Bermann am 3.5.1961 im Eichmann-Prozess über die Deportation der Kinder aus dem Warschauer Ghetto, abgedruckt in: Deutschkron, Inge: „... denn ihrer war die Hölle." Kinder in Ghettos und Lagern, Köln 1979, S. 126-127; oder der Brief einer Mutter über das Schicksal der Zigeunerkinder aus dem Kinderheim St. Josefspflege in Mulfingen, in: Sommer, Wilhelm: Kinder und Jugendliche im Nationalsozialismus (= Tempora Lesehefte Geschichte für die Sekundarstufe I), Stuttgart 2002, S. 51-52.